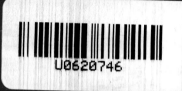

圖版目録

周禮卷九卷十

書衣……一
面板
題簽　瞿鴻禨……三
題識　蜀石經齋記　曾廣鈞……六
蜀石經齋圖　姜筠……二四
題識　姜筠……二六
題簽　晉康……二八
楊慶麟……二九
題端　潘祖蔭……三〇

周禮卷九

秋官司寇

序官……三三
大司寇……四二
小司寇……五一
士師……五九
鄉士……六五
遂士……六八
縣士……七〇
方士……七三
訝士……七五
朝士……七七
司民……八三
司刑……八五
司刺……八六
司約……八八
司盟……九一
職金……九三
司厲……九五
犬人……九六
司圜……九七
掌囚……九九
掌戮……一〇一
司隸……一〇三
罪隸……一〇四
蠻隸……一〇五
閩隸……一〇五
夷隸……一〇六
貉隸……一〇六

周禮卷十

司寇下

布憲……一〇七
禁殺戮……一〇九

禁暴氏……一〇九
野廬氏……一一〇
蜡氏……一一二
雍氏……一一四
萍氏……一一五
司寤氏……一一六
司烜氏……一一六
條狼氏……一一八
脩閭氏……一二〇
冥氏……一二一
庶氏……一二一
穴氏……一二二
翨氏……一二二
柞氏……一二三
薙氏……一二四
硩蔟氏……一二五
翦氏……一二六
赤犮氏……一二六
蟈氏……一二七
壺涿氏……一二七
庭氏……一二八
銜枚氏……一二九
伊耆氏……一三〇
大行人……一三一
小行人……一四八
司儀……一五五
行夫……一六九
環人……一七〇
象胥……一七一
掌客……一七二
題識
　王懿榮……一八四
　洪鈞、吴大澂……一八四
信札　王懿榮……一八五
　羅振玉……一八六
　嚴修……一八七
　吴郁生……一八八
　徐珂……一九〇
　程頌萬……一九一
背板……一九六

周禮卷十二

書衣……一九七
面板
　題簽　何維樸……一九九
題簽　何維樸……二〇三
題端　何紹基……二〇四
題識　何紹基……二一〇
蜀石經樓圖　趙于密……二一四
題識　陳詩……二一六

蜀石經齋圖　吴昌碩……二一八
題識　朱師轍……二二〇

周禮卷十二

冬官考工記

玉人……二二二
楖人(闕)……二二八
雕人(闕)……二二八
磬人……二二八
矢人……二二九
陶人……二三二
旊人……二三三
梓人……二三四
廬人……二四五
匠人……二五一
題識　吴履敬、吴式訓……二六六
馮志沂……二七一
孔憲彝……二七一
石經考異補上　陳慶鏞
題識……二七二
孟蜀石經周禮殘碑……二七五
題識　陳重慶……三〇四
卞綍昌……三〇八
蔡寶善……三一〇
沙元炳……三一二
佚名……三一五
王式通……三一七
曹廣楨……三一八
高振霄……三二〇
黄教鎔……三二三
徐景軾……三二三
繆荃孫……三二四
吴昌綬……三二六
楊守敬……三二八
冒廣生……三三二
背板……三三八

宋拓蜀石經周禮第九第十

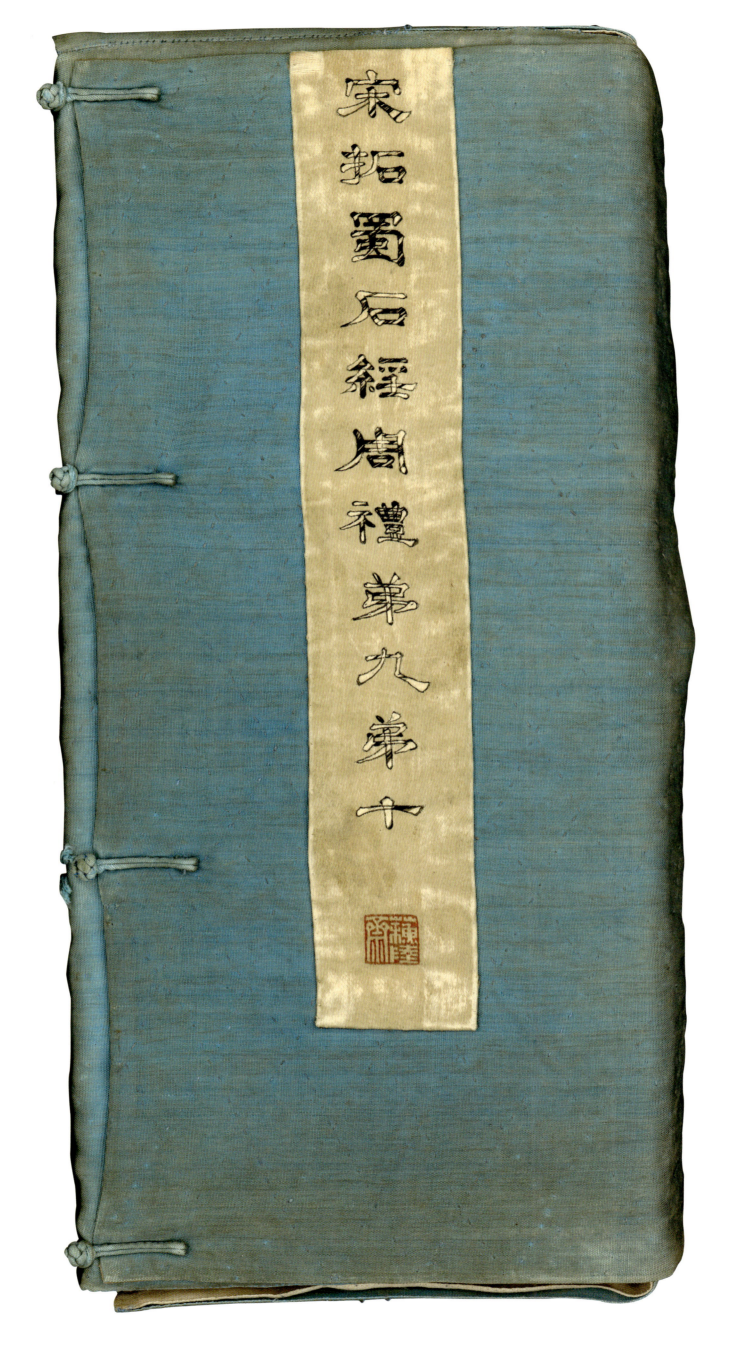

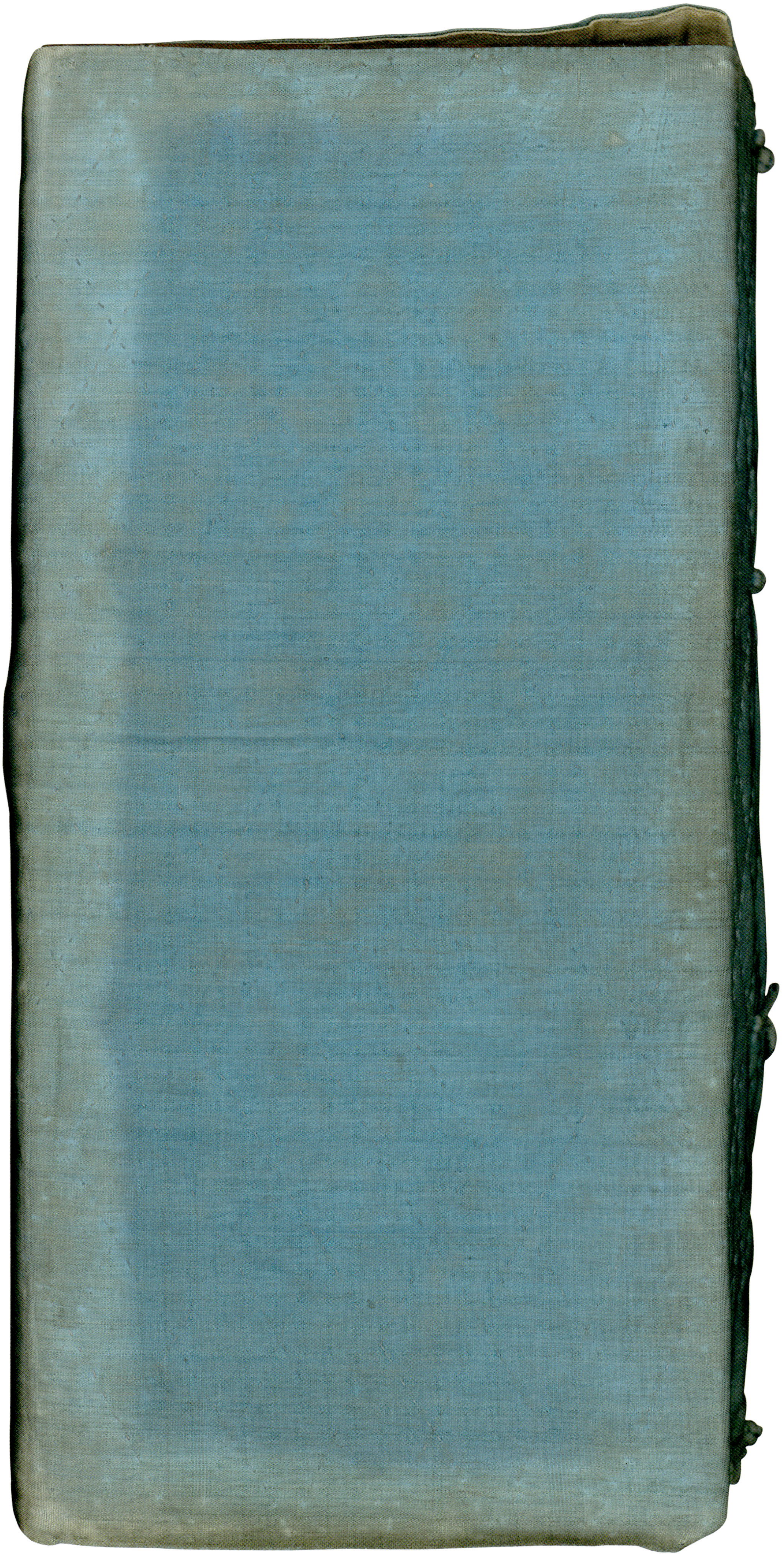

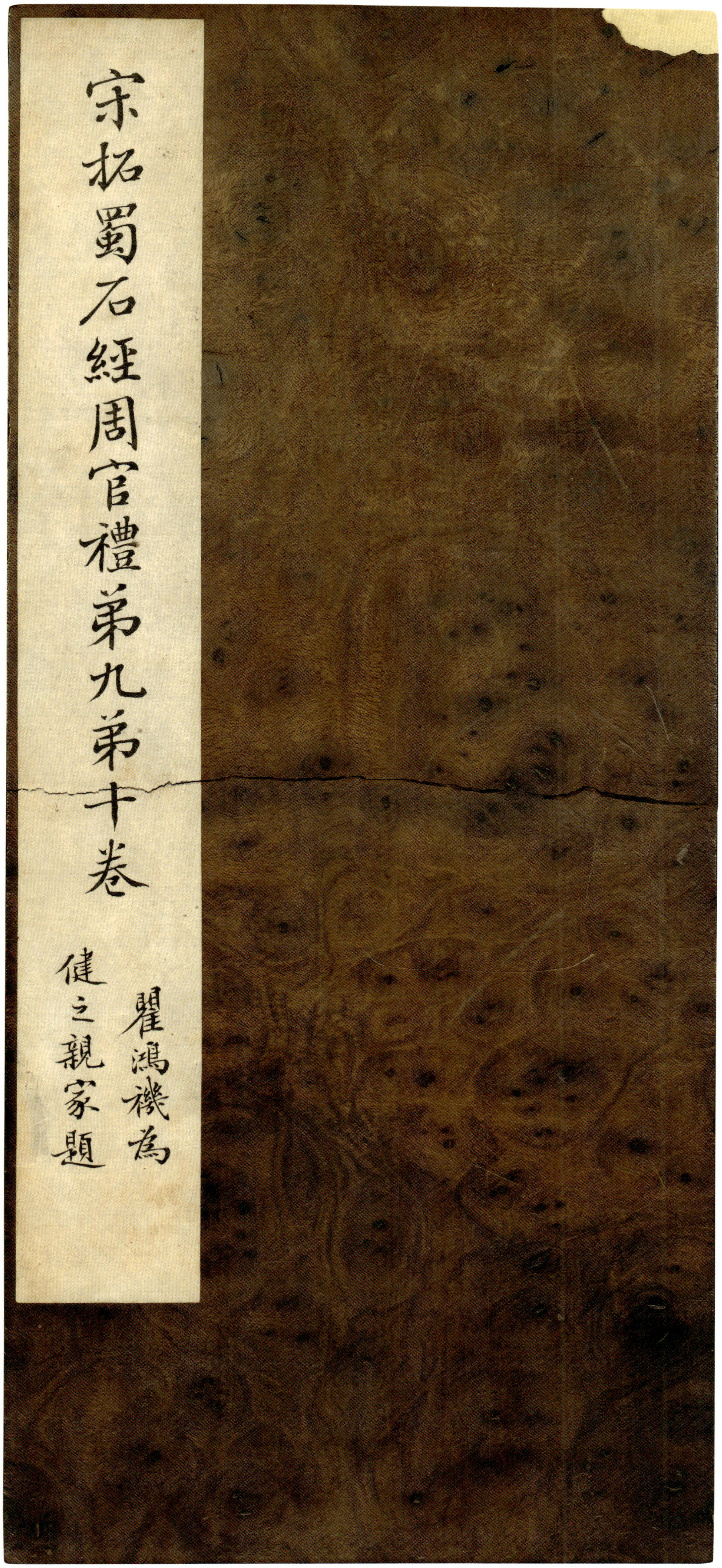
宋拓蜀石經周官禮第九第十卷
瞿鴻禨為
健之親家題

蜀石经齋記

粤若邃古几邁栗陸刊岱宗鐫云亭緣文赤字金泥玉檢縣歷遼曠殆滅沒而弗紀眛旦丕顯謨鼎疑書日新又新乙盤比頌事在吉金誼非樂石至於成蒐岐鼓體似車攻穆獵壇山文同吉日經之有石其

昉於此乎由是堂谿典繼軌於熹平邯鄲湻聯鑣於正始舟壑遷貿法器刓殘章蔀不居淪胥盡矣開成繼起今差完具頗傷蕪累未足司南惟孟蜀廣政之十經出中唐太和之善本猶守周隋之舊未僭孔陸之遺六朝碎金披揀時遝兩宋群籍校讐所資

毋昭裔者范長生世稱蜀本賈大隱不忘唐
臘家通長樂之树籍官為井絡之柏皇思弘天
口將鐫地胏彼殆見乎越絕孤峰太平山猶
刋青領房山僻縣小西天尚刻紺迦柔雌之義
雲蒸猛馬之文潮霈豈可使七聖徵言九皇
精誼圎珠妙旨虹玉煌大科春日載遲廢歸藏

而不讀樞星上應任酒誥以俄空雍都博士不滿鄭覃洛下書生儻逢趙至吾少也賤借蕭困於一鴟書之失誣讀晉幾迷三豕幸際風雲夢通丹漆將資九石遍刻群經淮禹塡海早銘陋巷之膺商駏馳河終刻彭城之背良以龍賓易蝕不如丹井之砂鳳子雖深可伐青城

之麓既鎚既鑿是琢是雕盡斥私財不關公帑鸞停鵠峙張楊之功德無方驥子魚文卓鄭之樵蘇儻繼或有瓊華公主潤以茶園花藥夫人資之粉磑併趣剞氏蔚為石皇寫官則渤海永興一臺二妙定本則石渠天祿四闢六通經注兼存古今所獨以校長興官本逮郡

坊刊優勝何止三長異同動以千計信可以衙官開成僕命嘉祐者已但以錦江歲緬玉壘年訛鳳玫將棄海同流鯨甲共槎河亂轉地翻海眼啞沸池灰火繞少城頻聞酒氣是以趺摧腰折理斷紋斜殘紙浣花殘册得天雞有二孤傳縣竹頌可云星鳳無雙佚存四萬七千餘字　健之都護求而得之寶

而藏焉其來則掘禮淹中訪易河内其得則楚琛
雞次晉合龍光其寶而藏之也為之殊庭處以閒
館文牕四扇非無玉女飛仙蓮漏層檐守以金徒銅史
藥欄花樹盡帶經香寶晉英光呼為石友又以孫
本秘儲含章不曜欲使羽玲冊府遍虎觀之英
游水瑠金膏借麟洲之神技濳英貢巧玻璃有

現倒景呈奇明月留魄以石印石以經證經無假
毛錐不煩氈墨蟬翼略同於響搨蜂巢不爽於
儀豪種玉十雙穫庶玉萬有五億縮金一寸變
精金三十六鑪白練裙何止得羊青琅玕至於
抵鵲乾嘉之墨妙時賢之筆精附爲先經起義
謂之題後經終事謂之跋顧萬本無其物固塞

叟之疑蠶翁錢無見於金亦盲公之捫象若
乃魏藏照乘趙握連城靈蛇自矜吕有神天
馬甘棰而不易遠則谷林趙松石黄近猶鴈影李
鷗莊陶然而芍藥只割數行葫蘆僅持片蕑
雖玉枕蘭亭分得六陵秋色而紫絲步障終
輸十里春風豈若 健之搜獲之勤頻更積

朔著録所及只鈹二南横結縧以架文樑
薜荔曜璽均之宅絡懸黎而嵌鈿砌蓬
萬華仲蔚之居也哉鶴鳴于野虹氣騰天
皇帝爰在沖齡允中歷數委轡泰卷之野褰
裳汾水之陽遜志來修眷言往藉嘉孤臣之
所寶飛宸翰以垂文薤葉銀鉤照耀絳雲之

館芝英鐵線咀含紺雪之華賜篆額曰蜀
石經齋常侍登林真争飛白仙人嘱樹如獲
還丹固臣下之至榮亦天情之怡曠也乃有江
南群彦河北諸儒東海經生西湖詞客競依寶
樹幽讃元珠壯丹無壯月之訛許緣得雌霓
之韵蜀得唐失核魯論之字八十宗蜀寫宗

鐫說堯典之文三萬字亦有善言名理比類旁芳以爲仍世帥蜀斯文有緣旌節前勛尚照沉犀之浦袴襦遺愛猶留研馬之鄉淮館仙人夲思公子犍爲文學最憶郎君託猛志於刑天寄春心於望帝何難述淵明之酒見平陽於羹海棗蒸而仍生固爲佯對老萊烹而未卜誰

則前知毋爭西伯之坐談且驗南公之遺
讖僕憂患羈棲飄零年鬢久已智珠不
照意井全枯返殘錦於邱遲還仙豪於
張載豈有五雲太甲銘益州夫子之廟堂
十色雯華映蜀郡文翁之畫壁袛以銀猿峽
急字江多絶續之賓白鷹氣長學府有興

亡之恨不攄露益且懼天穿同在橫流誰為
獨往加以宏農孔雀夲北海之通家汧渭鳳
皇降博陵之姑子既遊聖域敢閟危言胡
天遊序三洞璇華尚鋪菜於珠遮翠刻
孫星衍跋闕中金石弥珍護於方闕員珉
二子之用心雖欲從之末由也已

健之先生屬題蜀石經因為作記

環天曾廣鈞

蜀石經齋圖
癸丑九月寫爲
健之仁兄先生屬正
大雄山民弟姜筠

不与時流好古同傳经中壘有家

風保殘守缺真良產何必贏金是

富翁 君產自遠世爰頗有所損坂調之

聖道人心正顯題 君家猶結石经

唐好尋山水函深處藏盡中朝四庫書方今治數多從西方文體多沿東土聖經賢傳幾同弁髦為之一歎

健之仁兄大人屬寫圖成求題二絕博粲 癸丑重陽前四日弟姜筠未是稿

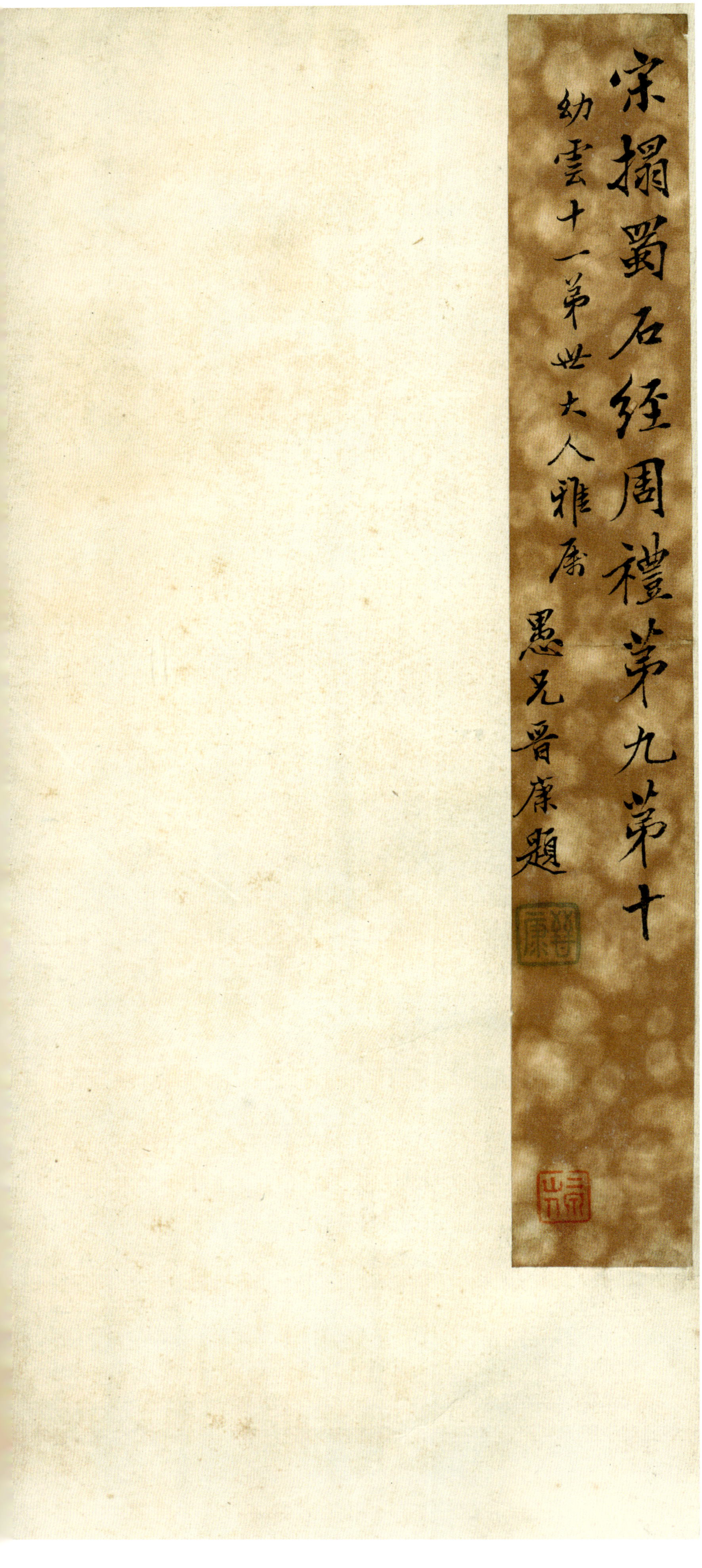
宋搨蜀石經周禮第九第十
幼雲十一弟世大人雅屬
愚兄晉康題

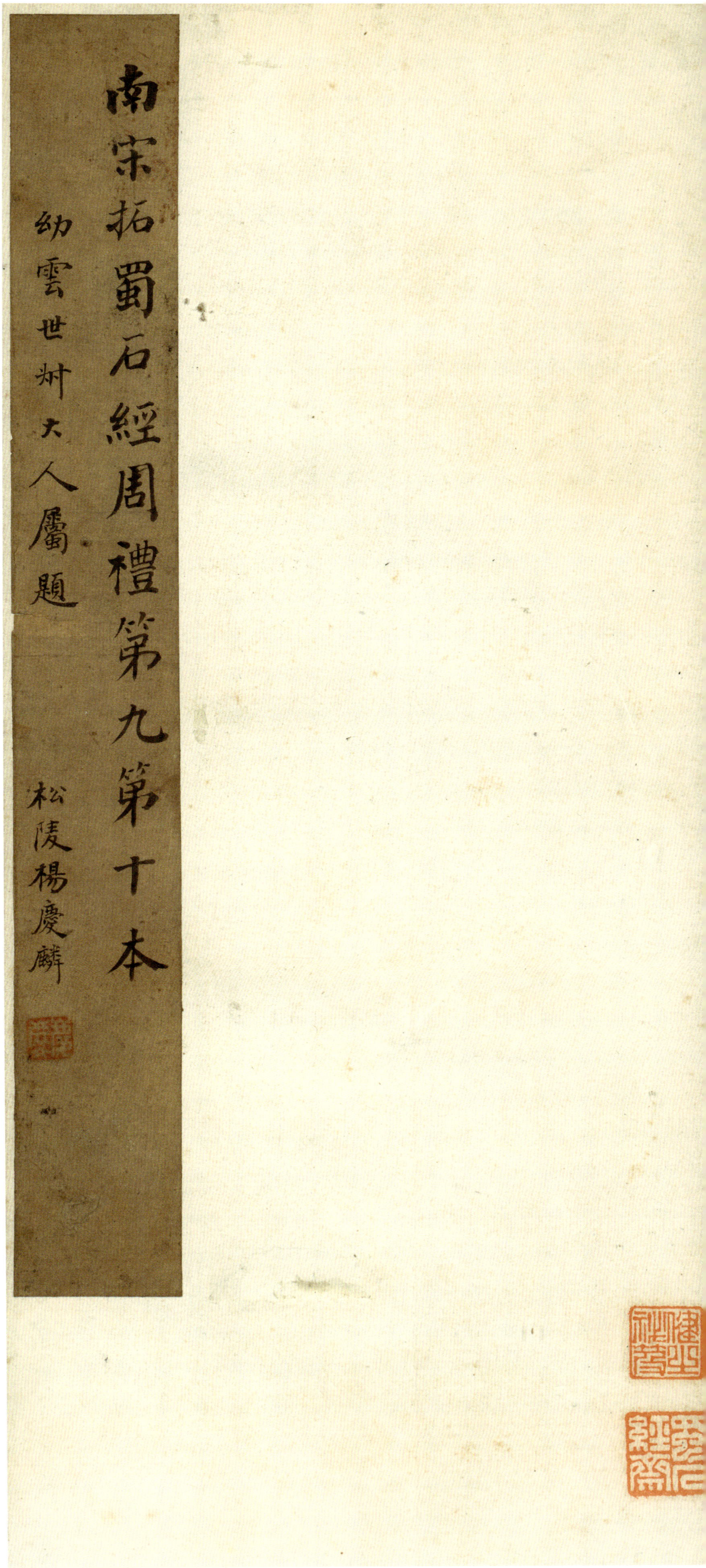
南宋拓蜀石經周禮第九第十本
幼雲世丈大人屬題
松陵楊慶麟

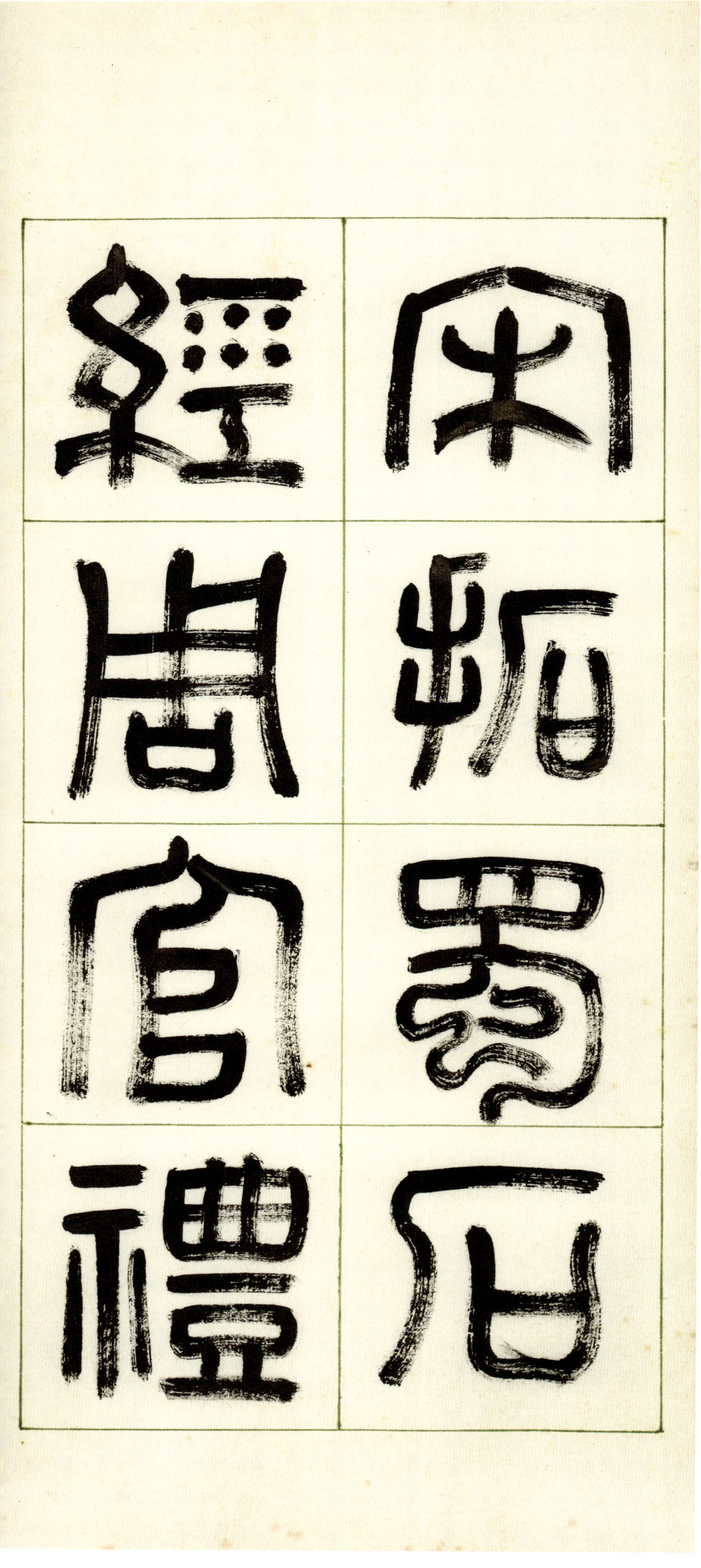
宋拓蜀石
經周官禮

潘祖蔭
幼雲尊兄題

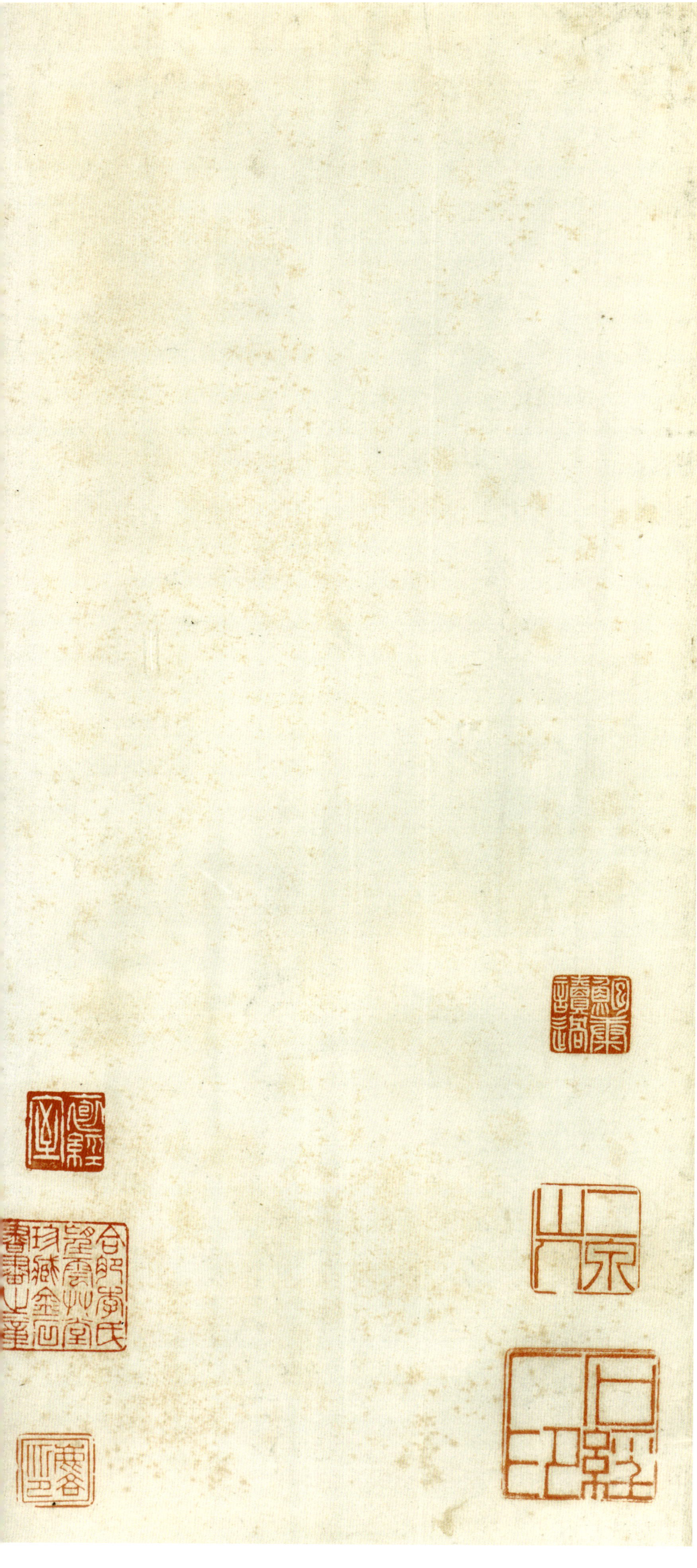

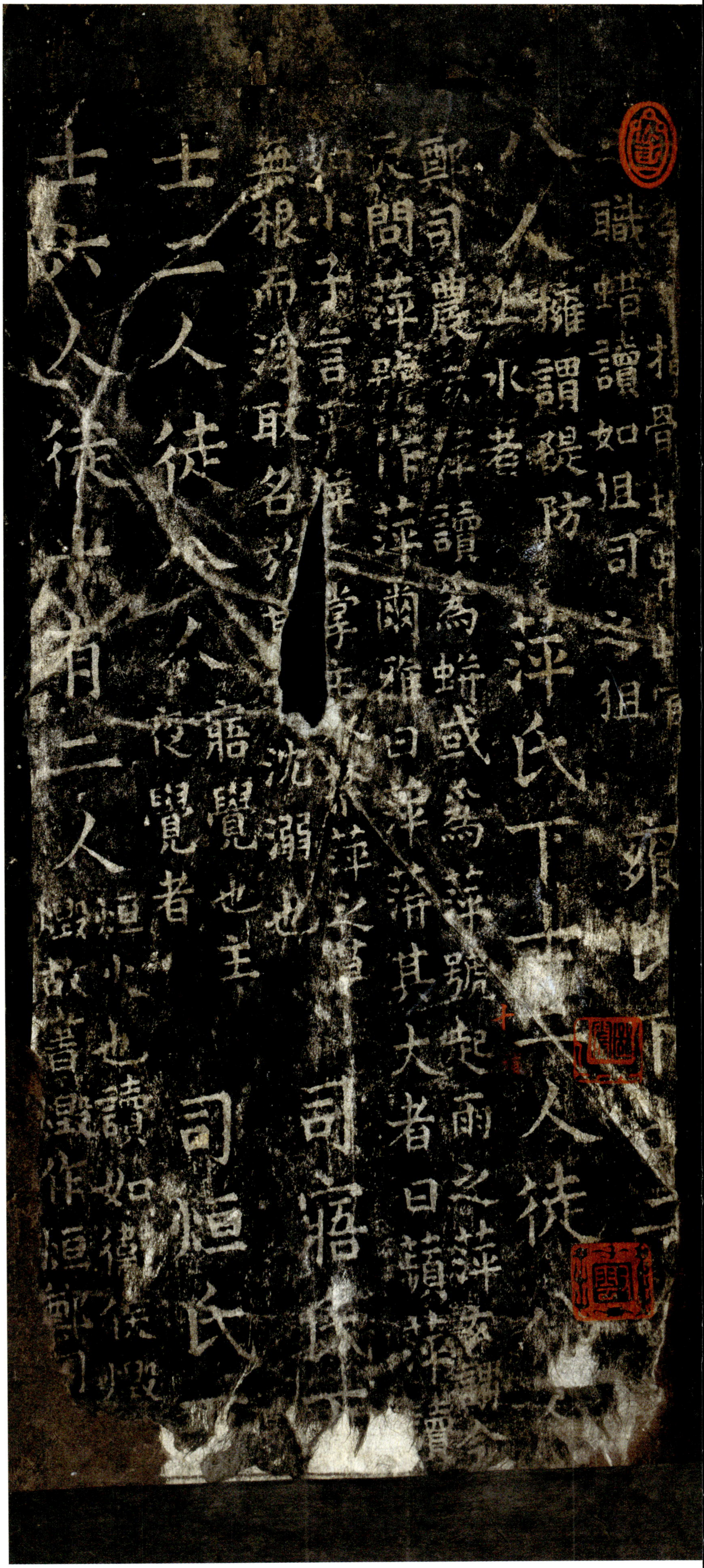
八人
萍氏下士二人徒
司寤氏
士二人徒八人
司烜氏
士六人徒十有二人

（云當爲垣）條狼氏下士六人胥六人徒
六十人（杜子春云條當爲滌器之滌玄謂滌除也狼狼扈道上）脩閭
氏下士二人史一人徒十有二人（閭謂里門）
冥氏下士二人徒八人（鄭司農云冥讀冥氏春秋謂之）
（玄謂冥方之冥以繩縻取禽獸之名）庶氏下士一人徒
人（庶讀如藥煮驅除毒蠱之言書不作蠱者字從聲耳）穴氏下士一

人徒四人穴搏蟄獸所藏者翨氏下士二
徒八人翨鳥翮也鄭司農云翨讀爲翅翼之翅柞氏下士
八人徒二十人柞除木之名除木者必先刊剝之鄭司農云柞讀爲聲音
唶唶之唶屋管之管薙氏下士二人徒二十人
書薙或作夷鄭司農掌殺草故春秋傳曰如農
夫之務去草芟夷蘊崇之又今俗間謂麥下爲
夷下言芟夷其麥以其下種禾豆也玄謂薙讀
如鬀小兒頭之鬀書或作夷此皆翦草字從類

耳月令曰乃燒薙行水
利謂燒所芟草乃水之
硩蔟氏下士一

人徒二人
鄭司農云硩讀爲擿蔟讀爲爵蔟
之蔟謂巢也玄謂硩古字從石折聲

翦氏下士一人徒二人
翦斷滅之言至除
蟲蠹者也詩曰寔

始翦
商

赤犮氏下士一人徒二人
赤犮猶
赫拔也

主除蟲豸
自埋藏者

蟈氏下士一人徒二人
鄭司農
曰蟈讀

爲蜮蜮蝦蟇也月令曰螻蟈鳴故曰掌去鼃黽之
屬也書或爲掌去蝦蟇玄謂蟈今御所食蛙也字

從蟲國聲也蟲乃短狐與壺涿氏下士一人徒二

人壺謂瓦鼓也涿擊之也故書涿爲獨鄭司農曰獨讀爲濁音與涿相近書亦或爲濁

庭氏下士一人徒二人庭氏主射妖鳥令國中絜清如庭者

銜枚氏下士二人徒八人銜枚止言語囂讙枚狀如箸橫

銜之爲之繣結於項伊耆氏下士一人徒二人

伊耆古王者之號也始爲蜡以息老物此主王之齒杖後王識伊耆氏之舊德而以名官與令

姓有伊者也

大行人中大夫二人

小行人下大夫四人司儀上士八人中士十有六人行夫下士三十有二人府四人史八人胥八人徒八十人

行人主國使之禮

環人中士四人史四人胥四人徒四十人

環猶圍也主圍賓客作器爲之守衛者

象胥每翟上士一人中士二人下士八人徒二十人通夷狄之言者曰象胥其有才智者此類之本名東方曰寄南方曰象西方曰狄鞮北方曰譯今揔名曰象者周之德先致南方掌客上士二人下士四人府一人史二人胥二人徒二十人掌訝中士八人府二人史四人胥四人徒四十人訝迎也客來主迎之

者也鄭司農曰訝讀
爲跛者訝跛者之訝
掌交中士八人府
人史四人徒三十有二人
主交通結諸
侯之好者
掌察四方中士八人史四人徒十有
六人　掌貨賄下士十有六人史四
人徒三十有二人　朝大夫每國上
士二人下士四人府一人史二人庶

子八人徒二十人此王之上士也使主都家之國治而命之大夫云都則中士一人下士二人府一人史二人庶子四人徒八十人都則主都之八則也當言每國如朝大夫及都司馬云都士中士二人下士四人府二人史四人胥四人徒四十人家士亦如之都家之士主治都家吏民之獄訟以告方士者也亦當言每國也

大司寇之職掌建邦之三典以佐王

刑邦國詰四方典法也詰謹也書曰王耗荒度作詳刑以詰四方一

曰刑新國用輕典新國者新辟地立君之國也用輕法者爲其民未習

於教二曰刑平國用中典平國承平守成之國用中典者常行

之法三曰刑亂國用重典亂國篡弑叛逆之國用重典者以其

化惡伐滅也以五刑糾萬民刑亦法也糾察異者一曰野

刑上功糾力功農功也力勤力也二曰軍刑上命糾守命將命也守不失部伍也三曰鄉刑上德糾孝德六德也善父母爲孝四曰官刑上能糾職能能其事也職職事也脩理也五曰國刑上愿糾暴愿慤慎也暴當爲恭字之誤也圜土聚教罷民圜土獄城也聚罷民其中困苦以教之爲善也民不愍作勞有似於罷也凡害人者寘之圜土而施職事

焉以明刑恥之害人謂為邪惡已有過失麗
於法者也以其不故犯法寘之
圜土繫教之庶其困悔而改也寘置也施職事以
所能役使之也明刑書其罪惡於大方板著其背
其能改者反于中國不齒三年反於中
國謂舍
之還於故鄉里也司圜職曰上罪三年而舍中罪
二年而舍下罪一年而舍不齒者不得以年次列於
平
民其不能改而出圜土者殺出謂
逃亡以兩
造禁民訟入束矢於朝然後聽之訟
謂

以財貨相告者也造至也使訟者兩至既兩至使入束矢乃治之也不至不入束矢則是自服直者也必入矢者取其直也詩云其直如矢古者一弓百矢束矢其百个與

以兩劑禁民獄入鈞金三日乃致于朝然後聽之

獄謂相告以罪名者劑今券書也使獄者各齎券書既兩券書使入鈞金又三日乃治之重刑也不券則書不入金則是亦自服不直者也必入金者取其堅三十斤曰鈞

以嘉石平罷民

嘉石文石也樹之外朝門左平成也成使善也

凡萬民之有罪

過而未麗於灋而害於州里者桎梏
而坐諸嘉石役諸司空重罪旬有三
日坐朞役其次九日坐九月役其次
七日坐七月役其次五日坐五月役
其下罪三日坐三月役使州里任之
則宥而舍之有罪過謂邪惡之人所罪過者也麗附也未附於法未著於法也不

（在足曰桎在手曰梏役諸司空坐日訖使給百工之役也役月訖使其州里之人任之乃赦之宥寬也）以肺石達窮民（肺石赤石也窮民天民之窮而無告者）凡遠近惸獨老幼之欲有復於上而其長弗達者立於肺石三日士聽其辭以告於上而罪其長（無兄弟曰惸無子孫曰獨復猶報也上謂王與六卿也報之者若上卿書詣公府言事矣長謂諸侯若鄉遂大夫也）正月之吉始

和布刑于邦國都鄙乃縣刑象之灋
于象魏使萬民觀刑象挾日而斂
之正月朔日布王刑於天下正歲又縣其書重之也凡邦之大盟約
涖其盟書而登之于天府涖臨也天府祖廟之藏也大
史內史司會及六官皆受其貳而藏
之六官六卿之官貳副也凡諸侯之獄訟以邦典定

之邦典六典也以六典待邦國之治凡卿大夫之獄訟以邦
灋斷之邦法八法也以八法待官府之治凡庶民之獄訟以
邦成弊之邦成八成也以官成待萬民之治故書弊爲憋鄭司農云弊當爲弊邦
成謂若今時決事比也弊之斷其獄訟也故春秋傳曰弊獄邢侯大祭祀奉犬
牲奉猶進也若禋祀五帝則戒之日涖誓百
官戒于百族戒之日卜之日百族府史以下郊特牲曰卜之日王立于澤宮親聽

誓命受教諫之義也獻命庫門之內戒百官也太廟之內戒百姓也及納亨前
王祭之日亦如之納亨致牲奉其明水火明水
火所取於日月者凡朝覲會同前王大喪亦如
之大喪所前或嗣王也大軍旅涖戮于社社謂社主在軍者也
鄭司農說以書曰用命賞于祖不用命戮于社凡邦之大事使其
屬蹕屬士師以下故書蹕作避杜子春云避當為辟謂若辟除時人玄謂蹕止行人也

小司寇之職掌外朝之政以致萬民
而詢焉一曰詢國危二曰詢國遷三
曰詢立君外朝朝在雉門之外者也國危謂有兵寇之難也國遷謂徙都改邑也立
君謂無冢適選於衆也鄭司農云致萬民聚萬民也詢謀也詩曰詢于芻蕘書曰謀及庶民其
位王南鄉三公及州長百姓北面羣
臣西面羣吏東面羣臣卿大夫士也羣吏府史也其不見孫者從

羣士大夫在公後也小司寇擯以叙進而問焉以
衆輔志而弊謀擯謂揖之使前也叙更也輔志者尊至賢明也以
五刑聽萬民之獄訟附于刑用情訊
之至于旬乃弊之讀書則用灋附猶著也故書
附作付訊言也用情理言之冀有可以出之者十日乃斷之王制曰刑者侀也侀者成也獄壹成而不可
變故君子盡心焉鄭司農云讀書則用法如今時讀鞫已乃論之也凡命夫命婦

不躬坐獄訟爲治獄吏褻尊者也躬身也不躬坐者必使其屬若子弟也喪服傳曰命夫者其男子之爲大夫也命婦者其大夫之妻也春秋傳曰衛侯與元咺訟甯武子爲輔鍼莊子爲坐士榮爲大理凡王之同族有罪不即市鄭司農曰刑諸甸師氏禮記曰刑于隱者不與國人慮兄弟也以五聲聽獄訟求民情一曰辭聽觀其出言不直則煩二曰色聽觀其顔色不直則赧然三曰氣聽觀其氣息不直則喘四曰

耳聽觀其聽聆不直則惑五曰目聽觀其眸子視不直則眊然以
八辟麗邦灋附刑罰辟法也杜子春讀麗爲羅玄謂附也易曰
日月麗于天故書附作付附猶著也一曰議親之辟鄭司農云若今時宗
室有罪先請是也二曰議故之辟故謂舊知也鄭司農云故舊不遺則
民不偷三曰議賢之辟鄭司農曰若今時廉吏有罪先請是也玄謂賢有德
行者四曰議能之辟能謂有道藝者春秋傳曰夫謀而鮮過惠訓不卷者

叔向有焉社稷之固猶將十世宥之以勸能者今壹不免其身以弃社稷不亦惑乎五曰議功之辟謂有大勳力立功者六曰議貴之辟鄭司農云若今時吏墨綬有罪先請是也七曰議勤之辟謂憔悴事國也八曰議賓之辟謂所不臣者三恪二王之後與以三刺斷庶民獄訟之中中謂罪正所定一曰訊羣臣二曰訊羣吏三曰訊萬民刺殺也三訊罪定則殺之訊言也

聽民之所刺宥以施上服下服之刑宥寬也民言殺殺之言寬寬之上服劓墨也下服宮刖也及大比登民數自生齒以上登于天府大比三年大數民之衆寡也人生齒而體備男八月女七月而生齒内史司會冢宰貳之以制國用人數定而九賦可知國用乃可制耳小祭祀奉犬牲奉猶進也凡禋祀五帝實鑊水納亨亦如

之〔納亨致牲也其時鑊水當以洗解牲體肉〕大賓客前王而辟〔鄭司農云小司寇爲王導辟除姦人也若今時執金吾下至令尉奉引矣〕后世子之喪亦如之小師涖戮〔小師王不自出之師〕凡國之大事使其屬蹕〔屬士師以下〕孟冬祀司民獻民數於王王拜受之以圖國用而進退之〔司民星名謂軒轅角也小司寇作祀司民獻民數於王重民也進退猶損益也國用〕

民衆則誣民寡則損歲終則令羣士計獄弊訟登
中于天府上其所斷獄訟之數正歲帥其屬而觀
刑象令以木鐸曰不用灋者國有常
刑令羣士羣士遂士以下乃宣布于四方憲刑
禁宣遍也憲表也謂縣之也刑禁士師之五禁乃命其屬入會
乃致事得其屬之計乃會致於王
士師之職掌

國之五禁之灋以左右刑罰一曰宮禁二曰官禁三曰國禁四曰野禁五曰軍禁皆以木鐸徇之于朝書而縣于門閭左右助也助刑罰者助其禁民爲非也宮王宮官官府也國城中古之禁書亡矣今宮門有符籍官府有無故擅入城門有離載下離野有田律軍有讙嚻夜行之禁其粗可言也以五戒先後刑罰毋使罪麗于民

一曰誓用之于軍旅二曰誥用之于
會同三曰禁用諸田役四曰糾用諸
國中五曰憲用諸都鄙先後猶左右也誓誥於書則甘誓湯
誓大誥之屬也禁則軍禮曰無干車無自後射此其類也糾憲未聞焉掌鄉合州
黨族閭比之聯與其民人之什伍使
之相安相受以比追胥之事以施刑

罰慶賞鄉合鄉所合也追追寇也胥讀如宿偦之偦偦謂司搏盜賊者也掌
官中之政令大司寇之官府中也察獄訟之辭以
詔司寇斷獄弊訟致邦令詔司寇若今時百官聽政法解
致邦令者以法報也掌士之八成鄭司農云八成者行事有八篇若今時決事比
事也一曰邦汋鄭司農云汋國汋斟汋盜取國家密事若今時刺探尚書事矣二曰
邦賊爲逆亂者三曰邦諜爲異國反閒者四曰犯邦令

干冒王五曰撟邦令稱詐以六曰爲邦盜
教令者有爲者
竊取國之七曰爲邦朋朋黨相阿使政不平
寶藏者者也故書朋作傰鄭
司農云傰讀八曰爲邦誣誣罔君臣使
爲朋友之朋事失實者若邦
凶荒則以荒辯之灋治之鄭司農云辯讀爲
風別之別救荒
之政十有二爲士師別受其數條是爲荒別之法玄謂
辯當爲貶聲之誤也遭飢荒則罰刑國事有所貶損
作權時法也朝士職曰若國凶荒札喪寇令移民
戒之故則令邦國都家縣鄙慮刑貶罰也

通財糾守緩刑移民就賤救困也通財補不足也糾守備盜賊也緩刑紓民之也凡以財獄訟者正之以傅別約劑傅別中別手書也劑各所持券也故書別爲辯鄭司農曰傅或爲符辯讀爲風別之別若今時市買爲券書以別之各得其訟則按券以正之若祭勝國之社稷爲之尸以刑官爲尸略之也周謂亡殷之社曰亳社王燕出入則前驅而辟道王且辟行之祀五帝則沃尸及

王盟洎鑊水（洎謂增其沃汁）凡刉珥則奉犬牲
（珥讀為衈盟禮之事也用牲毛者曰刉羽者曰衈）諸侯為賓則帥其
屬而蹕于王宮（謂諸侯來朝若燕饗時）大喪亦如
之大師帥其屬而禁逆軍旅者與犯
師禁者而戮之（逆軍旅反將命也犯師禁干行陳也）歲終則
令正要會（定計簿也）正歲帥其屬而憲禁

令于國及郊野去國百里爲郊郊外謂之野

鄉士掌國中鄭司農云謂國中至百里郊也玄謂其地則距王城百里內也言掌國中此主國中獄六鄉之獄在國中者各掌其鄉之民數而糾戒之鄉士八人言各者四人而分主三鄉聽其獄訟察其辭察宷也辨其獄訟異其死刑之罪而要之旬而職聽于朝辨異謂殊其文書也要之爲其罪之要辭如今劾矣十日乃

職事治之於外朝其自反覆也司寇聽之斷其獄弊其
于朝群士司刑皆在各麗其灋以
獄訟麗附也各附致其法以成議也獄訟成士師受中
日刑殺肆之三日受中謂受獄訟之成鄭司農云士師受中
若今二千石受其獄也中者刑罰之中也故論語曰刑罰不中則民無所措手足協日刑殺協合
也和也和合支干善日若今時望後利日也肆之三日春秋傳曰三日棄疾請逆尸論語曰肆諸市朝妻

謂士師既獄訟之成鄉士則擇可行殺之日至其時而往涖之尸之三日乃反之若欲免之則王會其期免猶赦也期謂鄉士職聽于朝司寇聽之日也王欲赦之則此時親往議之大祭祀大喪紀大軍旅大賓客則各掌其鄉之禁令帥其屬夾道而蹕屬中士以下三公若有邦事則爲之前驅而辟其喪亦如之鄭司農云鄉士爲三公道也若今時三公出城

辟督郵盜賊導之也凡國有大事則戮其犯命者
遂士掌四郊鄭司農云謂百里外至三百里也玄謂其地則距王城百里以
外至三百里也言掌四郊者此主四郊獄也六遂之獄在四郊各掌其遂之
民數而糾其戒令遂士十二人言各者二人而分主一遂也聽其
獄訟察其辭辨其獄訟異其死刑之
罪而要之二旬而職聽于朝司寇聽

斷其獄弊其訟于朝羣士司刑皆在各麗其灋以議獄訟獄訟成士師受中協日就郊而刑殺各於其遂肆之三日就郊而刑殺者遂士也遂士擇刑殺日至其時往涖之如鄉士為之矣言各於其遂者四郊六遂遂處不同也若欲免之則王令三公會其期令猶命也王欲赦之則用遂士職聽之則三公往議也若邦有大

事聚衆庶則各掌其遂之禁令帥其
屬而蹕大事王所親也六鄉若有邦事則為之
前驅而辟其喪亦如之凡郊有大事
則戮其犯命者　縣士掌野鄭司農云掌三
百里至四百里大夫所食晉韓須為公族大夫食
縣玄謂地距王城二百里以外至三百里曰野三
百里以外至四百里曰都都縣野之外地其邑非
王子弟公卿大夫之采地則皆公邑謂之縣縣士

掌其獄焉言掌野者郊外曰野大揔言也獄居近焉野之縣獄在二百里上縣之縣獄在三百里止都之縣獄在四百里上

各掌其縣之民數糾其戒令

而聽其獄訟察其辭辨其獄訟異其

死刑之罪而要之三旬而職聽于朝

司寇聽之斷其獄弊其訟于朝羣士

司刑皆在各麗其灋以議獄訟獄訟

成士師受中協日刑殺各就其縣肆之三日（刑殺各就其縣者亦謂縣士也）若欲免之則王命六卿會其期（期亦謂縣士職聽之時也）若邦有大役聚衆庶則各掌其縣之禁令若大夫有邦事則爲之前驅而辟其喪亦如之凡野有大事則戮其犯命者（野距王城二百

里以外及縣鄙也

方士掌都家鄭司農云掌四百里至五百里公所食也魯季氏食於都玄謂都王子弟及公卿菜地家大夫之菜地大都在畺地小都在縣地家邑在稍地不言掌其民數民不純屬王也聽其獄訟之辭辨其死刑之罪而要之三月而上獄訟于國三月乃上要又變言朝國以其自有君異之也司寇聽其成于朝羣士司刑皆在各麗其灋以議獄訟

成平也鄭司農說以春秋傳曰晉
刑侯與雍子爭鄐田久而無成也
獄訟成士
師受中書其刑殺之成與其聽獄訟
者
都家之吏自協日刑殺但書其成書與
治獄之吏姓名備反覆有失實者也
凡都
家之大事聚衆庶則各掌其方之禁
令
方士十六人言各掌其方者四人而主一方以
也其方以王之事動衆則爲班禁令焉
時脩其縣灋若歲終則省之而誅賞

焉縣法者縣師之職其職掌邦國都鄙稍甸郊里之地域而辨其夫家人民田萊之數及其六畜車輦之稽方士以四時脩此法歲終又省之則與掌民數亦相近也凡都家之士所上治則主之都家之士都士家士也所治上者謂獄訟之小事不附罪者也主之告於司寇聽平之也訝士掌四方之獄訟鄭司農曰四方諸侯之獄訟諭罪刑于邦國告曉以麗罪及制刑之本意也凡四方之有治於士者造焉謂讞疑辯事先來詣乃通

之於士主謂士師也如今郡國亦時遣主吏者詣廷尉議之四方有亂獄則往而成之亂獄謂若君臣宣淫上下相虐者往成之猶呂步舒能使治淮南獄也邦有賓客則與行人送逆之入於國則爲之前驅而辟野亦如之居館則帥其屬而爲之蹕誅戮暴客者客出入則道之有治則贊之送逆謂始來及去也出入謂朝覲於王時

春秋傳曰晉侯受策以出出入凡邦之大事聚
三覲入國入野自以時事耳
衆庶則讀其誓禁　朝士掌建邦
外朝之灋左九棘孤卿大夫位焉羣
士在其後右九棘公侯伯子男位焉
羣吏在其後面三槐三公位焉州長
衆庶在其後左嘉石平罷民焉右肺

石達窮民焉樹棘以爲位者取其赤心而外刺象以赤心三刺也槐之言懷也來人於此欲與之謀也羣吏謂府史也州長鄉遂之官也鄭司農曰王有五門外曰皋門二曰雉門三曰庫門四曰應門五曰路門路門一曰畢門外朝在路門外内朝在路門之内左九棘右九棘故易曰係用徽纆寘于叢棘玄謂明堂位說魯公宮曰庫門天子皋門雉門天子應門言魯用天子之禮所名曰庫門者如天子皋門所名曰雉門者如天子應門此亦制二兼四則魯無皋門應門矣檀弓曰魯莊公之喪既葬而絰不入庫門言其除喪而反由外來是庫門在雉門外必也如是王五

門雉門爲中門雉門設兩觀與今之宮門同閽人幾
出入者窮人蓋不得入也郊特牲曰說繹之於庫門
內言遠當於廟門廟門在庫門之內見於此矣小宗
伯職曰建國之神位右社稷左宗廟然則外朝於
庫門之外皐門之內與今司徒府有天子以下會
殿亦古之外朝哉周天子諸侯皆有三朝外朝一
內朝二內朝在路門
內者或謂之燕朝也
帥其屬而以鞭呼趨且辟
趨朝辟行人
執鞭以威人
禁慢朝錯立族談者
慢朝
臨朝
不肅敬也錯立族談
違其位僔語者也
凡得獲貨賄人民六

畜者委于朝告于士旬而舉之大者公之小者庶民私之得而取之曰獲委於朝十日待來識者也人民謂刑人奴隸逃亡者也司隸職曰帥其民而搏盜賊鄭司農云若今時得遺物及放失六畜持詣鄉亭縣廷也大者公之大物沒入公家也小者私之物小自畀也玄謂人民小者未齔七歲以下凡士之治有期日國中一旬郊二旬野三旬都三月邦國朞其內之治聽

其外不聽鄭司農云謂在朝内者聽其外者不聽若今時徒論決滿三月不得乞

鞫凡有責者有判書以治則聽判分而合也故

[illegible]爲辨鄭司農云謂若今時辭訟有券書者爲之也辨讀爲别謂别券也玄謂古者出責之

息亦如國服與凡民同貨財者令以國灋行之

犯令者刑罰之鄭司農云同貨財者謂合錢共賈也以國法行之司市爲

節以遺之也玄謂同貨財富人畜積者多時收斂之乏時以國服之法出之雖有騰躍其贏不得

過此以利出者與取者過此則罰之若今時加賈貴取息坐贓凡屬責者以
其地傅而聽其辭鄭司農云謂訟地畔界也田地町畔相比屬故
謂之屬責以地傅而聽其辭以其比畔爲證也玄謂屬責轉使人歸之而夲主死歸受之數相
抵冒者以其地之人相比近能爲證者來乃受其辭爲治之也凡盜賊軍鄉
邑及家人殺之無罪鄭司農云謂盜賊羣輩若軍共攻鄉邑家人
者也殺人無罪若今時無故入人家宅廬舍上人車船牽引人欲死法者其時格殺之無罪

凡報仇讎者書於士殺之無罪謂同國不相辟
者也將報之必先言之於士若邦凶荒札喪寇戎之故
則令邦國都家縣鄙慮刑貶故書慮爲憲貶爲窆
[illegible]子春云窆當爲禁憲謂幡書以明之也玄謂慮謀也貶猶減也謂當圖謀緩刑且減國用爲民困也
所貶視時爲多少之法司民掌登萬民之數自
生齒以上皆書於版辨其國中與其

都鄙及其郊野異其男女歲登下其
死生登上也男八月女七月而生齒版今戶籍也下猶去也每歲更著生去死也及三
年大比以萬民之數詔司寇司寇及
孟冬祀司民之日獻其數于王王拜
受之登于天府内史司會冢宰貳之
以贊王治鄭司農云文昌宮三台爲屬軒轅相與爲體近文昌爲司命次司中次司

祿次司民玄謂司民軒轅角也天府主祖廟之藏者貴
佐也贊佐三府以貳佐王治者當以民多少黜陟主民之吏
司刑掌五刑之灋以麗萬民之罪墨
罪五百劓罪五百宮罪五百刖罪五
百殺罪五百
墨黥也刻其面以墨窒之劓截
鼻也今東西夷或以墨劓爲
俗古刑人亡逃者之世類與宮者丈夫割其勢女
子閉於宮若今宦男女也刖斷其足者也周改臏
作刖殺死刑也書傳曰決關梁踰城郭而略盜者
其刑臏男女不以義交者其刑宮觸易君命革輿

服制度姧宄寇攘傷人者其刑劓非事而事之出入不以道義而誦不祥之辭者其刑墨降略寇賊劫掠奪攘撟虔者其刑死此二千五百罪之目略其刑書則亡夏刑大辟二百臏辟三百宮辟五百劓墨各千周則變焉所謂刑罰世輕世重也鄭司農云漢孝文帝十三年除肉刑

若司寇斷獄弊訟則以五刑之灋詔刑罰而以辨罪之輕重詔刑罰者處其所應否如今律家所著法矣

司刺掌三刺三宥三赦之灋以贊司

寇聽獄訟刺殺也訊而有罪則殺之宥寬也赦舍也壹刺曰訊
羣臣再刺曰訊羣吏三刺曰訊萬民
訊言也壹宥曰不識再宥曰過失三宥
曰遺忘鄭司農云不識愚民無所識則宥之也過失若今時律過失殺人不坐死
也玄謂識審也不審若今仇讎當報甲見乙誠
以爲甲而殺之者過失若舉刃欲斫伐而軼中人者
遺忘若間帷薄忘有在焉者而以兵矢投射也壹赦曰幼弱再赦

曰老旄三赦曰惷愚惷愚生而癡騃童昏者也鄭司農云幼弱老旄若今時律令年未滿八歲八十以上非手殺人他皆不坐以此三灋者求民情斷民中而施上服下服之罪然後刑殺上服與墨劓下服宮刖也司約職曰其不信者服墨刑凡行刑人必先規識所刑之處乃後行之司約掌邦國及萬民之約劑治神之約爲上治民之約次

之治地之約次之治功之約次之治器之約次之治摯之約次之此六約者諸侯下至於民皆有焉劑謂券書治者理其相探冒上下之差神約謂命祀郊社羣望及所祖宗也夔子不祀祝融楚人伐之民約謂征稅遷移仇讎既和若懷宗九姓在晉殷民六族七姓在魯衛皆是也地約皆經界所至田萊之比也功約謂王功國功之屬賞爵所及也器約謂禮樂吉凶車服所得用也摯謂玉帛禽鳥相與往來凡大約劑書於宗彝小

約劑書於丹圖
大約劑邦國約也書於宗廟
之六彝欲神監焉小約劑萬
民約也丹圖未聞或有彫器簠簋之屬有圖
象者與春秋傳曰斐豹隸也著於丹書今俗語
有鐵券丹書豈此
舊典之遺言乎
若有訟者則珥而辟藏
其不信者服墨刑
鄭司農云謂有事爭訟
罪罰謂刑書謬誤不正
者爲之開藏取本刑書以正之當開時先祭之
也玄謂訟約若宋仲幾薛宰者辟藏閞府視
約書也不信不如約也珥
讀曰衈謂殺鷄血釁其戶
若大亂則六官辟

藏其不信者殺大亂謂約若吳楚之君晉文公請遂以葬者六官辟藏明罪大也六官初受盟約之貳者

司盟掌盟載之灋載盟辭者也謂盟者書其辭於策殺牲取血坎其牲加書於上而埋之謂之載書春秋傳曰宋寺人惠牆伊戾坎用牲加書為世子痤與楚客盟者

凡邦國有疑會同則掌其盟約之載及其禮儀北面詔明神既盟則貳之有疑不協者也明神神之明察者謂日月山川也覲禮加

方明于壇上所以依之詔之者讀其載書臣告之貳之者寫副當以授六官盟萬民之盟詛者欲犯命者詛其不信者亦如之與共惡之也犯命犯君教令也不信違約也春秋傳曰臧紇犯門斬關以出乃盟臧氏又曰鄭伯使卒出豭行出犬雞以詛射潁考叔者凡民之有約劑者其貳在司盟貳之者檢其自相違約有獄訟者則使之盟詛不信則詛所以省獄訟凡盟詛各以其地域之衆

庶共其牲而致焉既盟則爲司盟共祈酒脯（使其邑閭出牲而來盟已又使出酒脯司盟爲之祈明神使不信者必凶也）
職金掌凡金玉錫石丹青之戒令（青空青也）受其入征者辨其物之媺惡與其數量楬而璽之入其金錫于爲兵器之府入其玉石丹青于守藏之府（爲兵

器者攻金之工六也守藏者王府内府也鄭司農
云受其入征者謂主受來金玉錫石丹青者兵之
租稅也楬而璽之者楬書其數量又以著其物也
璽者印也既楬書揃其數量又以印封之今時之
書有所表識謂之楬諸入其要要凡數也入之於天府掌受士
之金罰貨罰入于司兵給治及工直也貨泉貝也罰贖也書
曰金作贖刑旅于上帝則共其金版饗諸侯
亦如之鉼金謂之版此版所施未聞凡國有大故而用

金石則掌其令主其取之令用金石者作槍雷椎椁之屬

司厲掌盜賊之任器貨賄辨其物皆有數量賈而楬之入于司兵鄭司農云任器貨賄謂盜賊所用傷人兵器及所盜賊財物也入于司兵若今時傷殺人所用兵盜贓加責沒入縣官其奴男子入于罪隸女子入于舂槀鄭司農云謂坐爲盜賊而爲奴者輸於罪隸舂人槀人之官也由是觀之今之奴婢古之罪人也故書曰予則奴戮

汝論語曰箕子爲之奴罪隸奴也故春秋傳曰斐豹隸也著於丹書請焚丹書我殺督戎恥爲奴欲焚其籍也玄謂奴從坐而没縣官者男女同名也凡有爵者與七十者與未齓者皆不爲奴有爵謂命士以上齓者男八歲女七歲而毀齒

犬人掌犬牲凡祭祀共犬牲用牷物伏瘞亦如之鄭司農云牷純也物色之也瘞謂埋祭也爾雅曰祭地曰瘞埋也伏謂伏犬以王車轢凡幾珥沈辜用駹可

也故書幾作龍鄭司農云幾讀爲祈爾雅曰祭山曰庪縣祭川曰浮沈大宗伯職曰以埋沈祭山
川林澤以疈辜祭四方百物龍讀爲駹謂不純色也玄謂幾讀爲刉珥當爲衈衈刉者釁禮之事
凡相犬牽犬者屬焉掌其政治相謂視擇知其善惡
司圜掌收教罷民凡害人者弗使冠
飾而加明刑焉任之以事而收教之
能改者上罪三年而舍中罪二年而

舍下罪一年而舍其不能改而出圜
土者殺雖出三年不齒
弗使冠飾者著墨
幪若古之象刑與
舍釋之也鄭司農曰罷民謂惡人不從化爲百姓
所患苦而未入五刑者也故曰凡害不使冠飾任
之以事若
今罰作人
凡圜土之刑人也不虧體其
罰人也不虧財
言其刑人但加以明刑罰之但任之
以事耳鄭司農云以此知其爲爲民
所患苦而未入刑者故大司寇職曰凡萬民之有罪過
而未麗於法而害於州里者桎梏而坐諸嘉石役諸司

罷又曰以嘉石平罷民國語曰罷士無伍罷女無家言爲惡無所容入玄謂圜土所收教者過失害人以麗於法

掌囚掌守盜賊凡囚者上罪梏拲而桎中罪桎梏下罪梏王之同族拲有爵者桎以待弊罪凡囚者謂非盜賊自以它罪拘者鄭司農云拲者兩手共一木也桎梏者兩手各一木也玄謂在手曰梏在足曰桎中罪不拲手足各一木耳下罪又去桎王同姓及命士以上雖有上罪或拲或桎而已弊猶斷也及刑殺告刑

于王奉而適朝士加明梏以適市而刑殺之告刑于王告以今日當行刑及所刑姓名也其死罪則曰某之罪在大辟其刑罪則曰某之罪在小辟奉而適朝者重刑為王欲有所赦且當以付士也士鄉士也加明梏者謂書其姓名及其罪於梏而著之也囚時雖有無梏者至於刑殺皆設之以適市就衆也庶姓無爵者皆刑殺於市也凡有爵者與王之同族奉而適甸師氏以待刑殺適甸師氏亦由朝乃往也往刑殺者掌戮將自市來也又

王世子曰雖親不以犯有司正術也所以體異姓也刑于隱者不與國人慮兄弟也

掌戮掌斬殺賊諜而搏之斬以鈇鉞若今要斬也殺以刃若今棄市也諜爲姦寇反間者賊與諜罪大者斬之小者殺之搏當爲膊諸城上之膊字之誤也膊謂去衣磔之凡殺其親者焚之殺王之親者辜之親緦服以內也焚燒也易曰焚如死如棄如辜之言枯也謂磔之也凡殺人者踣諸市肆之三日刑盜于市踣僵尸也肆猶

陳之也目言刑盜盜
於刑殺惡莫大焉
凡罪之麗於灋者亦
如之唯王之同族與有爵者殺之于
甸師氏
罪三千五百條上附下附刑五而
已於刑同科者其刑殺之一人也
凡軍
旅田役斬殺刑戮亦如之
戮謂膊焚
辜肆也
墨者
使守門
黥者無妨
於禁禦也
劓者使守關
截鼻亦無
妨以醜遠
之
也
宮者使守內
以其人道絕
也今世或然
刖者使守囿

斷足驅衛禽獸無急行也髡者使守積鄭司農云髡當為完謂但居作三年不虧體者也玄謂此出五刑之中而髡者必王之同族不宮者也宮之為翦其類髡頭而已守積積在隱者宜之也

司隸掌五隸之灋辨其物而掌其政令五隸謂罪隸四翟之隸也物衣服兵器之屬帥其民而搏盜賊役國中之辱事為百官積任器凡囚執人之事民五隸之民鄭司農云百官所當任持之器物

此官主爲積聚之
玄謂任猶用也
邦有祭祀賓客喪紀之事則役其煩辱之事
煩猶劇也士喪禮
下篇曰隸人涅廁
掌帥四翟之隸使之皆服其邦之服執其邦之兵守王宮與野舍之厲禁
野舍王行所止
舍也厲遮列也
罪隸掌役百官府與凡有守者掌使令之小事
役給其
小役
凡封

國若家牛助爲牽徬鄭司農云凡封國若
家謂建諸侯立大夫
家也牛助爲牽徬此官主爲送致之也玄謂牛
助國轉徙罪隸牽徬之在前曰牽在後曰徬其
守王宮與其厲禁者如蠻隸之事
蠻隸掌役校人養馬其在王宮者執
其國之兵以守王宮在野外則守厲
禁　閩隸掌役畜養鳥而阜蕃教

擾之掌子則取隸焉杜子春云子當爲祀玄謂掌子者王立世子置以使掌其家事而以閩隸役之夷隸掌役牧人養

牛馬與鳥言鄭司農云夷狄之人或曉鳥獸之言故春秋傳曰介葛盧聞牛聲曰是生三犧皆用矣是以夷隸職掌與獸言其守王宮者與其守

厲禁者如蠻隸之事貉隸掌役

服不氏而養獸而教擾之掌與獸言言不

阜蕃者猛獸不可服
又不生乳於國擾也
其守王宮者與其守
厲禁者如蠻隸之事

周禮卷第九
經四千二百六十字
注七千七百四十字

周禮卷第十

秋官司寇下　周禮　鄭氏注

布憲掌憲邦之刑禁正月之吉執旌

節以宣布于四方而憲邦之刑禁以
詰四方邦國及其都鄙達于四海憲表
也謂縣之刑禁者國之五禁所以左右刑罰者也
司寇正月布刑于天下而正歲又縣其書於象魏
布憲於司寇布刑則以旌節出宣令於司寇縣書
則亦縣之於門閭及都鄙邦國刑者在王政所重
故屢丁寧焉詰謹也使四方謹行之爾凡邦之
雅曰九夷八蠻六戎五狄謂之四海
大事合眾庶則以刑禁號令

禁殺戮掌司斬殺戮者凡傷人見血而不以告者攘獄者遏訟者以告而誅之司猶察也察此四者告於司寇罪之也斬殺戮者謂吏民相斬相殺相戮者也傷人見血者見血乃爲傷人耳鄭司農云攘獄者距當獄也遏訟者止欲訟也玄謂攘猶却也却獄者言不受

禁暴氏掌禁庶民之亂暴力正者撟誣犯禁者作言語而不信者以告而

誅之民之好爲侵陵稱訟誣此三者亦刑所禁力正者以力彊得正也凡國聚衆庶則戮其犯禁者以徇凡奚隸聚而出入者則司牧之戮其犯禁者奚隸女奴男奴也其聚出入者有所役也

野廬氏掌達國道路至于四畿達謂巡行通之使不阻絕去王城五百里曰畿比國郊及野之道路宿息井樹比猶校也宿息盧之屬客所宿及晝

止地井共飲食耕爲藩蔽若有賓客則令守涂地之人聚欜之有相翔者則誅之守涂地之人道所出廬旁民也相翔猶昌翔觀伺者也鄭司農云聚欜之聚擊欜以宿衛也有姦人相翔於賓客之側則誅之不得令寇盜賓客也凡道路之舟車擊互者敘而行之舟車擊互謂於迫隘處也車有轘轅坻閡舟有砥柱之屬其過之者使以次序凡有節者及有爵者至則爲之辟辟辟

行人也亦使守涂地禁野之横行徑踰者皆為防姦横行妄由
田中徑踰射邪趨隄渠者凡國之大事比脩除道路
者比校治道有名若令次敘大功者掌凡道禁禁謂若令絶蒙大巾持兵
伏之屬邦之有大師則令埽道路且以幾
禁行作不時者不物者不時謂不夙則暮不物者謂衣服操
持非此常人也幾禁之者備姦人内賊反間者蜡氏掌除骴曲禮

曰四足死者曰漬故書骴作脊鄭司農云脊讀為骴謂死人骨也月令曰掩骼埋胔胔骨之尚有肉者禽獸之骨皆是也凡國之大祭祀令州里除不蠲禁刑者任人及凶服者以及郊野大師大賓客亦如之蠲讀若吉圭為饎之圭圭絜也刑者黥劓之屬任人司圜所收教罷民也凶服衰絰者此所以禁除者皆為不欲見之人所穢惡也若有死於道路者則令埋而置楬焉書其

日月焉縣其衣服任器于有地之官
以待其人有地之官主此地之吏待其家人也鄭司農云楬欲令其識取之今
時楬櫫是也有地之官有部界之吏今時鄉亭是也掌凡國之骴禁禁謂孟春
掩骼埋骴之屬
雍氏掌溝瀆澮池之禁凡害
於國稼者春令為阱擭溝瀆之利於民
者秋令塞阱杜擭溝瀆澮田間通水者也池謂陂障之水道也害於國

者謂水潦及禽獸也阱穿地爲塹所以御禽獸
其或超踰則陷焉世謂之陷阱是也擭柞鄂也墜
地阱淺則設柞鄂於其中秋而杜塞阱擭收艾之
時爲其陷害人也書柴誓曰敜乃擭斂乃阱時非
秋也伯禽以出師征徐戎是也禁山之爲苑澤之沈者爲其
就禽獸魚鼈自然之居而害之鄭司農云不得擅
爲苑囿於山也澤之沈者謂毒魚及水蟲之屬
萍氏掌國之水禁水禁謂水中害人之處及入水捕魚鼈非時者幾
酒苛察沽買酒過多及非時謹酒使民節用酒也書酒誥曰有政有事無彝酒禁

川游者備波洋卒至沈溺司寤氏掌夜時
夜時謂夜早晚若今時甲乙至戊以星分夜以詔夜士夜
禁夜士主行夜徼候者若今都候之屬禦晨行者禁宵行者
夜遊者備其遭寇害及謀非公事也禦亦禁也謂遏止之耳無刑法也晨先明宵定昏
也書曰宵中星虛春秋傳曰夜中星隕如雨司烜氏掌以夫
遂取明火於日以鑒取明水於月以

共祭祀之明齍明燭共明水夫遂陽遂也鑑鏡之
屬也取水者世謂之方諸取日之火月之水欲得陰
陽之絜氣也明燭以照饌陳明水以為玄酒鄭司農
云夫發聲也明粢謂
以明水滫滌粢盛黍稷
凡邦之大事共墳燭
庭燎故書墳為蕡鄭司農云蕡燭麻燭也玄謂
墳大也樹於門外曰大燭於內曰庭燎皆所
以照眾
為明也
中春以木鐸脩火禁于國中為
季
春將出火時也火禁謂
用火之處及備風燥
軍旅脩火禁邦若

屋誅則爲明竁焉鄭司農云屋誅謂夷三族無親屬收葬者故爲葬之三夫爲屋一家田爲一夫以此知三家也玄謂屋讀爲其刑剭之剭誅謂所殺不於市而以適甸師者明竁若今揭頭明書其罪法也司烜氏掌明竁則罪人夜葬與

條狼氏掌執鞭以趨辟王出入則八人夾道公則六人侯伯則四人子男則二人趨辟趨而辟行人也若今時卒辟車之爲也孔子曰富而可求雖執鞭之士吾亦爲之言士之賤者

凡誓執鞭以趨於前且命之誓僕右曰殺誓馭曰車轘誓大夫曰敢不關鞭五百誓師曰三百誓邦之大史曰殺誓小史曰墨前謂所誓衆之行前也有司讀誓辭則大言其刑以警所誓誓者謂出軍及將祭祀時也出軍之誓誓左右及馭則書之甘誓備矣郊特牲說祭祀之誓曰卜之日王立於澤宮親聽誓命受教諫之義車轘謂車裂也師樂師也大史小史主書記禮事者鄭司

農云誓大夫曰敢不關謂不關于君也玄謂
大夫自下受命以出則其餘事莫不復諫也
脩閭氏掌比國中宿互櫕者與其國
粥而比其追胥者而賞罰之國中城中粥養也
國所粥養謂衍卒也追逐寇也胥讀為偦故書
互為巨鄭司農云宿謂宿衛也巨當為互謂行馬所
以障互禁止人者也櫕謂行夜擊櫕也禁徑踰者與以兵革趨
行者與馳騁於國中者皆為其惑衆邦有故

則令守其閭互唯執節者不幾令者令其閭内之閭胥里宰之屬

冥氏掌設弧張弧張罿罦之屬所以扃絹禽獸爲阱擭以攻猛獸以靈鼓敺之靈鼓六面鼓也敺之使驚趨阱擭也若得其獸則獻其皮革齒須備鄭司農云須直謂頤下須備謂搔也

庶氏掌除毒蠱以攻說禬之以嘉草攻之毒蠱蟲物而能害人

者賊律曰敢蠱人及教令者棄市攻說祈名也祈
其神求去之也嘉草藥物其狀未聞攻之謂熏之
鄭司農云禬除也玄謂凡毆蠱則令之比之
此禬讀如癰潰之潰
使之爲又
校次之
穴氏掌攻蟄獸各以其物
火之蟄獸熊羆之屬冬藏者將攻之必先燒其
所食之物於穴外以誘出之乃可得之
以時獻其珍異皮革翨氏掌攻
猛鳥各以其物爲媒而擒之猛鳥鷹隼
之屬置其

所食之物於絹中鳥來下則掎其腳也以時獻其羽翮

柞氏掌攻草木及林麓林人所養者山足曰麓夏日至令刊陽木而火之冬日至令剝陰木而水之刊剝互言耳皆謂斫去次地之皮也生山南曰陽木生山北曰陰木火之水之則使其肄不生若欲其化也則春秋變其水火化猶生也謂將以種穀也變其水火者所火則水之所水則火之則其土和美凡攻

木者掌其政令除木有時薙氏掌殺草
春始生而萌之夏日至而夷之秋繩
而芟之冬日至而耜之故書萌作甍杜子春云甍當爲萌謂
耕及萌牙也書亦或作萌玄謂萌之者以兹其斫去生者夷之鉤鐮迫地芟之若今取茭矣含實曰繩
芟其繩則實不成熟耜之以耜測凍土剗之也若欲其化也則以
水火變之謂以火燒其所芟萌之草已而以水之則其土亦和美矣月令季夏云燒薙

（行水利以殺草如以熱湯是一時著也）掌凡殺草之政令

硩蔟氏掌覆夭鳥之巢（覆猶毀也夭鳥惡鳴之鳥若鴞鵩鳥賈誼所賦陸機云大如斑鳩綠色）以方書十日之號十有二辰之號十有二月之號十有二歲之號二十有八星之號縣其巢上則去之（方板也日謂從甲至癸也辰謂從娵至荼也歲謂從攝提格至赤奮若也星謂從角至軫）

也夭鳥見此五者翦氏掌除蠹物以
而去其秘未聞矣今用以殺魚山海經
攻禜攻之以莽草熏之朝歌山有草名莽
可以毒魚郭璞云蠹物穿食人器物者蟲魚亦是也
攻禜祈名也莽草藥物殺蟲者也以熏之則死故書
蠹為橐杜子春掌凡庶蠱之事庶除毒蠱者
云橐當為蠹毒蠱之類或
熏之以莽赤犮氏掌除牆屋以蜃
草則去也洒灑也除牆屋者除
炭攻之以灰洒毒之蟲豸藏逃其中者也

蜃大蛤也擣其炭以坋之則走淳之則死故
書蜃爲晨鄭司農云當爲蜃書亦或爲蜃　凡隙
屋除其貍蟲　貍蟲䗪肌蛷之屬　蟈氏掌去
鼃黽焚牡蘜以灰洒之則死　牡蘜蘜不華者齊魯
之間謂鼃爲蟈黽耿黽也蟈與耿黽尤怒鳴爲聒人耳故去之　以其煙被之則
凡水蟲無聲　杜子春云假令風從東方來則於水東面爲煙西行被水上
壺涿氏掌除水蟲以炮土之鼓敺之

以焚石投之水蟲狐蜮之屬故書炮作泡杜
子春云泡當爲匏有苦葉之匏
玄謂燔之炮之土鼓瓦鼓
也焚石投之使驚去也若欲殺其神則以
牡橭午貫象齒而沈之則其神死淵
爲陵神謂水神蛟龍因象也故書橭爲梓午
爲五杜子春云梓當爲橭橭讀爲枯枯榆木
名也書或爲樗又
云五貫當爲午貫庭氏掌射國中之
夭鳥若不見其鳥獸則以救日之弓

與救月之矢夜射之不見鳥獸謂夜來鳴呼爲怪也獸狐狼之屬鄭司農云救日之弓救月之矢謂日月食所作弓矢也玄謂日月之食陰陽相勝之變也於日食則射太陰月食則射太陽若神也則以大陰之弓與枉矢射之神謂非鳥獸之聲若或叫於宋太廟譆譆出出者太陰之弓救月之弓枉矢救日之矢與不言救月之弓與救日之矢者互言之耳救日以枉矢然則救月以恒矢可知也銜枚氏掌司嚻察嚻讙者與其聒亂在朝者之言語國之大

祭祀令禁無嚻（令令王祭祀者）軍旅田役令銜
枚（爲其言語相誤）禁嘂呼歎嗚於國中者行歌
哭於國中之道者（爲其惑眾相感動也嗚唫也）
伊耆氏掌國之大祭祀共其杖咸（咸讀曰函老臣雖杖於朝事鬼神當敬去之有司以此函藏之既事乃授之）軍旅授有
爵者杖（別吏卒且以扶尊者將軍杖鉞也）共王之齒杖（王之

所以賜老者之杖鄭司農云謂年七十當以王命授杖者今時亦命之爲王杖者玄謂王制曰五十杖於家六十杖於鄉七十杖於國八十杖於朝

大行人掌大賓之禮及大客之儀以親諸侯大賓要服以內諸侯大客謂其孤卿春朝諸侯而圖天下之事秋覲以比邦國之功夏宗以陳天下之謨冬遇以協諸侯之慮時會以發四方之禁

殷同以施天下之政此六事者以王見諸侯爲文也圖比陳協
皆考績之言也王春見諸侯則圖其事之可否秋
見諸侯則比其功之高下夏見諸侯則陳其謀之
是非冬見諸侯則合其慮之異同六服以其朝歲
四時分來更遞如此而偏時會即時見也亦無常
期諸侯有不順者王將有征討之事則既朝王命
爲壇於國外合諸侯而發令事焉禁謂九伐之法
也殷同則殷見也王十二歲一巡狩若不巡狩則
殷同殷同者六服盡朝既朝王亦命爲壇于國外
合諸侯而命其以政謂邦國之九法殷同四方四時
分來歲終而徧矣九伐九法皆在司馬職司馬法

曰春以禮朝諸侯圖同事夏以禮宗諸侯陳同謀秋以禮覲諸侯比同功冬以禮遇諸侯圖同慮時以禮會諸侯施同政殷以禮宗諸侯發同禁

時聘以結諸侯之好殷覜以除邦國之慝

此二事者亦以王見諸侯之臣使來者時爲文也時聘者亦以禮見無常期也天子有事諸侯使大夫來聘王親以禮見之以禮遣之所以結其恩好也天子無事則已殷覜謂一服朝之歲也慝惡也一服朝之歲五服諸侯皆使卿以聘禮來覜天子天子以禮見之命以政禁之事所以除其惡行

間問以諭諸侯之志

歸脤以交諸侯之福賀慶以贊諸侯之喜致禬以補諸侯之烖（此四者王使臣於諸侯之禮間問者間歲一問諸侯謂存省之屬論諸侯之志者論言語諭書名其類也交或往或來者也賛助也致禬凶禮弔禮禬禮也補諸侯之烖者若春秋澶淵之會謀歸宋財也）以九儀辨諸侯之命等諸臣之爵以同邦國之禮而待其賓客（九儀謂命者五公侯伯子男爵者四孤卿大夫之士）上公

之禮執桓圭九寸繅藉九寸冕服九章建常九斿樊纓九就貳車九乘介九人禮九牢其朝位賓主之間九十步立當車軹擯者五人廟中將幣三享王禮再祼而酢饗禮九獻食禮九舉出入五積三問三勞諸侯之禮執

信圭七寸繅藉七寸冕服七章建常
七斿樊纓七就貳車七乘介七人禮
七牢朝位賓主之間七十步立當前
疾擯者四人廟中將幣三享王禮壹
祼而酢饗禮七獻食禮七舉出入四
積再問再勞諸伯執躬圭其他皆如

諸侯之禮諸子執穀璧五寸繅藉五
寸冕服五章建常五斿樊纓五就貳
車五乘介五人禮五牢朝位賓主之
閒五十步立當車衡擯者三人廟中
將幣三享王禮壹祼不酢饗禮五獻
食禮五舉出入三積壹問壹勞諸男

執蒲辟其他皆如諸子之禮繅藉以五采韋衣版若奠玉則以藉之焉冕服者著冕所服之衣也九章者自山龍以下七章者自華蟲以下五章者自宗彝以下常旌旗也斿其屬縿垂者也樊纓馬飾以罽飾之每一處五采備為一就就成也貳副也介輔己行禮者也禮謂大禮饔餼也三牲備為一牢朝位謂大門外賓下車及王出迎所立處王始出大門內交擯三辭乃乘車而迎之齊僕為之節上公立當軹侯伯當疾子男當衡則王立當軫與廟受祖之廟也饗食禮設盛禮以飲賓也問問不恙也勞謂若倦之皆有禮以幣致之故書祼作

果鄭司農云車軹車也三享三獻也祼讀爲灌再
祼再飲公也而酢報飲王也九舉舉樂也出入五
積餼之芻禾米也前疾謂四馬車轅前胡下垂柱
地者玄謂三享皆束帛加璧庭實唯國所有朝
事儀曰奉國地所出重物獻之明臣職也朝先享
而不言朝者朝王禮不嫌有等也王禮以鬱鬯禮賓
也鬱人職曰凡祭賓客之祼事和鬱鬯以實彝而陳
之禮公者使宗伯攝酌圭瓚而祼王既拜送爵又
攝酌璋瓚而祼后又拜送爵是謂再祼再祼賓乃
酢王也禮侯伯一祼而酢者祼賓賓酢王而已后
不祼也禮子男一祼而不酢者祼賓而已不酢王
也不酢之禮聘禮禮賓是焉九舉舉牲體九飯也出

入謂從來還去也每積有牢禮米
禾芻薪凡數不同者皆降殺矣
凡大國之
孤執皮帛以繼小國之君出入三積
不問壹勞朝位當車前不交擯廟中
無相以酒禮之其他皆眡小國之君
此以君命來聘者也孤尊既聘享更自以其贄見
執束帛而以豹皮表之以爲飾繼小國之君言次
之也朝聘之禮每一國畢乃前不交擯者不使介
傳辭交於王之擯者親自對擯賓也廟中無相介

皆入門西上而立不前相禮也相禮亦者聘之介是與以酒禮之者謂齊酒和之不用鬱鬯耳其他謂貳車及介牢禮賓主之間擯者將幣祼酢饗食之數凡諸侯之卿其禮各下其君二等以下及其大夫士皆如之此亦以君命來聘者也所下其君者介與朝位賓主之間也其餘則自以其爵聘禮曰上公七介侯伯五介子男三介是謂使卿聘之介數也朝位則上公七十步侯伯五十步子男三十步也邦畿方千里其外方五百里謂之侯服

歲壹見其貢祀物又其外方五百里
謂之甸服二歲壹見其貢嬪物又其
外方五百里謂之男服三歲壹見其
貢器物又其外方五百里謂之采服
四歲壹見其貢服物又其外方五百
里謂之衛服五歲壹見其貢材物又

其外方五百里謂之要服六歲壹見其貢貨物要服蠻服也此六服去王城三千五百里相距方七千里公侯伯子男封焉其朝貢之歲四方各四分趨四時而來或朝春或宗夏或覲秋或遇冬祀貢者犧牲之屬故書嬪作頻鄭司農云嬪物婦人所爲之物也爾雅曰嬪婦也玄謂嬪物絲枲也器物尊彝之屬服物玄纁絺纊也材物八材也貨物龜貝之屬九州之外謂之蕃國世壹見各以其所貴寶爲摯九州之外夷服鎮服蕃服也曲禮曰

其在東夷北狄南蠻西戎雖大曰子春秋傳曰杞
伯以夷禮故曰子然則九州之外其君皆如子男也
無朝貢之歲以父死子立及嗣王即位乃一來耳各以
其所貴寳爲摯則蕃國之君無執玉瑞者也是以謂
其君爲小賓臣爲小客所貴寳見經傳者若犬
戎獻白狼白鹿是也其餘則周禮王會備矣王
之所以撫邦國諸侯者歲徧存三歲
徧覜五歲徧省七歲屬象胥諭言語
協辭命九歲屬瞽史諭書名聽聲音

十有一歲達瑞節同度量成牢禮同
數器脩灋則十有二歲王巡守殷國
撫安也存也覜省者王使臣於諸侯之禮所謂間問
歲者王巡守之明歲以爲始也屬猶聚也自五歲
之後遂間歲徧省七歲省而名其象胥九歲省而
名其瞽史皆聚於天子之宮敎習之也故書協辭
命作叶詞命鄭司農云象胥譯官也叶當爲汁
詞當爲辭書亦或爲叶辭命玄謂胥讀爲諝王
制曰五方之民言語不通嗜欲不同達其志通
其欲東方曰寄南方曰象西方曰狄鞮北方曰譯此

官正為象者周始有南越重譯而來獻是因名通
言語之官為象支謂胥象之有才智者辭命共辭
之令也瞽樂師也史太史小史也書名書字也古
曰名聘禮曰百名以上至十一歲之徧省焉度丈
尺也量豆區釜也數器銓衡也法八法也則八則
也達同成修皆有齎其法式行行至則齊等之也
成平也平其僭踰者巡守諸侯會者各以其時
之方書曰肆覲東后是也其殷國則四方四時分
來如平時凡諸侯之王事辨其位正其等協
其禮賓而見之王事以王之事來也詩云莫敢不來王孟子曰諸侯有王

若有大喪則詔相諸侯之禮詔相左右告教之

若有四方之大事則受其幣聽其辭四方之大事謂國有兵寇諸侯來告急者禮動不虛皆有贄幣以崇敬也受之以其事入告王也聘禮曰若有言則以束帛如享之禮

凡諸侯之邦交歲相問也殷相聘也世相朝也小聘曰問殷中也久無事又於殷朝者及而相聘也父死子立曰世凡君即位大國朝焉小國聘焉皆所以習禮考義正刑一德以尊天子

也必擇有道之國而就脩之鄭司農云殷聘以春秋傳曰孟僖子如齊殷聘禮是也

小行人掌邦國賓客之禮籍以待四方之使者禮籍名位尊卑之書使者諸侯之臣使來者令諸侯春入貢秋獻功王親受之各以其國之籍禮之貢六服所貢也功考績之功春秋貢獻之若今計文書斷於九月其舊法也凡諸侯入王則逆勞于畿鄭司農云入王朝王

王也故春秋傳曰宋公不王文曰諸侯有王王有巡守及郊勞眡館將幣為承而擯視館致館也承猶丞也王使勞賓於郊致館於賓至將幣使宗伯為上擯皆為承而擯之凡四方之使者大客則擯小客則受其幣而聽其辭擯者擯而見之王使得親其言也受其幣者受之以入告其所為來之事也使適四方協九儀賓客之禮朝覲宗遇會同君之禮也存

覜省聘問臣之禮也通之也協合也達天下之六節山國用虎節土國用人節澤國用龍節皆以金為之道路用旌節門關用符節都鄙用管節皆以竹為之此謂邦國之節達之者使之四方亦皆齎法式以齊等之也諸侯使臣行覜聘則以金節授之以為行道之信也虎人龍者自其國象也道路謂鄉遂大夫都鄙者王公之子弟及卿大夫采地之吏也凡

邑之民遠出至他邦他邦之民若來入由國門
者門人為之節由關門者關人為之節其以徵令
及家徙鄉遂大夫及采地吏為之節皆使人執節
將之以達之也亦有期以反節管節如今竹節使
符也其有商者通之以為符節如門關者也門關
者與市聯事節可同亦所以異於畿內也凡節有
天子法式存乎國也成六瑞王用瑱圭公用桓圭
侯用信圭伯用躬圭子用穀璧男用
蒲璧成平也瑞信也皆朝見所執以為信合六幣圭以馬璋

以皮璧以帛琮以錦琥以繡璜以黼此六物者以和諸侯之好故合同也六幣所以享也五等之諸侯享天子用璧享后用琮也其大小各如其瑞皆有庭實以馬若皮皮虎豹皮也用圭璋者二王後也二王後尊故享用圭璋而特之禮器曰圭璋特義亦通於此其於諸侯亦用璧琮耳子男於諸侯則享用琥璜下其瑞也凡二王後用諸侯相享之玉大小各降其瑞一寸及使卿大夫覜聘亦如之若國札喪則令賻補之若國

凶荒則令賙委之若國師役則令槁襘之若國有福事則令慶賀之若國有禍烖則令哀弔之凡此五物者治其事故故書賻作傅槁作稾鄭司農云賻補之謂傅喪家補助其不足也若今時一室二尸則官與之棺也稾當爲槁謂槁師也玄謂師役者國有兵寇以遺病者也使隣國合會財貨以與之春秋傳曰定五年夏歸粟於蔡是也宗伯職曰以禬禮哀國敗禍烖水火之故及其萬

民之利害爲一書其禮俗政事教治刑禁之逆順爲一書其悖逆暴亂作慝猶犯令者爲一書其札喪凶荒厄貧爲一書其康樂和親安平爲一書凡此五物者每國辨異之以反命于王以周知天下之故慝惡也猶圖也

司儀掌九儀之賓客擯相之禮以詔
儀容辭令揖讓之節出接賓曰擯入贊禮曰相以詔者禮告王也
將合諸侯則令爲壇三成宮旁一門合諸
侯謂有事而會也爲壇於國外以命事宮謂壝以爲牆
處所謂壝宮也天子春帥諸侯拜日於東郊則爲
壇於國東夏禮日於南郊則爲壇於國南秋禮山
川丘陵於西郊則爲壇於國西冬禮月與四瀆於
北郊則爲壇於國北既拜禮而還加方明於壇上而
祀焉所以教尊尊也覲禮曰諸侯朝天子爲宮方三

百步四門壇十有二尋深四尺是也王巡守殷國而
同則其爲宮亦如此與鄭司農云三成三重也爾雅
曰丘一成爲頓丘再成爲陶
丘三成爲崑崙丘謂三重也
詔王儀南鄉見諸
侯土揖庶姓時揖異姓天揖同姓
謂王
旣祀
方明諸侯之上介皆奉其君之旂置于宮乃詔王
升壇諸侯皆就其旂位而立諸公中階之前北面東
上諸侯東階之東西面北上諸伯西階之西東面北上
諸子門東北面東上諸男門西北面東上土揖之者
定其位也庶姓無親者也土揖推手小下也異姓昏
姻也時揖平推手也衞將軍文子曰獨君思仁公言言

哉其聞詩也一日三復白圭之玷是南宮縚之行夫
信其言仁以爲異姓請妻之也天揖推手小舉之

及其擯之各以其禮公於上等侯伯於中等子男於下等

謂執玉而前見於王也擯之各以其禮者謂擯公者五人侯伯四人子男三人上等中等下等者謂所奠玉處壇三成深四尺則一等一尺也壇十有二尋方九十六尺則堂上二丈四尺每等丈二尺與諸侯各於其等奠玉降拜升成拜明臣禮也既乃升堂授王玉

其將幣亦如之其禮亦如之

將幣享也禮謂以鬱

㬅裸之也皆於其等之上也王燕則諸侯毛謂以鬚髮坐也朝事尊尊上爵燕則親親上齒鄭司農云謂老者在上老者二毛故曰毛凡諸公相爲賓謂相親也主國五積三問皆三辭拜受皆旅擯再勞三辭三揖登拜受拜送賓所停止則積間閭則問行道則勞其禮皆使卿大夫致之從來至去數如此也三辭辭其以禮來於外也積問不言登受之於庭也鄭司農云旅讀爲旅於大山之旅謂九人傳辭相授上下竟問賓從末上行介還受上傳之玄謂旅讀如鴻

臚之臚臚陳也賓之介九人使者亦皆陳擯位以傳
辭也賓之上介出請使者則前對傳皆當其末擯焉
三揖庭中時也　主君郊勞交擯三辭車逆
拜送送使者
拜辱三揖三辭拜受車送三還再拜
主君郊勞備三勞而親之鄭司農云交擯三辭謂賓
主之擯者俱三辭也車逆主人以車迎賓擯於館也
拜辱賓謝辱也玄謂交擯者各陳九介使傳辭也車
逆拜辱者賓以主君親來乘車出舍門而迎之若欲遠
就之然後見之則下拜迎謝其自屈辱來也至去又出
車送若欲遠送之然主君三還辭之乃再拜送之也車

逆之節各以其等則諸公九十步立當車軹三 辭重者先辭其以禮來於外後辭辭升堂矣 致
亦如之 館舍也使大夫授之 君又以禮親致焉 致飧如致積
之禮 俱使大夫禮同也飧夕食也 小禮曰飧大禮曰饔餼 及將幣交擯
三辭車逆拜辱賓車進荅拜三揖三
讓每門止一相及廟唯上相入賓三
揖三讓登再拜授幣賓拜送幣每事

如初賓亦如之及出車送三請三進
再拜賓三還三辭告辟鄭司農云交擯擯
者交也賓車進荅
拜賓上車進道主人乃荅其拜及出車送三請主人
三請留賓也三進三進隨賓賓三揖三辭告辟賓三
還辭謝言已辟去也玄謂既三辭主君則乘車出
大門而迎賓見之而下拜其辱賓車乃前下荅之
拜也三揖者相去九十步乃揖之使前也至而三讓
讓三入門也相謂主君擯者及賓之介也謂之相者
亦於外傳辭耳入門當以禮詔侑也介紹而傳命者
君子於其所尊不敢質敬之也每門止一相彌相親

也君入門介拂闑大夫中棖與闑之間士介拂棖此
爲介鴈行相隨也止之者絶行在後也賓三揖三
讓讓外也登再拜授幣當爲受主人拜至且受
玉也尊事如初謂享及有言也賓爲擯謂以鬱鬯
禮賓也上於下曰禮敵者曰儐禮器曰諸侯相朝裸
用鬱鬯無籩豆之薦謂此朝禮畢擯賓也三請
三進請賓就車也主君每一請車一進欲遠送
送之三還三辭主君一請者賓亦一還辭也致饔
餼還圭饗食致贈郊送皆如將幣之
儀此六禮者唯饗食速賓耳其餘主君親往親
往者賓爲主人主人爲賓君如有故不親饗食

則使大夫以酬幣侑幣致之鄭司農云還圭還歸其
玉也故公子重耳受飧反璧玄謂聘以圭璋禮也賓
以璧琮財也已聘而還圭璋輕財重
禮也贈送以財也既贈又送之至於郊賓之拜
禮拜饔餼拜饗食鄭司農云賓之禮者因
言賓之所當拜之禮也
當拜者拜饔餼拜饗食玄謂賓將去就朝拜
三禮禮之重者賓就拜主君乃至館贈之夫
賓繼主君皆如主國之禮鄭司農云賓繼
復主人之禮費也故曰皆如主國之禮也玄謂
主君者擯主君也擯之者主君郊勞致館饔餼還

致贈郊送之時也如其禮者謂玉帛皮帛馬也餼陳之積者不如也若饗食主君及燕亦遠焉諸侯諸伯諸子諸男之相爲賓也各以其禮相待也如諸公之儀賓主相待之儀與諸公同也饔餼饗食之禮則有降殺焉諸公之臣相爲國客謂相聘則三積皆三辭拜受受者受之於庭侯伯之臣不致積及大夫郊勞旅擯三辭拜辱三讓登聽命

下拜登受賓使者如初之儀及退拜
送登聽命賓登堂賓當爲擯勞用束帛擯用束錦侯伯之臣授勞於庭致館如
初之儀如郊勞也不擯其侯伯之臣致館於庭不言致飧者君於聘大夫不致飧也聘禮曰
飧不致賓不拜及將幣旅擯三辭拜逆客辟三
揖每門止一相及廟唯君相入三讓
客登拜客三辟授幣下出每事如初

之儀客辟逡巡不敢荅拜也唯君相入客臣相不入矣拜主君拜客至也客三辟三退負序也每
事如初享及有言也及禮私面私獻皆再拜稽首
君荅拜禮以醴禮賓也私面私覿也既覿則或有私獻者鄭司農云說私面以春秋傳
曰楚公子棄疾見鄭伯以其良馬私面矣出及中門之外問君
客再拜對君拜客辟而對君問大夫
客對君勞客客再拜稽首君荅拜客

趨辟中門之外即大門之內問君曰君不恙乎對曰使臣之來寡君命使臣于庭問大夫曰二三子不恙乎對曰寡君命使臣于庭二三子皆在勞客曰道路悠遠客甚勞勞介則曰二三子甚勞問君客再對者爲敬慎矣

致饔餼如勞之禮饗食還圭如將幣之儀饗食亦謂君不親而使大夫以幣致之君館客客辟介受命遂送客從拜辱于朝君館客者客將就省之盡殷勤也遂送拜以送客也明日客拜禮賜遂

行如入之積（禮賜謂乘禽君之加惠也如入之積則三積從來至去矣）凡侯伯子男之臣以其國之爵相爲客而相禮其儀亦如之（爵謂卿也大夫也士也）凡四方之賓客禮儀辭命餼牢賜獻以二等從其爵而上下之（上下猶豐殺也）凡賓客送逆同禮（謂郊勞郊送之屬）凡諸侯之交各稱其邦而

爲之幣以其幣爲之禮幣享幣也於大國則豐小國則殺主國禮之如其豐殺謂賄束紡之禮用玉帛乘皮及贈之屬凡行人儀不朝不夕不正其主面亦不背客謂擯相傳辭時也不正東鄉不正西鄉常視賓主之前却得兩鄉之而已行夫掌邦國傳遽之小事媺惡而無禮者凡其使也必以旌節雖道有難而不時必達傳遽

若今時乘傳騎驛而使者美福慶也惡喪荒也此事之小者無禮行夫主使之道有難謂遭疾病他故不以時至必達王命不可廢也其大者有禮大小行人使之有故則使介傳命不嫌不達也

居於其國則掌行人之勞辱事焉使則介之

使謂大小行人故書曰夷使鄭司農云夷使使於四夷則行夫主爲之介玄謂夷發聲也

環人掌送逆邦國之通賓客以路節達諸四方

通賓客以掌事往來者也路節旌節也四方圻土也

舍則授

館令聚欜有任器則令環之令令野廬氏鄭司農云四方之人有任器者則環人主令徇環守之凡門關無幾送逆及疆鄭司農云門關不得苛留環人玄謂環人送逆之則賓客出入不見幾象胥掌蠻夷閩貉戎狄之國使掌傳王之言而諭說焉以和親之謂蕃國之臣來覲聘者若以時入賓則協其禮與其辭言傳之以時入賓謂其君以世一

見來朝爲賓客也凡其出入送逆之禮節幣帛辭令而賓相之從來至去皆爲擯而詔侑其禮儀也凡國之大喪詔相國客之禮儀而正其位客謂諸侯使其臣來弔者凡軍旅會同受國客幣而賓禮之謂諸侯以王有軍旅之事使臣奉幣來問之者凡作事王之大事諸侯次事卿次事大夫次事上士

下事庶子（作使也鄭司農云王之大事諸侯執其大事次事卿執其次事次事使大夫次事使上士下事使庶子也）掌客掌四方賓客之牢禮餼獻飲食之等數與其政治（政治邦新殺禮之屬）王合諸侯而饗禮則具十有二牢庶具百物備諸侯長十有再獻（饗諸侯而用王禮之數者以公侯伯子男盡在兼饗之莫敵用也諸侯長九命作伯者也獻公侯以下如

其命數也王巡守殷國則國君膳以牲犢令
百官百牲皆具從者三公眡上公之禮
卿眡侯伯之禮大夫眡子男之禮士
眡諸侯之卿禮庶子壹眡其大夫之
禮國君者王所過之君也犢繭栗之犢也以膳天子貴誠也牲孕天子不食祭帝不用凡賓客則
皆角尺令者掌客令主國也百牲皆具言無有不備矣凡諸侯之禮上

公五積皆眡飧牽三問皆脩羣介行
人宰史皆有牢飧五牢食四十簠十
豆四十鉶四十有二壺四十鼎簋十
有二牲三十有六皆陳饔餼九牢其
死牢如飧之陳牽四牢米百有二十
筥醯醢百有二十甕車皆陳車米眡

生牢牢十車車秉有五籔車禾眂死
牢牢十車車三秅芻薪倍禾皆陳乘
禽日九十雙殷膳大牢以及歸三饗
三食三燕若弗酌則以幣致之凡介
行人宰史皆有飧饔餼以其爵等爲
之牢禮之陳數唯上介有禽獻夫人

致禮八壺八豆八籩膳大牢致饗大
牢食大牢卿皆見以羔膳大牢侯伯
四積皆眡飧牽再問皆脩飧四牢食
三十有二簠八豆三十有二鉶二十
有八壺三十有二鼎簋十有二腥二
十有七皆陳饔餼七牢其死牢如飧

之陳牽三牢米百筥醯醢百罋皆陳
米三十車禾四十車芻薪倍禾皆陳
乘禽日七十雙殷膳大牢三饗再食
再燕凡介行人宰史皆有飧饔餼以
其爵等爲之禮唯上介有禽獻夫人
致禮八壺八豆八籩膳大牢致饗大

牢卿皆見以羔膳特牛子男三積皆
眂飧牽壹問以脩飧三牢食二十有
四簠六豆二十有四鉶十有八壺四十
有四鼎簋十有二牲十有八皆陳饔
餼五牢其死牢如飧之陳牽三牢米
八十筥醯醢八十罋皆陳米二十車

禾三十車芻薪倍禾皆陳乘禽日五
十雙壹饗壹食壹燕凡介行人宰史
皆有飧饔餼以其爵等爲之禮唯上
介有禽獻夫人致禮六壺六豆六籩
膳眡致饗親見卿皆膳特牛積皆視飧牽謂所共
如飧而牽牲以往不殺也不殺則無鉶鼎簠簋之實
其米實于筐豆實實于罋其設筐陳于盈內

饔陳于楹外牽陳于門西東面米禾芻薪陳于門外
壺之有無未聞也三間皆脩脩脯也上公三間皆
脩下句云羣介行人宰史皆有牢君用脩而臣有牢
非禮也蓋著脫字失處且誤耳飧客始至致小禮也
公侯伯子男有飧皆飪一牢其餘牢則腥食者其庶
羞美可食者其設蓋陳于楹外東西不過四列簠
稻粱器也公十子男六簠堂上二也西夾東夾各
二也豆葅醢器也公四十豆堂上十六西夾東夾各
十二也侯伯三十二豆堂上十二西夾東夾各十也子
男二十四豆堂上十二西夾東夾各六也禮器曰天
子之豆二十有六諸公十有六諸侯十有二上大夫
八下大夫六以此禮差之則堂上之數與此同鉶羹

器也公鉶四十二侯伯二十八子男十八非衰差也二十
八書或爲二十四亦非也其於義又當三十於言之
無所施禮之大數鉶少於豆推其衰差二
宜爲三十八盖近之矣則公鉶堂上十八西夾東夾十
各十侯伯堂上十二西夾東夾各八子男堂上十西
夾東夾各四也壺酒器也其設于堂夾如豆之數鼎
牲器也簋盛黍稷器也鼎十有二者飪一牢正鼎九與倍
鼎三皆設于西階前簋十二者堂上八西夾東夾各
二合言鼎簋者牲與黍稷俱食之主牲當爲腥聲
之誤也腥爲腥鼎也於侯伯云二十有七其故字也
諸侯禮盛腥鼎有魚鮮腊每牢北面九爲列設於阼
階前公腥鼎三十六腥四牢也侯伯腥鼎二十七腥

三牢也子男腥鼎十八腥二牢也皆陳陳列也飧陳
内之實備于是矣亦有車米禾芻薪公飧五牢
米二十車禾三十車侯伯飧四牢米禾皆三十車
子男飧三牢米十車禾二十車芻薪皆倍其禾不饔
餼既相見致大禮也大者既兼飧積有生有腥有
孰餘又多也死牢如飧之陳亦飪一牢在西餘腥在
東牽生牢可牽也牲於西門如積也米横陳于中
庭十爲列每筥半斛公侯伯子男黍稻粱米皆二行
公稷六行侯伯稷四行子男稷二行醯醢夾碑從陳
亦十爲列醯在碑東醢在碑西皆陳于門内者
門内之東言車者衍字耳車米載米之車
曰數十數曰秉車

諸城劉氏喜海云錦里新編孟蜀石經明季燬于火乾隆四十四年剿軍福康安修成都城什邡令任思任得數十片於土中字尚完好任令貴州人罷官後元石輦歸黔中不知此數石又係何經迄今未見傳搨何耶丙子十二月三十日 懿榮

王懿榮

光緒四年戊寅十二月吳縣潘鈞吳大澂同觀

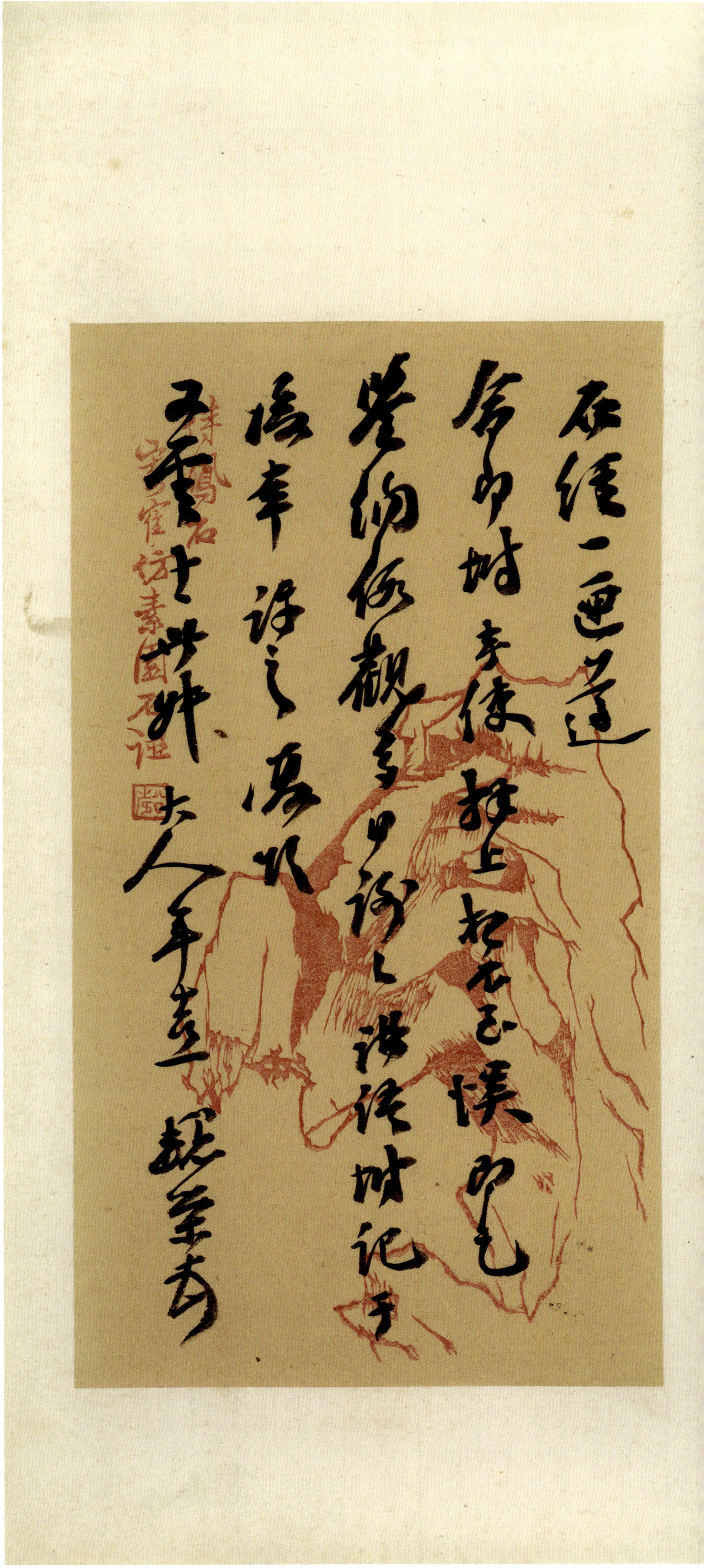

宣統三年三月上虞羅振玉觀，手疏其異字于蜀石經殘文，並識諸冊尾以志眼福。

乙丑四月　天津嚴修拜觀

抱蜀堂前燭影紅白鷺酒話
已饑空卅年鴻寶重經眼多
少因緣一瞥中

張吉人鄒郎以此經欲寶共賞酒半二夜視
案有空函主人皇遽以寶編靈雨樓貯寶齋
閣口以之蓋如子無作劍延金付存僧門紀

堯曰一篇存斷 蕭魏經三說出

麼蘿壑山煙谷無窮事儻
有見鴻都未斷碑

小蓬萊閣所藏漢石經殘石篇後歸沈均初
昔藏之又歸匋齋制軍今不知何往矣
正如石經周碑出土或疑爲僞作余謂此定非近
人所能爲者但日陳於大道之鴻都寶刻或有
一日出見之也

健之仁兄屬題即正　錢塘吳郁生

焚書坑儒令孰使抱殘守闕乃有子新舊交
訟徒滋紛紜妄人習非遂勝是君曰爾曹毋相
尤六經默与造化侔經術良足治天下江河不
廢萬古流書城巍巍異陵谷蜀中石經久著
録延津劍合幸矣哉天意特使伴幽獨牓
齋作圖誌弗護顧君世保文字福
健之仁兄大人屬題蜀石經齋圖即
政 丙寅人日杭縣徐珂仲可

李題

健之仁兄世先生蜀石經齋圖

蜀詠石經誰与藏海上老有健劉郎我歌詠經枕雷閣往曾題劉蔥石所藏北宋二體石經蜀經不遇陳芳林趙晉齋黄松石三君皆乾隆石向始藏蜀經者健翁高閣東蜀楷半出藏家半

書賈周官左穀五筞言廣政遺
經敘訓詁錦官西樓訪胡刻宗愈
府石熹平甯再得飾器銷沈七
寶裝獨與邕經較滅存滅祖龍
死後亂為鴟今古悲悲子一時誰
及唐江多古言傳經心事訪

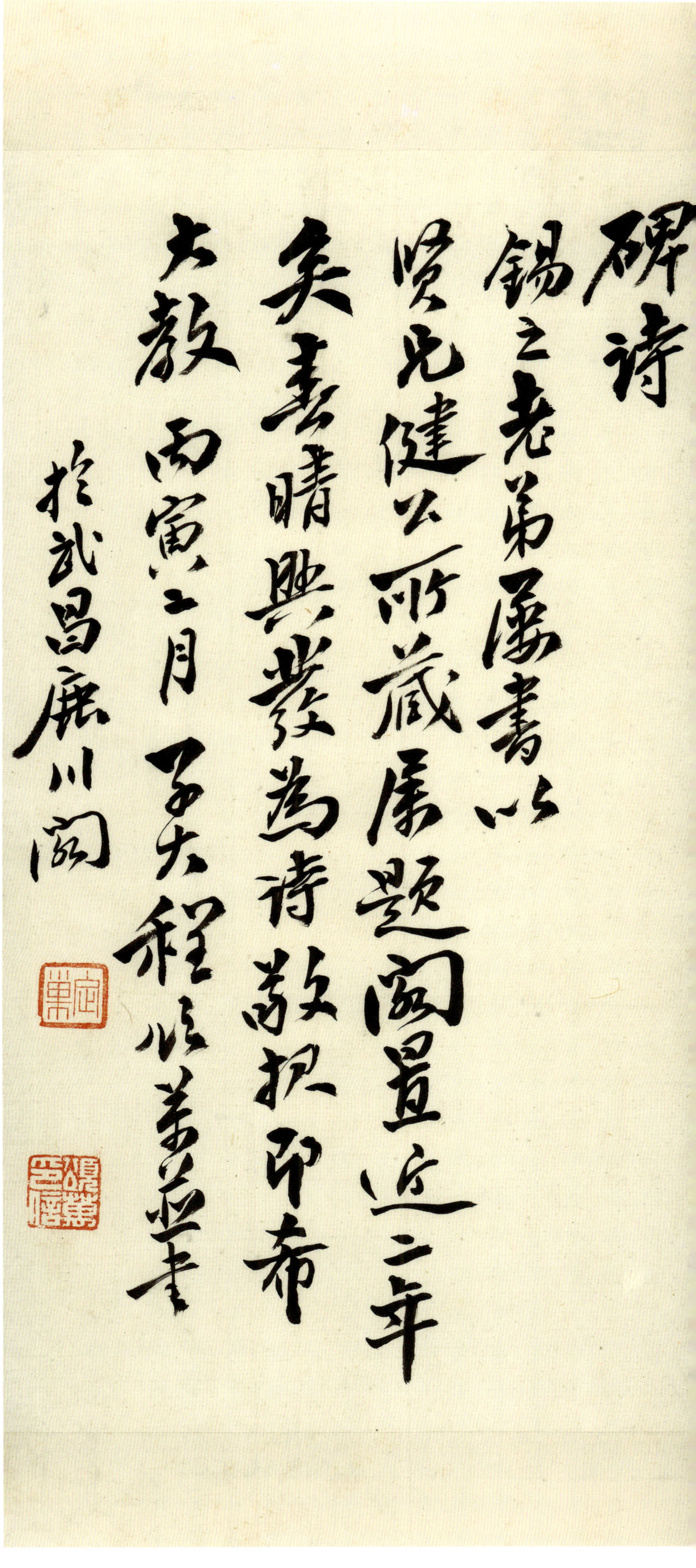
碑詩
錫之老弟屬書以
賢兄健公所藏屬題留置近二年
矣春晴興發爲詩數紙印布
大教 丙寅二月 子大程頌萬並書
於武昌鹿川閣

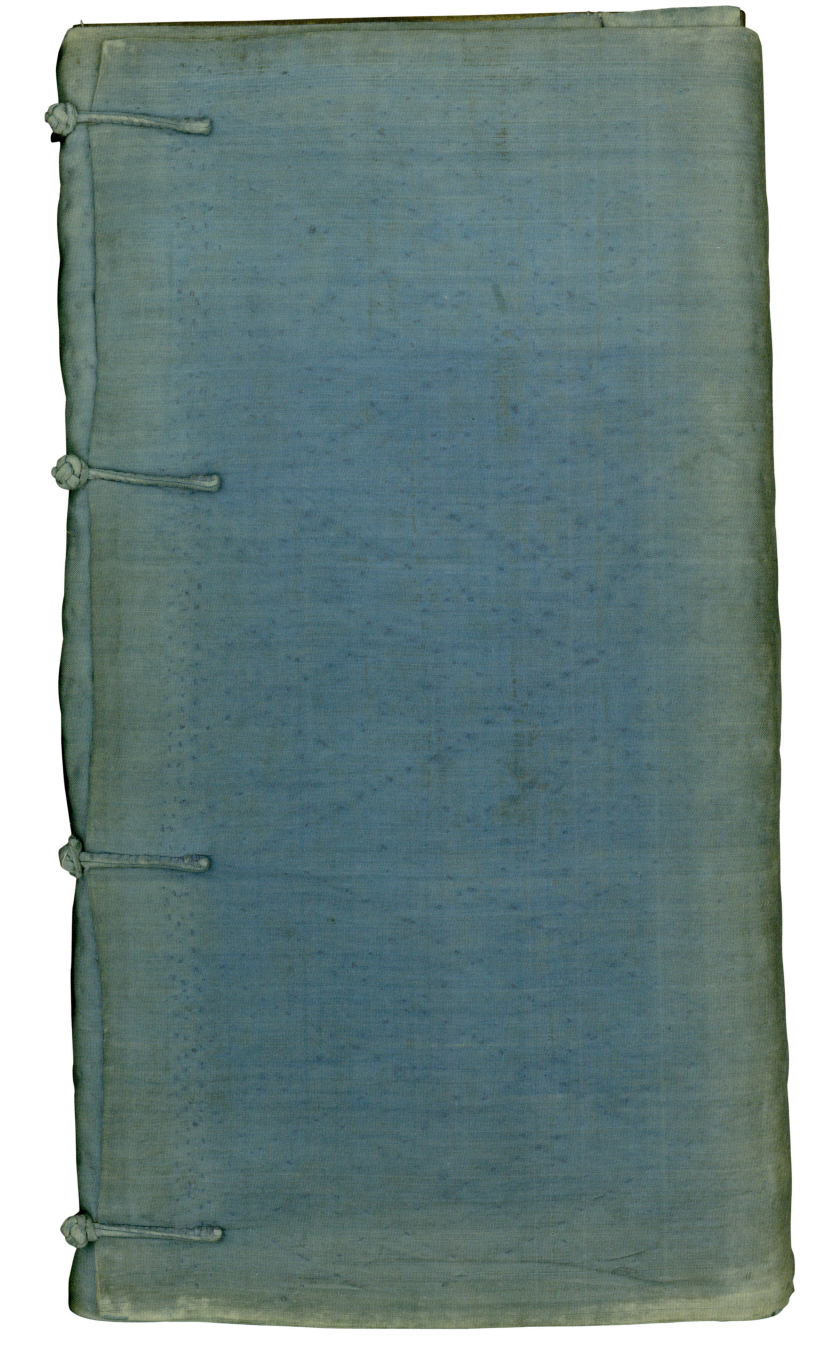

宋拓蜀石經周官禮弟十二卷

何維樸為健之題

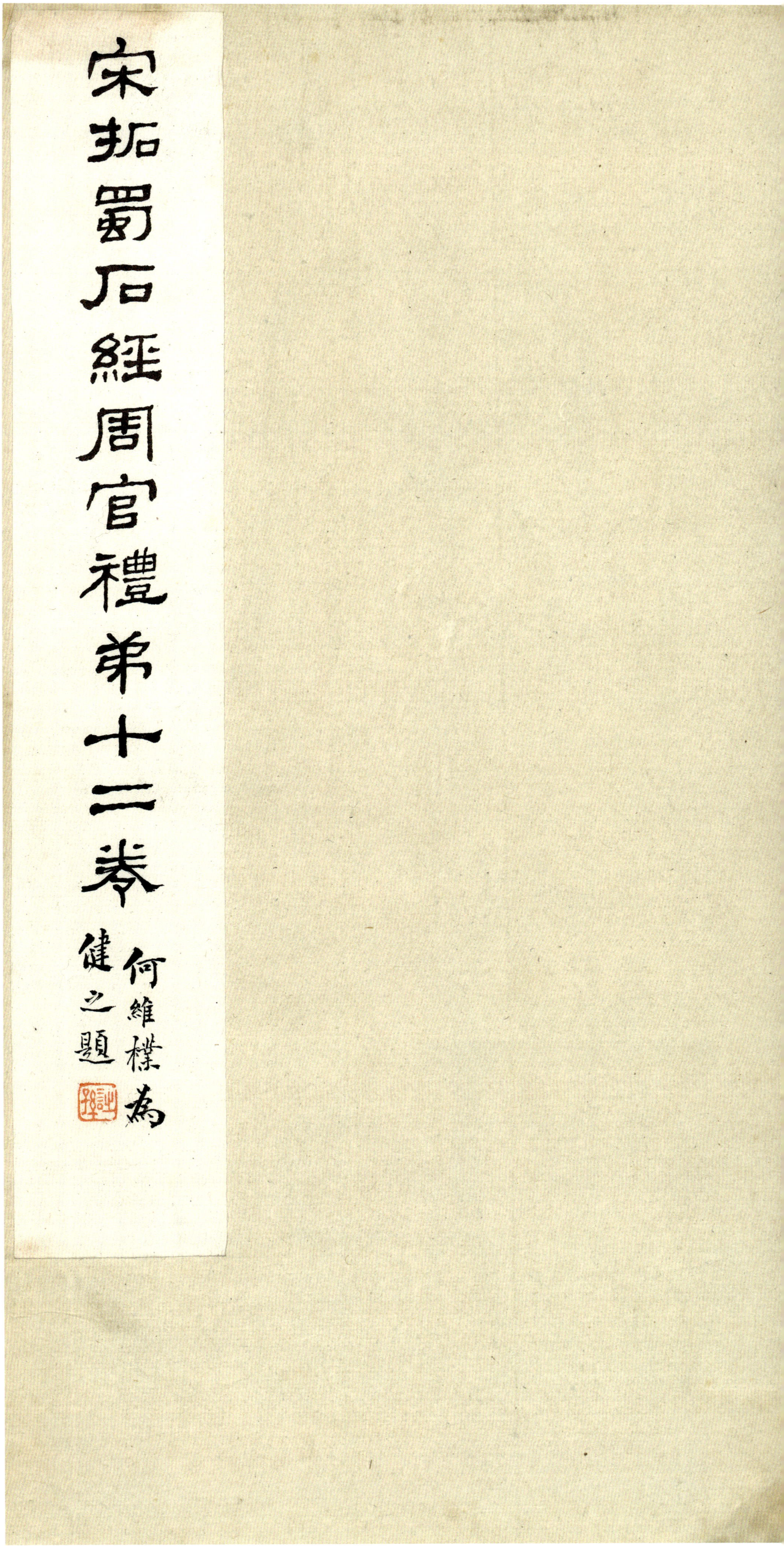
宋拓蜀石經周官禮第十二卷
何維樸爲健之題

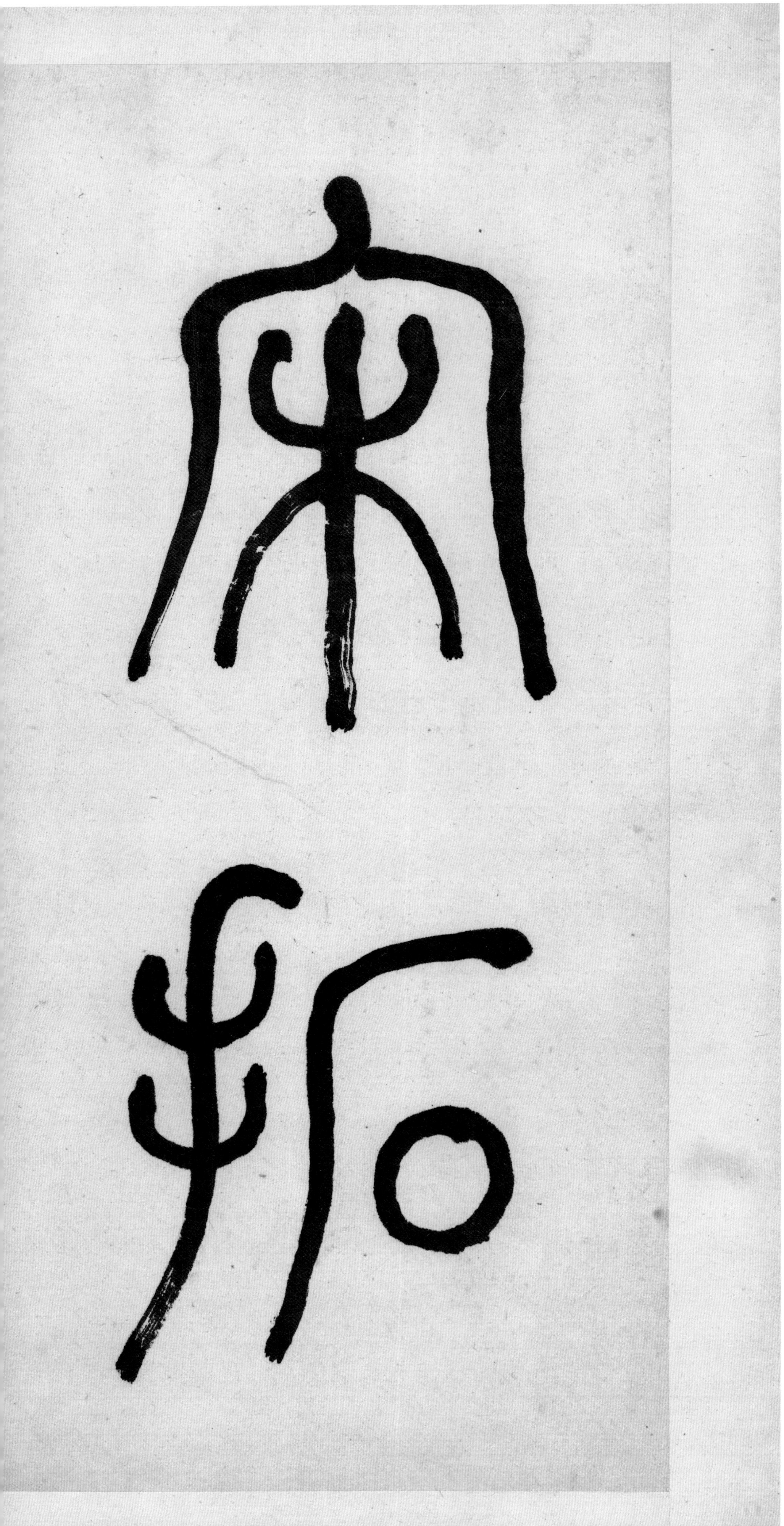

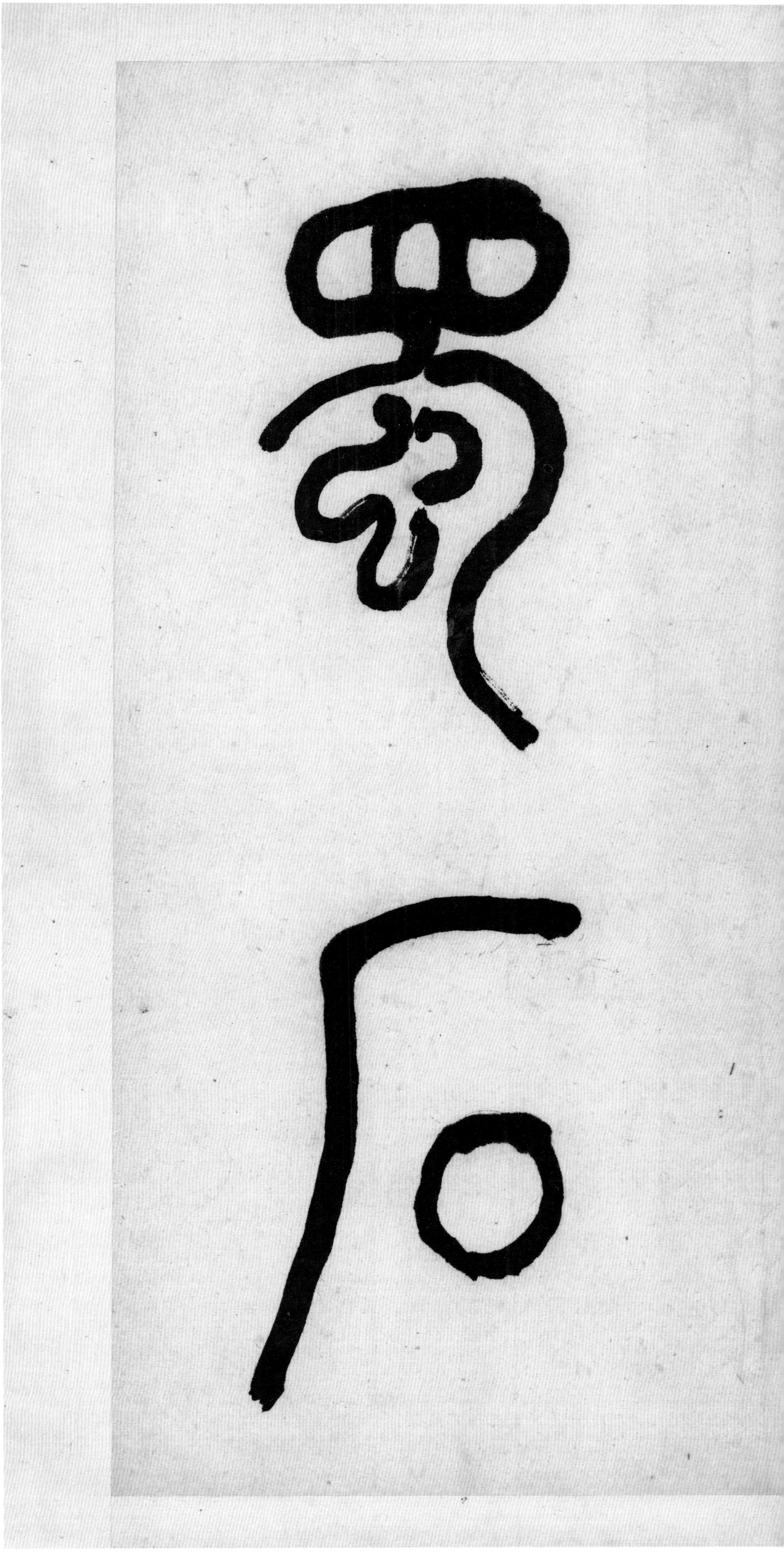

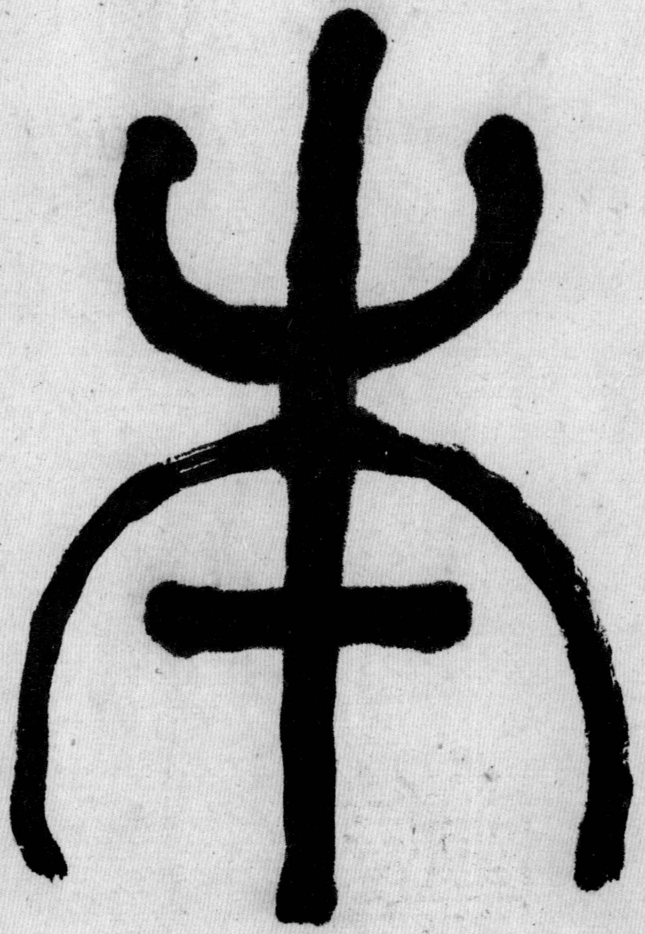

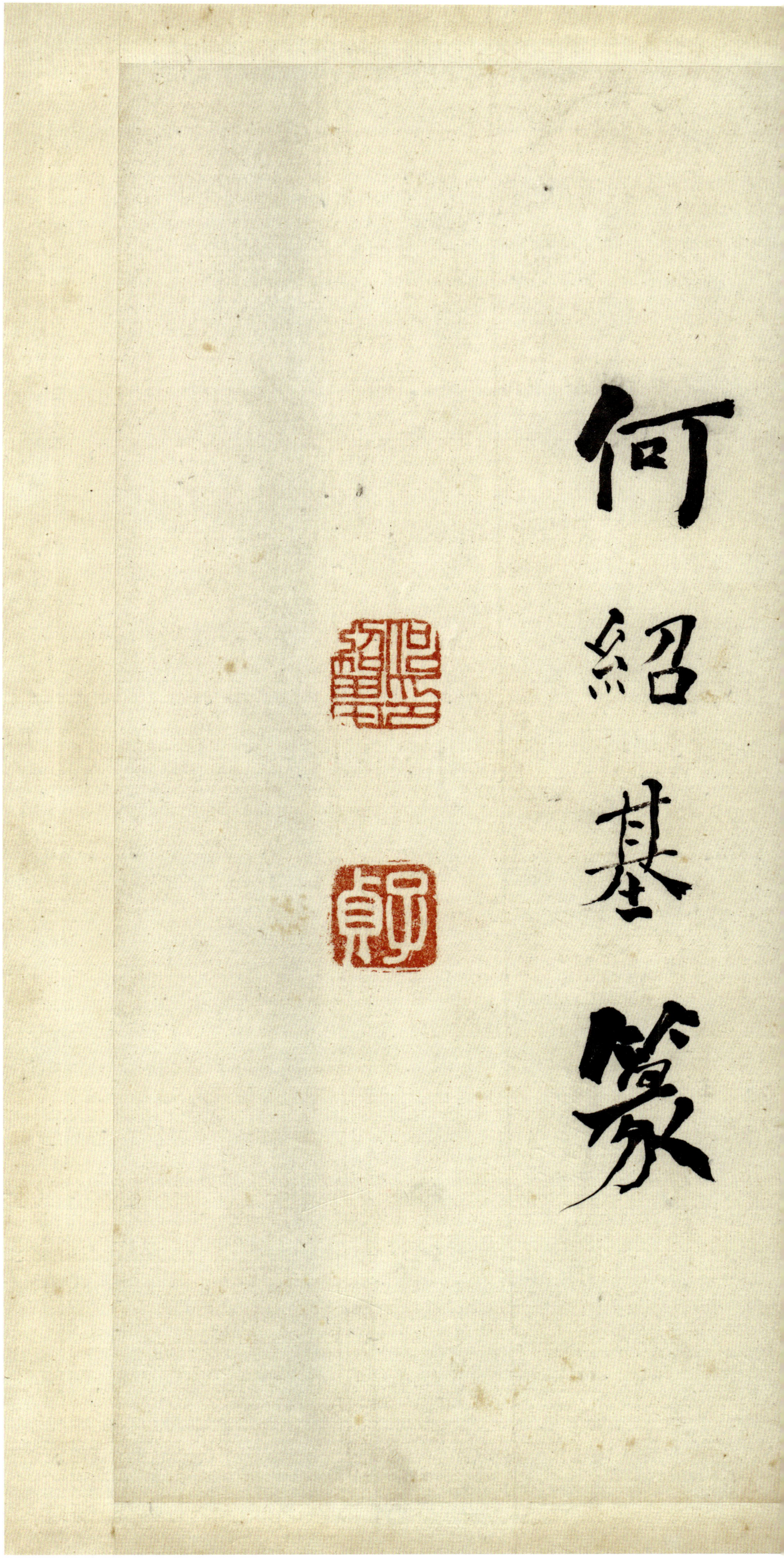
何紹基篆

西京反秦敝文翁實守蜀本其春秋學期
變蠻夷俗師法推相如開敏首張叔受業往
京師還歸化邦族東京得高眹禮殿成都
矗刻畫古聖賢震悚羣耳目表平正文字
勒石代泰竹觀經闐咽時蜀士定追逐正始
與闢成相沿富鐫錄孟氏擅劍南閏位時
已偃居然九經刊蔚成文教郁翔實兼傳
主用意迹前蜀賣書不朽罕還朱空買

櫝皇祐復補梁十二部斯足俔視叢祏
年先樹尊經鶚鳥乎金宋交岷峨兵燹
酷遂使貞珉淪盡付艸鞠打本偶流
傳如零璣碎玉程南川梁吉甫及鄭氏世允
古味皆可掬惟有青陽吳翠墨尤芬馥
周官高密注公羊劭公讀萬一千餘字
八十有餘幅秋齋短鐙蘗連枝迪隨肅
精心校同異古義紛攢簇前賢錢阮王

未免輕點黷比者二體經堆塞丁家屋
自崑不全見山夫所未蓄山陽丁儉卿新得嘉祐石經七百七十九
紙余為作詩作詩無十日今夜吟聲續雖非吾
手藏誰謂非眼福昔季秉使節濫
忝蜀學贊江山孕奇才英多少實腹
教以研經法微言討賾伏示以浚長書
形聲追頡籀風尚乃一變由篆漸沭
樸異哉張秀才寫賦八篆遜巴縣張韡鳳藻

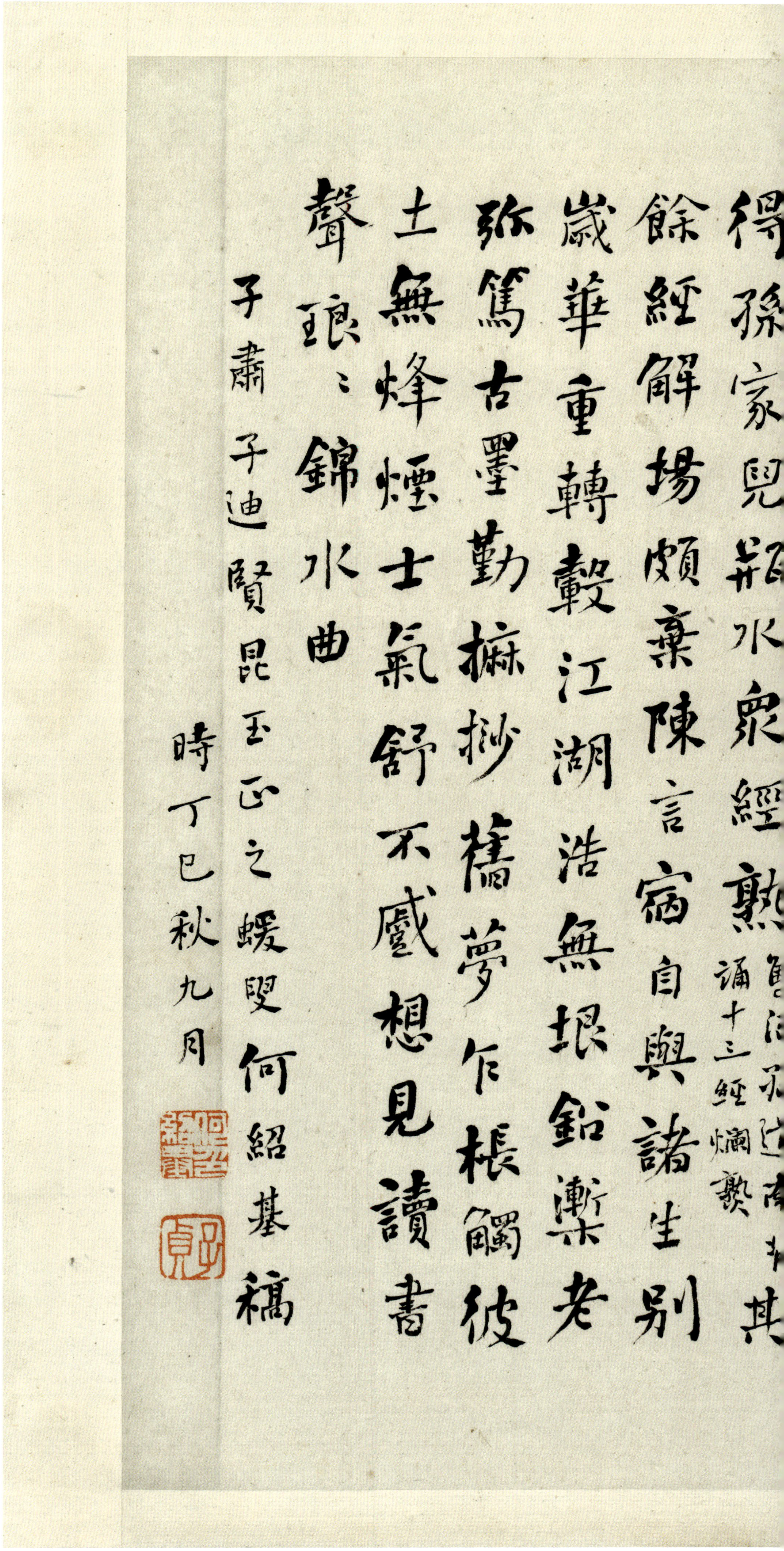

得孫家兒[illegible]水衆經熟誦十三經爛熟[illegible]其
餘經解場頗棄陳言窩自與諸生別
歲華重轉轂江湖浩無垠鉛槧老
弥篤古墨勤撫抄橋夢乍棖觸彼
土無烽煙士氣舒不感想見讀書
聲琅琅錦水曲
子肅子迪賢昆玉正之 蝯叟何紹基稿
時丁巳秋九月

蜀石經樓圖

敬題

健之鄉丈蜀石經齋圖

世皆好武　公好文干戈叢裏儲石經　石經殘本世
希有孟蜀獨（猶）具唐典型廣政年仿太和刻周禮左
傳垂日星騰之宋刻　公與穀百八十葉兼畸零注文
偶異足取證鄴架珍列倖瑤瓊柔日讀史聞稽古知
祥原屬唐遺臣漢臘不改嘉平舊陶詩書歷春王
正崇文
天章忽輝煥史籀晉楷
頒紛綸石經題字與齋牓明夷憂

聖占中興寫圖紀事張素壁畫師旁魄呈殊能我思南昌

刻經本鹽法使者嘉慶二十一年胡夢湘觀察官江西鹽法道刊十三經注疏吾鄉人

公家

文莊纘厥美搜殘補闕校勘精光緒三年文莊公撫贛復補輯殘闕並刻十三經校勘記

談經避世在海角家風應有石麒麟

癸亥初夏陳詩

蜀石經齋圖

孟氏竊蜀四十年典章制度胥闕然蠶叢辟陋安足道獨留石經為世寶棐刻剏議自伊誰當時元輔昭裔老美哉識邁古大臣宰相須用讀書人潤色鴻業興禮樂帝典王謨朝夕陳搜求雍都舊善本一一模丹書貞珉孝經論語暨爾雅平泉令張德釗寫周易周禮孫逢吉尚書悳貞賓秉筆儀禮禮記及毛詩紹文書法逞妍姿寫經字體洵清謹刊石始於廣政時三傳工竣宋皇祐孟子席氏始補鏤歷年一百八十七一十三經乃完畢吁嗟終始費經營二代興亡幾太平陵遷谷變碑碣摧如何搨本亦成灰神物每遭

造化忌禍烈祖龍焚古籍蜀石殘字今鮮存徒使儒林空歎惜
先生嗜古世所希搜羅一紙珍共璧珠玉無脛而自至惟有好者
能積聚陳楊陳氏三家藏周官三傳紛琳琅零篇完卷皕餘葉諸
本囊括歸君篋君擁連城富莫匹一字一金值萬鎰萬鎰大官大
賈多蜀經世間有幾帙什襲貽留子孫守名齋畫圖傳永久我獲
縱觀歡飲酒長歌一曲祝君壽

奉題

健之先生蜀石經齋圖即乞　教正　朱師轍呈草

辟男不言之者明[illegible]云命圭[illegible]謂之[illegible]

圭杜子春云當為七寸玄謂五寸者璧羨之閒[illegible]

存也天子執冒四寸以朝諸侯名玉曰冒言德能覆蓋天

下也四寸者方以奇尊接卑以小為貴天子用全上公用龍

侯用瓚伯用將鄭司農云全純色也龍當為尨尨謂雜色也玄謂全純玉也

瓚讀如餟饡之饡龍饡將皆雜名也卑者下尊者以輕重為差玉多則重石多則輕公侯四玉一石

[illegible]三[illegible]男執皮帛謂公之孤也見禮[illegible]

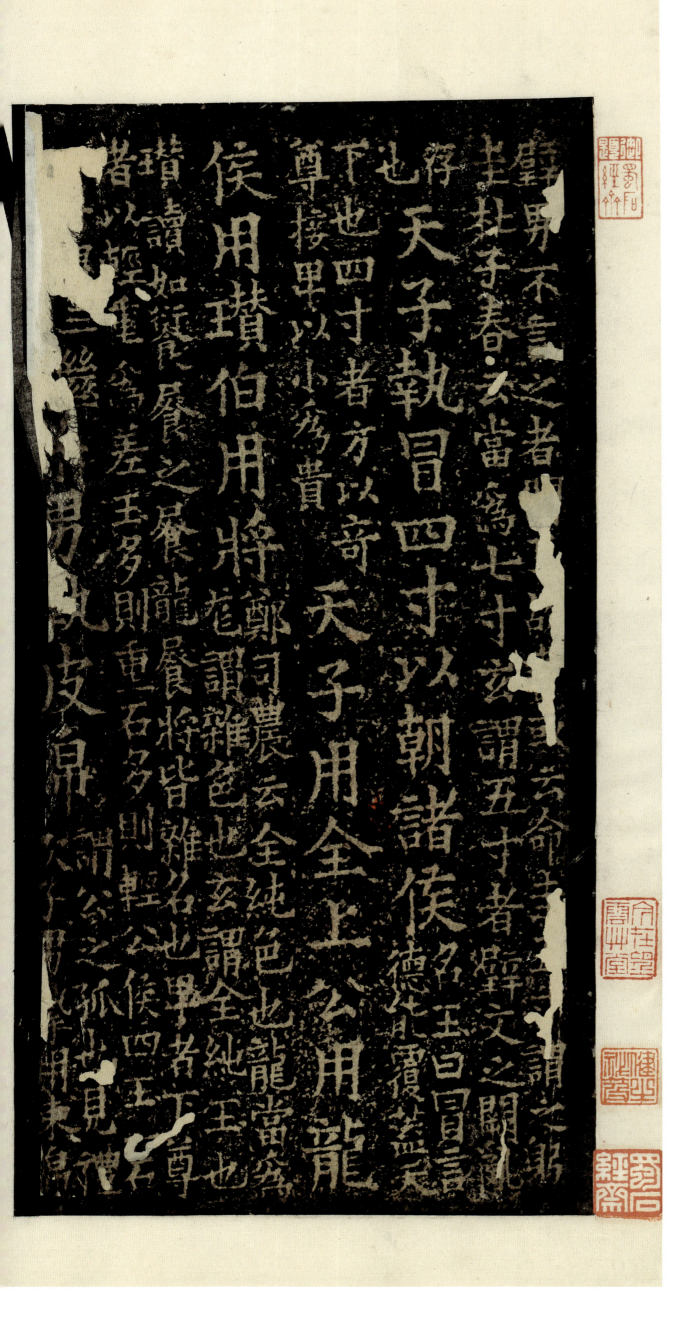

……之為飾天子之孤表束帛以虎……及皮帛者遂言見天子之孤以手也天子

圭中必必讀如鹿車縪之縪以組約其中央為執之以備失隊四圭尺有

二寸以祀天鄭司農云所以祀天神也四圭有邸以祀天旅上帝也典瑞職曰大

圭長三尺杼上終葵首天子服之王所搢

圭也或謂之珽終葵椎也為椎於其杼上明無所屈也杼殺也相玉書曰珽玉六寸明自照土

圭尺有五寸以致日以土地致日度日景土地猶度地也夏日

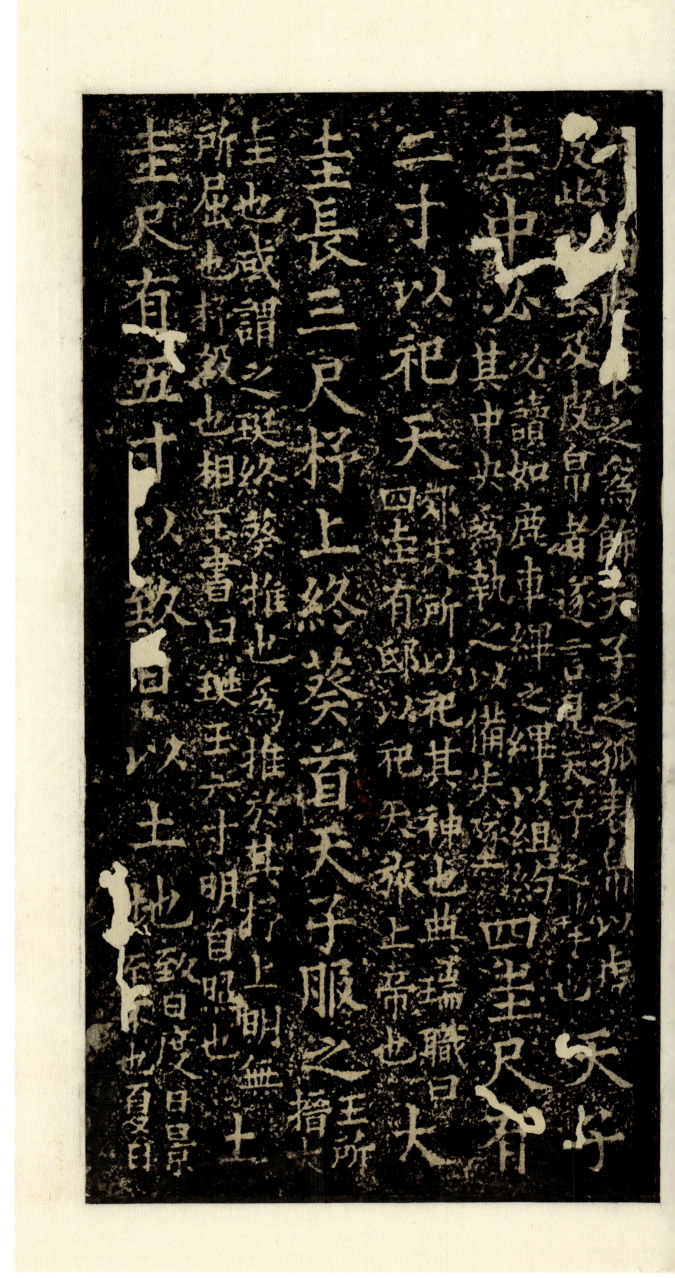

朱中鼻寸衡四寸有繅天子以巡守
宗祝以前馬射玦之出者也勺故書或作約杜子春云當爲勺謂酒尊中勺也
鄭司農云鼻謂勺龍頭鼻也衡謂勺柄龍頭也玄
謂勺鼻流也凡流皆爲龍口也衡古文作横假借
字也横謂勺徑也三璋之勺形如圭瓚天子巡守有
事山川則用灌焉於大山川則用大璋加文飾也於中山
川用中璋殺文飾也於小山川用邊璋半文飾也其
祈沈以馬宗祝亦執勺以先之也禮王過大山川則大
祝用事焉將有事于四大璋亦如之諸侯
海山川則校人飾黃駒

聘□□徵加於束帛也以大璋者以大□文飾飾之亦如之□邊璋七寸射四寸

瑑圭璋八寸璧琮八寸以覜聘瑑文飾也覜視

也聘問也衆來曰覜特來曰聘聘禮曰凡四器者唯其所寶以聘可也牙璋中

璋七寸射二寸厚寸以起軍旅以治

兵守二璋皆有鉏牙之飾於琰側先言牙璋有文飾駔琮五寸宗后

以為權駔讀為組□□繫之因名焉鄭司農云以□□錘以起度量也大琮十

有二寸射四寸厚寸是謂内鎮宗后守之如王之鎮圭也射其外鉏牙也駔琮七寸鼻寸有半寸天子以爲權鄭司農云以爲權故有鼻也兩圭五寸有邸以祀地以旅四望邸謂之柢有柢僢共本也瑑琮八寸諸侯以享夫人獻於所朝聘君之夫人案十有二寸棗栗十有二列諸侯純九

大夫純五夫人以勞諸侯純猶皆也鄭司農云案玉案
也夫人天子夫人也玄謂案玉飾案也夫人王后
也記時諸侯稱王而夫人之號不別是以同王后於
夫人也王案十二以為列王后勞朝諸侯皆九列聘
大夫皆五列則十二列者勞王者之後也棗栗實
于器乃加于案聘禮曰夫人使下大夫勞以二竹
簋方玄被纁裏有蓋其實棗蒸栗擇兼執以進璋
邸射素功以祀山川以致稍餼邸射邸琰而出
也致稍餼造賓客納餼食鄭司農云素功
無瑑飾瑑或作篆杜子春云當為瑑也

楖人闕　雕人闕　磬氏為磬倨句一矩有半必先度一矩為句一矩為股而求其是弦既而以一矩有半觸其弦觸其弦則磬之倨句也磬之制有大小此假矩以定倨句非用其度也其博為一博謂股傳也博廣也股為二鼓為三參分其股博去一以為鼓博參分其鼓博以其一為之厚鄭司農云股磬太上則摩鑢大者鼓其下小者所當擊者玄謂股外面鼓內

□□假令磬廣四寸半者股長九寸也鼓廣三寸長一尺三寸半厚一寸已上則摩其旁鄭司農云鼓磬太上則摩鑢其旁玄謂太上聲清也薄而廣則聲濁已下則摩其耑太下聲濁也短而厚則清矢人為矢鍭矢參分茀矢參分一在前二在後參訂之而平者前有鐵重也司弓矢職曰茀當為殺鄭司農云一在前謂箭槀中鐵莖居參分殺二以前兵矢田矢五分二在前三在後鐵差

短小也兵矢謂枉矢絜矢□矢謂矰矢此二者亦可以田也殺矢七分三在
前四在後鐵又以差短小也司弓矢職曰殺當為茀參分其長而
殺其一矢稾長三尺殺其前一尺令趨鏃也五分其長而羽
其一羽其六寸以其笴厚為之羽深笴讀為稾謂矢幹也
古文假借字厚之數未聞水之以辨其陰陽辨猶正也陰沈而陽
浮夾其陰陽以設其比夾其比以設其

羽夾其陰陽者弓矢比在槀兩旁弩矢比在上下也設羽於四角鄭司農云比謂括也參
分其羽以設其刃則雖有疾風亦
弗之能憚矣故書憚或作但鄭司農云讀當爲憚之以威之憚謂風不能驚
憚箭刃長寸圍寸鋌十之重三垸刃長寸脫二字也鋌
一足前弱則勉後弱則翔中弱則紆中
強則揚羽豐則遲殺則趮言幹羽之病使矢行

不正也覓作俛低也翔迴顧也紆曲也揚飛也豐大也趯旁掉也是故夾而搖之以眡其豐殺之節也今人以指夾矢儛衛是也橈之以眡其鴻殺之稱也橈搦其幹凡相笴欲生而摶同摶欲重同重節欲疏同疏欲㮚相猶擇也生謂無瑕蠹也摶讀如摶黍之摶謂圜也鄭司農云欲㮚欲其色如㮚也

陶人爲甗實二鬴厚半寸脣寸盆實

子鬴厚半寸脣寸甗實二鬴厚半寸
脣寸七穿量六斗四升曰鬴鄭司農云甗無底甑也鬲實五㲉
厚半寸脣寸庾實二㲉厚半寸脣寸
鄭司農云㲉讀為斛㲉受三斗聘禮記有斛玄謂豆實三而成㲉則㲉受斗二升庾讀如請益與之庾之庾
旊人為簋實一㲉崇尺厚半寸脣寸
豆實三而成㲉崇尺崇高也豆實四升凡陶旊

之事髻墾薜暴不入市爲其不任用也鄭司農云髻讀爲刮薜讀爲藥黃蘗之蘗暴讀爲剝玄謂髻讀爲刖墾頓傷也薜破裂也暴墳起不堅致也器中膞豆中縣膞讀如車輇之輇既拊泥而轉其均樹膞於其側以擬度端其器也縣縣繩以正豆之柄膞崇四尺方四寸瓦器高於此則埒不能相勝厚於此則火氣不交因取式焉梓人爲筍虡樂器所縣也橫曰筍植曰虡鄭司農云筍讀爲竹筍之筍天下之大獸五脂者膏

者臝者羽者鱗者（脂牛羊屬也膏豕屬也臝者謂虎豹貔螭爲獸淺
毛者屬也羽鳥屬也鱗龍蛇屬也）宗廟之事脂者膏者以
爲牲（致美味）臝者羽者鱗者以爲筍虡
（貴野聲）外骨內骨卻行仄行連行紆行以
脰鳴者以注鳴者以旁鳴者以翼鳴者
以股鳴者以胷鳴者謂之小蟲之屬

以爲雕琢雕琢刻畫祭器博庶物也外骨龜屬
也內骨鼈屬也卻行螾衍屬也仄行
蟹屬也連行魚屬也紆行蛇屬也脰鳴鼃黽屬也注
鳴精列屬也旁鳴蜩蜺屬也翼鳴發皇屬也股鳴蚣
蝑動股屬也胷
鳴榮螈屬也
厚脣弇口出目短耳大胷
燿後大體短脰若是者謂之臝屬恒
有力而不能走其聲大而宏有力而
不能走則於任重宜大聲而宏則於

鍾宜若是者以爲鍾虡是故擊其所
縣而由其虡鳴燿讀爲哨頃小也鄭司農云宏讀爲紘延之紘紘大也由若也
銳喙決吻數目顅脰小體騫腹若
是者謂之羽屬恒無力而輕其聲清
陽而遠聞無力而輕則於任輕宜其
聲清陽而遠聞則於磬宜若是者以

爲磬虡故擊其所縣而由其虡鳴吻口腃也顅長脰貌也故書顅或作牼鄭司農云牼讀爲鬜頭無髮之鬜小首而長摶身而鴻若是者謂之鱗屬以爲筍摶圜也鴻傭也凡攫閷援簭之類必深其爪出其目作其鱗之而謂筍虡之獸也深猶藏也作起也之而頰頷也深其爪出其目作其鱗之而則於眡必

撥爾而怒苟撥爾而怒則於任重宜且其匪色必似鳴矣匪采貌也故書撥作廢匪或作飛鄭司農云廢爲匪以似爲廢爪不深目不出鱗之而不作則必穨爾如委矣苟穨爾如委則加任焉則必如將廢措其匪色必似不鳴矣措猶頓也故書措作厝杜子春云當爲措

梓人爲飲器

勺一升爵二升觚三升獻以爵而酬以觚一獻而三酬則一豆矣勺尊升也觚豆字聲之誤也觚當為觶豆當為斗食一豆肉飲一豆酒中人之食也豆酒又聲之誤當為斗凡試梓飲器鄉衡而實不盡梓師罪之鄭司農云梓師罪也衡謂縣衡也曲禮曰執君之器則平衡玄謂衡平也爵鄉衡酒不盡則梓人之長罪梓人也梓人為侯

廣與崇方參分其廣而鵠居一焉崇猶
高也方猶等也高廣等者謂侯中也天子射禮
以九爲節侯道九十弓弓二寸以爲侯中高廣等
則天子侯中丈八尺諸侯於其國亦然鵠所射
也以皮爲之各如其侯居中參分之一則此鵠方六
尺唯大射以皮飾侯大射者將
祭之射也其餘有賓射燕射上兩个與其身
三下兩个半之鄭司農云兩个謂布可以維
持侯者也上方兩枚與身三
設身廣一丈兩个各一丈凡爲三丈下兩个半之
傳地故短也玄謂个讀若齊人搚幹之幹上下

下个皆爲舌也身躬也鄉射記曰倍中以爲躬倍
躬以爲左右舌下舌半上舌然則九節之侯身三丈
六尺上个七丈二尺下个五丈四寸也其制身矣
夾中个矣身在上下各一幅此侯凡用布三十六丈
言上个與其身三者明身居一分上个倍之一目亦爲
下个半上个出也个或謂之舌者取其出左右也侯
制上廣下狹蓋取象於人也張
臂八尺張足六尺是取象率焉上綱與下綱出
舌尋縜寸焉綱所以繫侯於植者也上下皆出
舌一尋者亦人張手之節也鄭司
農云綱連侯繩也縜籠綱者讀
爲竹中皮之縜也舌維持侯者張皮侯而棲

鵠則春以功皮侯以皮所飾之侯也司裘職曰
以工王大射則共虎侯熊侯豹侯設其
鵠謂此侯也春讀爲蠢蠢作也出也天子將祭必
與諸侯羣臣射以作其容體出其合於禮樂者與之
事鬼神也張五采之侯則遠國屬五采之侯謂以五采畫正
之侯也射人職曰以射法治射儀王以六耦射三侯
三獲三容樂以騶虞九節五正下曰若王大射則以
貍步張三侯明此五正之侯非大射之侯明矣其職
文曰諸侯在朝則皆北面遠國屬者諸侯朝會王
張此侯與之射所謂賓射也正之方外如鵠內二尺
五采者內朱白次之蒼次之黃次之黑次之其侯

飾以五采畫雲氣張獸侯則王以息燕獸侯畫獸之侯鄉射
記曰凡侯天子熊侯白質諸侯麋侯赤質大夫布侯畫以虎豹士布侯畫以鹿豕凡畫者丹質是獸
侯之差息者休農夫息老物也燕諸侯謂勞使臣若與羣臣飲酒而射也祭侯之禮以
酒脯醢謂司馬實爵獻獲者于侯薦脯醢折俎者執以祭侯也其辭曰
惟若寧侯若猶女也寧安也謂先祖有功德其鬼有神者也毋或若
女不寧侯不屬于王所故抗而射女

或猶有也若女也屬猶朝會也抗舉也張也强飲强食詒女曾孫諸侯百福詒遺也曾孫諸侯子孫謂女後世爲諸侯者

廬人爲廬器戈柲六尺有六寸殳長尋有四尺車戟常酋矛常有四尺夷矛三尋柲猶柄也八尺曰尋倍尋曰常酋夷長短名也酋之言遒也遒近也夷長也凡兵無過三其身過三其身弗

能用也而無巳又以害人（人長八尺與尋齊進退之度三尋用兵力之極也無巳不徒止爾爾也）故攻國之兵欲短守國之兵欲長攻國之人衆行地遠食飲饑且涉山林之阻是故兵欲短守國寡食飲飽行地不遠且不涉山林之阻是故兵欲長（言罷羸宜短兵壯健宜長兵）凡兵

句兵欲無彈刺兵欲無蜎是故句兵椑
刺兵摶句兵戈戟屬也刺兵矛屬也故書彈
或作但蜎或作絹鄭司農云但讀爲彈
丸之彈彈謂掉也絹讀爲悁若井悁悁謂撓也椑
讀爲鼓鼙之鼙玄謂悁亦掉也讀若井中蟲蜎之
蜎齊人謂柯斧柄爲椑
則椑隋圜也摶圜之也轂兵同強舉圍欲
細細則校刺兵同強舉圍欲重重欲
傅人傅人則密是故侵之改句言擊容
殳也[illegible]無刃

同强強弱上下同也舉謂手所操也鄭司農云校
謂讀為絞而婉之之絞重欲傅人謂矛柄之大者在人
手中也也侵之能侵敵也玄謂校疾也傅近也密審
也正也凡人手操細以擊則疾操重以刺則正然則
為矜句兵堅者在
後刺兵堅者在前
凡為殳五分其長以其
一為之被而圍之參分其圍去一以
為晉圍五分其晉圍去一以為首圍
凡為酋矛參分其長二在前一在後

而圍之五分其圍去一以爲晉圍參分其晉圍去一以爲刺圍被把中也圍之圜之也大小未聞凡矜八觚鄭司農云晉謂矛戟下銅鐏也刺謂矛刃胷也玄謂晉讀如王搢大圭之搢搢矜所捷也酋及上鐏也爲戈戟之矜所圍如殳矛長如酋矛也凡試廬事置而搖之以眡其蜎也炙諸牆以眡其橈之均也橫而搖之以眡其勁也置猶樹也亦猶

杝也以柱兩牆之間輓而内之本末勝負可知也正於牆牆[illegible]也六建既備車不反覆謂之國工六建五兵與人也反覆猶軒輖也

匠人建國立王國若邦國水地以縣於四角立植而縣以水望其高下也高下既定乃爲位而平地置槷以縣眡以景故書槷或作弋杜子春云槷當弋弋讀曰杙杙謂槷古文臬假借字也於所平之地中央樹八尺之臬以縣正之眡以其景將以正四方也爾雅曰在牆謂之杙在地謂之臬爲規識日出之景

與日入之景（日出入之景其端則東西正之也又爲規以識之者爲其難審也自日出而畫其景端以至日入既則爲規測景兩端之內規之規之交者乃其審也度兩交之間中屈之指臬則南北之正也）晝參諸日中之景夜考之極星以正朝夕（日中之景最短者也極星謂北辰也）

匠人營國方九里旁三門（營者謂丈尺其大小也天子十二門通十二字）國中九經九緯經涂九軌（國中城中）

也經緯謂涂也經緯之涂皆容方九軌軌謂轍廣也乘車六尺六寸旁加七寸凡八尺是為轍廣也九軌積七十二尺則此涂十二步也旁加七寸者輻內二寸半輻廣三寸半綆三分寸之二金轄之間三分寸之一左祖右社面朝後市謂王宮所居也祖宗廟也面鄉也王宮當中經之涂市朝一夫方各百步夏后氏世室堂脩二七廣四脩一世室者宗廟也魯廟有世室牲有白牡此用先王之禮也脩南北之深也夏度以步今堂脩十四步其廣益以四分脩之一則堂廣十七步半也五室三

四步四三尺堂上爲五室象五行也三四步室方也四三尺以益廣也木室於東
北火室於東南金室於西南水室於西北其方皆三步其廣益之以三尺土室於中央方四步其廣益之以
四尺此五室居堂南北六丈東西七丈九階南面三三面各三也四旁兩夾
窗窗助戶爲明者每室四戶八窗白盛蜃灰也盛之言成也以蜃灰堊牆所以飾成宮
室也門堂三之二門堂門側之堂也取數於正堂令堂如上制則門堂南北九步
二尺東西十步四尺爾雅[illegible]門側之堂[illegible]之塾室三之一兩室與門[illegible]分[illegible]

人重屋堂脩七尋堂崇三尺四阿重屋重室者王宮正堂若大寢者其脩七尋五丈六尺放夏周則其廣九尋七丈二尺五室各二尋崇高也四阿若今四注也重室複笮也周人明堂度九尺之筵東西九筵南北七筵堂崇一筵五室凡室二筵明堂明政教之堂也周度以筵亦王者相改也周堂高九尺殷三尺則夏一尺矣相參之數也禹卑宮室謂此一尺之堂與此三者或舉宗廟或舉王寢或舉明堂互之

以明其同制室中度以几堂上度以筵宮中
度以尋野度以步涂度以軌周文王各因物宜爲之數
宮中舉謂四辟之內廟門容大扃七个大扃牛鼎之扃長三尺每扃爲
一个七个二丈一尺闈門容小扃參个廟中之門曰闈小扃膷鼎之扃長二
尺三个六尺路門不容乘車之五个路門者大寢之門乘車廣
六尺六寸長二尺三寸个六尺六寸五个三丈三尺也言
容者是兩門乃容之兩門乃容之則此門半之長

夫六尺五寸應門二徹參个正門謂之應門謂朝門也二徹之內八尺三个二丈四尺內有九室九嬪居之外有九室九卿朝焉內路寢之裏也外路門之表也九室如今朝堂諸曹治事處也九嬪掌婦學之法以教九御六卿三孤爲九卿也九分其國以爲九分九卿治之九分其國分國之職三孤佐三公論道六卿治六官之職屬矣王宮門阿之制五雉宮隅之制七雉城隅之制九

雉阿棟也宮隅城隅謂角浮思也雉長三丈高一丈廣長以長度高以高度廣經涂
九軌環涂七軌野涂五軌廣狹之差也故書環或作轘杜
子春云當爲環環涂謂環城之道門阿之制以爲都城之
制都四百里外距五百里王子弟所封也其城隅制高五丈宮隅門阿皆三丈宮隅之制
以爲諸侯之城制諸侯侯畿以外也其城隅制高七丈宮隅門阿皆五
丈禮器曰天子諸侯臺門也環涂以爲諸侯經涂野涂

以爲都經涂經涂謂城中道也諸侯環涂□軌其野涂及都之環涂野涂皆三軌
匠人爲溝洫主通利田間之水道耜廣五寸二耜爲
耦一耦之伐廣尺深尺謂之甽田首
倍之廣二尺深二尺謂之遂古者耜一金兩人併發
之其壟中曰甽甽上曰伐伐之言發也甽畎也今之耜岐頭兩金象古之耦也田一夫之所佃也百畝方步
地遂者夫間小溝也遂上土赤亦有徑也九夫爲井井間廣四

尺深四尺謂之溝方十里爲成成間廣八尺深八尺謂之洫方百里爲同同間廣二尋深二仞謂之澮

此畿內采地之制也九夫爲井井者方一里九夫所治之田也采地制井田者異於鄉遂及公邑也三夫爲屋屋具也一井之中三屋九夫也三三相具以出賦稅共治溝也方十里爲成成中容一甸甸方八里出田稅緣邊一里治洫方百里爲同同中容四都六十四成方八十里出田稅緣邊十里治澮采地者在三百里

□五百里之中載師職曰園廛二十而一近郊
遠郊二十而三甸稍縣都皆無過什二謂田税也皆
就夫税之輕近而重遠耳滕文公問爲國之禮於
孟子孟子曰夏后氏五十而貢殷人七十而助周
人百畝而徹其實皆什一也徹者徹也助者藉也
也龍子曰治地莫善於助莫不善於貢貢者校
數歲之中以爲常也文公又問井地孟子曰井諸野
九一而助國中什一使自賦卿已下必有圭田圭田
五十畝餘夫二十五畝死徙無出鄉鄉田同井出入相
友守望相助疾病相扶持則百姓親睦方里而井井九
百畝其中爲公田八家皆私百畝同養公田公事
畢然後治私事所以別野人也又詩曰雨我公田遂

及我私唯助爲有公田由此觀之雖周亦有助也魯哀公問於有若曰年飢用不足如之何有若對曰盍徹乎曰二吾猶不足如之何其徹也春秋宣十五年秋初稅畝傳曰非禮也穀出不過籍以豐財也此數者世人謂之錯而疑焉以載師之職及司馬法論之周制之畿內用夏之貢法稅夫無公田也以詩春秋論語孟子之言周制邦國用殷之助法制公田不稅夫也貢者自治其所受田貢其稅穀助者借民力治公田又使收斂焉畿內用貢法者鄉遂及公邑之吏旦夕從民事爲其促之也以公使不得恤其私也此邦國用助法者諸侯專一國之政爲其貪暴稅民無藝也周之畿內

有輕重諸侯謂之徹者通□以什一為正也
若野九夫之田而從一國中什一為是也邦國亦
異外內之法百秊之言佳也周謂之士田鄭司
農說以春秋傳曰有田一成又曰列國一同是也專
達於川各載其名達猶至也謂澮直至於川復無所注入也載其名者
識水從出矣凡天下之地埶兩山之間必有
川焉大川之上必有涂焉通壅塞凡溝
逆地阞謂之不行水屬不理孫謂之

不行溝謂造溝防猶脉理也屬讀爲注遜順也不行謂決溢也禹鑿龍門播九河爲此逆阞與[illegible]理遜[illegible]梢溝三十里而廣倍謂不墾地之溝也鄭司農梢讀爲[illegible]蜱蛸之蛸謂水漱齧溝也故三十里而廣倍凡行奠水磬折以參伍坎爲弓輪水行欲紆曲也鄭司農云奠讀爲渟謂行渟水溝形當如磬直行者三折行者五以引水者疾也欲爲淵則句於矩太曲則流轉流轉則其下成[illegible]凡溝必因水埶防必因地埶善溝

去水漱之善防者水淫之漱猶齧也鄭司農云淫讀
爲廞謂水漱淤泥上留著助之爲厚也亚謂淫讀爲淫淤之淫凡爲防廣與
崇方其閷參分去一崇高也方猶等也殺者薄其上也大
防外閷又薄其上厚其下也凡溝防必一日先深
之以爲式程人功也溝防爲溝爲防里爲式然後可以
傳衆力里讀當爲已聲之誤也凡任索約大汲其版

謂之無任故書汲作没杜子春云當爲汲玄謂約縮也汲引也築牆者以繩縮其版大引之言版橈也汲橈築之則鼓土不堅矣詩云其繩則直縮版以載又曰約之格格椓之橐橐

葺屋參分瓦屋四分各分其脩以其一爲之峻也囷窌倉城逆牆六分逆猶卻也築此四者六分其高卻一分以爲殺也囷圜倉也穿地曰窌堂涂十有二分謂階前若今令甓裓也分其督旁之脩以一分爲峻也爾雅堂途謂之陳竇其崇三尺宮中水道牆厚

右宋拓蜀石經周禮并注殘本孟蜀廣政中左僕射龍門毋昭裔刻石祕書省祕書郎孫朋古書容齋隨筆讀書志俱作朋古成都記石經考異序俱作朋吉全書共九冊十二卷經文五萬五百八字注十一萬二千五百九十五字見曾宏父石刻鋪敘此本存第十二卷起玉人至匠人止凡二十二葉二百六十四行注皆夾行書第一葉下缺一葉經一千九百二十九字注四千六百四十八字案郡齋讀書志云石經周禮十二卷右偽蜀孫朋古書以監本是正其注或羨或脫或不同至千數今

以阮氏所刻宋本周禮注疏校之異同之處二百餘科其精確不移者多足訂今本之舛經文如前弱則勉阮本勉作俛其聲清陽而遠聞則於磬宜阮本脫則字注文如玉人注瓚讀如餰饜之饜阮本如誤為旊人注瓦器高於此阮本瓦誤凡梓人注哨頃小也阮本脫哨字頃誤頎宏讀為紘綖之紘紘大也阮本紘大也作謂聲音大也五字讀若齊人擠公幹之幹阮本脫公字曾孫諸侯子孫阮本脫子孫二字廬人注遒近也夷長也阮本誤作酋近

夷長矣丕字元謂悄亦掉也讀若井中蟲蜎之蜎阮本悄誤蜎讀
誤謂改句言掔容殳也殳無刃阮本脫也殳二字同强强弱上下
同也阮本脫强弱二字侵之能侵敵也阮本脫下侵字匠人注四
阿若今四注也阮本注也誤柱屋菜地菜字屢見阮本俱作采滕
文公問為國之禮於孟子阮本脫之禮二字井諸野九一而莇阮
本井諸野作請野雖周亦有莇也阮本脫有字以上三科疑後人
依孟子竄改致失鄭注之舊圭之言佳也阮本佳也作珪絜也三

字謂水漱齧溝也阮本誤作蛸謂水漱齧之溝七字莫讀為渟謂行渟水阮本渟皆誤停里讀當為已阮本脫當字約舉數事餘不具列至其訛誤雖亦不免然毋氏據太和舊本刊石已見石經攷異序疑以傳疑不加刊削亦足貽古人之敬慎非若後世鹵莽滅裂私竄古經也阮氏毛詩校勘記譏其乖異蓋未盡然至所引晁氏之言亦多截合或由於參訂多人非必儀徵本意也書中翔字缺筆蓋避孟知祥嫌名淵世民字皆未缺筆与毛詩殘本不同當

詩去唐未遠書者承用舊本多於缺筆或因或改致有參差晁昭德謂尚書論語缺唐諱當是孟氏未叛以前所刻左傳不缺唐諱當是僭位以後所刻洪容齋又謂蜀石經於淵世民三字皆缺畫知唐之澤遠矣錢竹汀跋毛詩殘本亦用其說皆未深攷也至其書體謹嚴筆致遒峻尤可珍愛洪容齋稱其有貞觀遺風非虛美矣

咸豐二年歲次壬子十一月十九日青陽吳履敬弟式訓同識

青陽吳氏

咸豐壬子冬吳蜴蘇蘇兄弟攜此蜀石經拓本相眎一為春秋公羊傳一為周禮
冬官考工記蘇蘇為作跋攷訂甚覈周禮僅存六千餘字異同至二百餘公羊存六千
餘字異同僅二十餘則以周禮是蜀刻公羊是宋人補刻也古經文傳世者自
中郎石經及魏三體石經外此為最古惜全謝山錢竹汀王蘭泉諸公皆未及見也
僕久失學於諸經尤疏乃得見此自詡眼福勝前賢矣欣喜志之代州馮志沂

咸豐戊午三月三日曲阜孔憲彝觀於慈仁寺

合肥李氏望雲草堂珍藏金石書畫之章

馮柳東孟蜀經攷異有毛詩殘本左傳殘本而周禮公羊皆未
之見以上諸家著錄其書周禮者孫朋吉也三傳不詳何人書悉遵太和本
與唐版本詩有同異其相毋昭裔獨辦之刊石成都始於廣
政元年歷八年而以次告成春秋三傳至宋皇祐元年始訖工
晁氏曰周禮經文不同者四十二科公羊經文不同者二十一科今既即
將殘碑就　殿版本校之周禮自玉人注璧玉四寸不言之者闕再
起至匠人經其崇三尺牆厚上經注共得二百九卅二科公羊自桓六
年經來也孰謂謂州公也起至桓十五年經公會齊侯于艾止經

注者得先科禮錄之以裏柳東之餘以俟審定焉咸豐二年十二月廿五日晉江陳慶鏞識

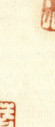

石經攷異補上

晉江陳慶鏞頌南撰

孟蜀石經周禮殘碑

玉人

子守穀壁男守蒲壁不言之者闕耳石經不上有男字

文之闕亂存焉石經焉作也

名玉曰冒者石經無者字

四寸者方以卑接尊石經作四寸者方以奇卑接尊

尨謂襍色石經下有也字

瓚讀爲餐饜之饜石經爲作如

卑者下尊石經尊下有者字

遂言見天子之用贄石經作遂言見天子之贄也

謂以組約其中央為執之以備失隊石經無謂字隊作墜

郊天所以禮其神也石經禮作祀

四圭有邸以祀天旅上帝石經帝下有也字

終葵椎也為椎於其杼上石經椎皆作推

杼繝也石經繝作殺

明自炤石經作明自照也

致日度景至不石經度下有日字

射琰出者也石經作射琰之出者也
元謂勹鼻流也石經同阮本勹鼻作鼻勹
衡古文作横石經同阮本無作字
形如圭瓚石經圭作玉
半文飾也石經半下有其字
大璋者以大璋之文飾之也亦如之者如邊璋七寸射
四寸石經以大璋者以大璋之文飾飾之亦如之者邊
璋七寸射四寸也
先言牙璋有文飾也石經下無也字
以為稱錘以起量石經下有也字

射其外驅牙石經下有也字

有邸僢其本也石經邸作柢

獻於所朝聘君之夫人也石經無也字

夫人天子夫人石經下有也字

記時諸侯稱王石經同阮本侯下有僭字

則十有二列者勞王者之後也石經無有字

棗㮚實於器乃加於橐石經於皆作于

其實棗蒸㮚擇石經㮚作栗

邸射剡而出也石經邸射邸剡而出也

造賓客納廩食也石經作造客客納餼食六字

杜子春云當爲餼石經餼下有也字

磬氏

磬氏爲磬石經氏作人

而求其弦石經而求其是弦

旣而以一矩有半觸其弦觸其弦石經同阮本無下三字

非用其度耳石經耳作也

博謂股博也石經博作傳

股磬之上大者鼓其下小者所當擊者也石經作股磬

太上則摩鑢大者鼓其下小者所當擊者

假令磬股廣四寸半石經無股字
長一尺三寸半石經同阮本無一字
鼓聲太上則摩鑢其旁石經同阮本鼓作磬是
薄而廣則濁石經作薄而廣則聲濁

矢人

司弓矢職茀當爲殺石經職下有曰字
居參分殺一以前石經作居參分殺二以前
兵矢謂枉矢絜矢也此二矢亦可以田田矢謂矰矢石
經兵矢謂枉矢絜矢田矢謂矰矢此二者亦可以田也
䋝矢七分石經䋝作殺

鐵又差短小也司弓矢職䋄當為茀石經作鐵又以差

短小也司弓矢職曰殺當為茀

而䋄其一石經䋄作殺

令趣鏃也石經作令趣鏃也

羽者六寸石經作羽其六寸

謂矢幹石經下有也字

弩矢比在上下石經下下有也字

謂風不能驚憚箭也石經無也字

刃長寸脫二字石經下有也字

前弱則俛石經俛作勉

後弱則翔石經翔作翔
羽豐則遲石經遲作遅
使矢行不正俛低也石經作使矢行不正免作俛低也
十字
橈搦其幹石經搦作搦
欲㮚欲其色如㮚也石經㮚皆作桌
陶人
甗無底甑石經下有也字
則㲉受斗二升石經無受字
旊人

薜讀為藥黄蘗之蘗石經同阮本蘗作蘗
暴墳起不堅緻也石經墳作墳
封膊其側石經作樹膊於其側
縣縣繩正豆之柄石經作縣縣繩以正豆之柄
凡器高於此石經凡作凢

梓人

樂器所縣橫曰簨石經縣下有也字簨作筍
鄭司農云簨讀為竹筍之筍石經簨作筍
脂牛羊屬膏豕屬羸者謂虎豹貔貙為獸淺毛者之屬
羽鳥屬鱗龍蛇之屬石經屬屬下皆有也字無兩之字

致美味也石經無也字

貴野聲也石經無也字

刻畫祭器石經上有雕琢二字

外骨龜屬內骨鱉屬卻行螾衍之屬仄行蟹屬連行魚屬紆行虵屬脰鳴鼃黽屬注鳴精列屬旁鳴蜩蜺屬翼鳴發皇屬股鳴蚣蝑動股屬胷鳴榮原屬石經屬下皆有也字衍下無之字虵作蛇列作蛚原作螈

燿讀為哨頎小也石經作燿為哨哨頃小也七字

宏讀為紘綖之紘謂聲音大也石經作宏讀為紘延之紘紘大也十字

其聲清陽而遠聞於磬宜石經聞下有則字

顅長脰貌石經下有也字下兩鬜字石經作䯶

牼讀為鬜頭無髮之鬜石經作牼讀為䯶頭無髮之䯶

作起也石經作作猶起也

匪采貌也石經作匪來貌也

故書撥作廢匪作飛石經匪下有或字

以似為發石經發作廢

梓人為飲器

觚豆字聲之誤石經下有也字

衡謂糜衡也石經同阮本麋作糜

執君器齊衡石經作執君之器則平衡

罪於梓人焉石經作罪梓人也

梓人為侯

崇高也石經作崇猶高也

則天子侯中丈八尺石經下有也字

各如其侯也石經無也字

居侯中參分之一石經作居中參分之一

个讀若齊人㩜幹之幹石經㩜下有公字

皆謂舌也石經謂作為

鄉射禮記曰石經無禮字

下个五丈四尺石經作下个五丈四寸也

其制身夾中个夾身石經作其制身矦夾中个矦身案

下矦字當是夾之訛

取其出兩左右也石經無兩字

緝讀為竹中皮之緝石經作讀為竹中皮之緝也無上

緝字多也字

皮侯以皮所飾之侯石經下有也字

與之事鬼神焉石經焉作也

又以五采畫雲氣焉石經無焉字

獸侯畫獸之侯也石經無也字

是獸侯之差也石經無也字
息者休農息老物也石經農下有夫字
燕謂勞使臣石經燕下有諸侯二字
若與羣臣飲酒而射石經下有也字
謂司馬實爵而獻獲者于侯石經無而字
薦脯醢折俎獲者執以祭侯石經作薦脯醢折俎者執
以祭侯也
謂先有功德其鬼有神石經作謂先祖有功德其鬼有
神者也或有也石經作或猶有也
曾孫諸侯謂女後世為諸侯者石經作曾孫諸侯子孫

謂女後世為諸侯者

廬人

夷矛三尋石經作矛夷三尋

酋夷長短名石經下有也字

酋之言遒也酋近夷長矣石經作酋之言遒也遒近也

夷長也而無已不徒止耳石經作無已不徒止爾爾也

句兵戈戟屬刺兵矛屬石經屬下皆有也字

絹讀為悁邑之悁悁略謂撓也石經作絹讀為悁若井悁

悁謂撓也

則椑隋圜也摶圜也石經作則椑墮圜也摶圜之也

改句言轂容殳無及同强上下同也舉謂手所操石經作改句言擊容殳也殳無及同强强弱上下同也舉謂手所操也二十四字

校讀為絞而婉之絞石經作校謂讀為絞而婉之之絞

在人手中者石經者作也

侵之能敵也石經能下有侵字

人手操細以轂則疾石經作凡人手操細以擊則疾

然則為矜石經矜作矜闕筆下同

被把中也石經把作把

首殳上鐏也石經首作酋

夷矛如酋矛石經作矛夷如酋矛也
置猶尌也炙猶柱也石經作置猶樹也亦猶柱也
正於牆牆𨓍石經下有也字
反覆猶軒輖也石經無也字

匠人

立王國若邦國石經下有者字
以水望其高下石經下有也字
槷當為弋讀為杙石經作槷當弋弋讀曰杙
玄謂槷古文臬石經脱上一字
古文臬假借字石經下有也字

胝之以其景石經無之字

在牆者謂之杙在地者謂之臬石經無兩者字

日出者日入之景其端則東西正也石經作日出入之景

其端則東西正之也

以至日入石經上有兩字

規之交乃審也石經作規之交者乃其審也

中屈之以指臬則南北正石經作中屈之指臬則南北

之正也

極星謂北辰石經下有也字

營謂丈尺其大小石經作營者謂丈尺其大小也

國中城内也石經内作中
軌謂轍廣石經下有也字
是謂轍廣石經作是爲轍廣也
王宫所居也祖宗廟面猶鄉也王宫當中經之涂也石經作謂王宫所居也祖宗廟也面鄉也王宫當中經之
涂
此用先王之禮石經下有也字
則堂廣十七步半石經下有也字
南面三三面各二石經作南面三三面各三也
兩夾窻石經窻作牕

窻助户爲明每室四户八窻石經作䆫助户爲明者每室四户八䆫

所以飾成宮室石經下有也字

門堂門側之堂石經下有也字

東西十一步四尺石經作東西十步四尺

若大寢也石經也作者

則其廣九尋七丈二尺也石經無也字

四阿若今四柱屋石經作四阿若今四柱也

重屋複笮也石經屋作室

明堂者明政教之堂石經作明堂明政教之堂也

亦王者相改石經下有也字
相參之數石經下有也字
或舉王寢石經作或舉正寢
互言之以明其同制石經無言字
周文者各因物宜為之數石經者作王
宮中舉謂四壁之内石經同阮本宮作室
參个六尺石經參作三
乘車廣六尺六寸五个三丈三尺石經作乘車廣六尺
六寸長二尺三寸个六尺六寸五个三丈三尺也
則此門半之丈六尺五寸石經作則此門之長六尺五

寸
如今朝堂諸曹治事處石經下有也字
六卿三孤爲九卿石經下有也字
九分其國分國之職也石經無也字
六卿治六官之屬石經作六卿治六官之職屬矣
謂有浮思也石經同阮本有作角
度高爲高度廣以廣石經作廣長以長度高以高度廣
王子弟所封石經下有也字
其城隅高五丈石經作其城隅制高五丈
諸侯畿以外也石經作諸侯侯畿以外也

天子諸侯臺門石經下有也字
經亦謂城中道石經下有也字
其經涂及都環涂石經作及都之環涂
古者耜一金兩人併發之石經作古者耜一金人兩人併發之
岐頭兩金石經岐作歧
田一夫之所佃石經作田有一夫之所佃也
百畝方百步也石經無百字
遂者夫閒小溝遂上亦有徑石經溝上徑下皆有也字
此畿内采地之制石經采作菜下有也字
九夫爲井井者方一里石經作九夫爲井者方一里

采地制井田石經采作菜下有者字

異於鄉遂及公邑石經下有也字

方百里爲同同中容四都石經無下同字

甸稍縣都皆無過十二石經十作什

輕近重遠耳石經近下有而字

滕文問爲國於孟子石經作滕文公問爲國之禮於孟

子

其實皆什一石經下有也字

莫不善於貢貢者校數歲之中以爲常石經作莫不善

於貢者貢者校數歲之中以爲常也

孟子曰請野九一而助石經作孟子曰井諸野九一而助

卿以下石經以作已　方里而井井九百畝石經無下井字　八家皆私百畝石經百作自

又曰詩云雨我公田石經作又詩曰雨我公田

雖周亦助也石經作雖周亦有助也

年饑用不足石經饑作飢　盍徹與石經與作乎

穀出不過藉石經藉作籍

以載師職及司馬法論之石經師下有之字

周制畿內石經制下有之字

稅夫無公田石經下有也字

以詩春秋論語孟子論之石經作以詩春秋論語孟子之言　周制邦國用殷之助法石經助作莇制公田不稅夫石經下有也字莇者借民之力以治公田石經作莇者借民力治公田為其促之以公使不得恤其私石經作為其促之也以公使不得恤其私也

邦國用莇法者石經邦上有其字

諸侯專一國之政石經諸上有為字

稅民無藝石經下有也字

通其率以什一為正石經下有也字

孟子云野九夫而稅一國中什一是邦國亦異外内之
法耳石經作孟子曰野九夫之田而稅一國中什一爲
是也邦國亦異外内之之法耳按之字疑衍
圭之言珪絜也石經作圭之言佳也
周謂之士田石經士作土
又曰列國一同石經下有是也二字
復無所注入石經下有也字
識水所從出石經下有矣字
通其壅塞石經無其字
防謂脉理石經作防猶脉理也

為此逆防與不理孫也石經無也字孫作遜
鄭司農云梢讀為桑螵蛸之蛸石經無云字
梢謂水漱齧之溝乂字石經謂水漱齧溝也六字
鄭司農云奠讀為停謂行停水石經停皆作渟
直行三折行五以引水者疾焉石經作直行者三折行
者五以引水疾也
謂水淤泥土留著助之為厚石經水下有漱字厚下有
也字　殺者薄其上石經下有也字　又薄其上厚其
下石經下有也字
溝防為溝為防也石經無也字

里讀爲已石經作里當爲已
版橈築之則上鼓土不堅矣石經作汲橈築之則鼓土
不堅矣　以其一爲峻石經作以其一爲之峻也
逆猶郤也石經郤作却
郤一分以爲綱石經作却一分以爲殺也
囷圜倉石經下有也字

介弟與去相謂亞雖未識君聞大名
鄴架琳瑯三萬軸搜奇蓄異羅菁英
氊緹一種最星鳳孟家遺石刊羣經
艱難展轉獲壞寶不有大力誰能并
仁宗飛白照千古仰惟　聖學天聰
明　璇題四字冠奎首冰斯轂轂龍
蛇驚更揮　寶翰賜齋額儒生稽

古今桓榮前年　御賞福壽字銀鉤
鐵畫炳日星　沖齡十八已摹楷耄期
已卜堯階蓂　仁廟歐虞　純廟趙
祖　孫輝映光　彤庭三傳備列
誠罕覯孟昶劉據鴻毛輕　天章一
出相照耀遂令此冊含光精當年
文莊帥西蜀媲美諸葛聲觥觥歷劫

完全入君手因緣註定留芳馨田思辛
亥貢鄉舉竹林把臂齊年生紅巾毀
宋書籍燼碑版散佚紛縱橫華胄遂
邀天祿閣燃藜夜照光純青讀書家
世無兩藏庋翻嘗項子京都護防秋
豈所願等此葵藿陽烏傾　龍光三
接洽魚水手捧瑤函無限情亦思覲

闕若重聽不能前席求真纔只從故紙
事鉛槧南面輸君擁百城
健之姻世仁兄大人以所藏宋拓蜀
石經屬為題句此寶物也重以
宸翰謹作七古一首奉
兩正之甲子清明顨卿弟重慶
時年七十九歲

三體書沿漢魏唐八分追始蔡
中郎流傳已歷秦燔劫零落猶
餘孔壁光天喪斯文今亂世誰
知太學奮明堂殘編斷簡憑珍
護惟有貞珉耐久長 壯德清
芬誦鯉庭楹書充棟眼常青風

規自兗承家學名字曾邀記
御屏宸翰褒題香案吏故文
想望草堂壺君真好古搜羅富
博覽無慚劉石經

魏書劉芳傳芳明石經音義時人號為劉石經

健之都護七兄姻世大人屬題勉成二律即希
正定
甲子暮春之初猱盦弟卞綍昌作於竹西

片紙猶留刧外天人間孤本此流
傳摩挲考訂無窮感重話滄
桑八百年
淵如不作儉卿逝此事千秋孰
繼起翰共劉侯抱殘缺校讎夜
〻照青藜

諭蜀人曾蜀道回夔門雙劍倚
天開從知治術原經術視見文
翁雅化來 昔年奉使入蜀 君觀察川東是爲訂交之始
健之節使以蜀不往命題書此應
教即希兩政
甲子三月德清蔡寶善

嬴秦焚經傳二世孟蜀尊經傳二世
屬儒苦智天夢〻天眷原不私文字
我觀廣政經成一百十二襆翠墨未
究蜀社置毋家百萬黄金錢促為新
朝儒學地先石後木勞手民到今
石木無一存盲左詩禮出負朽攟拾

舊數趙黃陳〻盧江劉翁歐趙選收
攬周官及三傳蕤風師是今柳東
鈞考異同泐成卷我徒見跋未見經
胥不可揣從聲聽經興經廢等〻
國樊櫟詩在吾聽熒年衰才退奈
此石經何西望蜀碧季〻多

蜀石經殘本歌應

徤〻先生教

沙元炳

蜀相毋昭裔栞石經不見於宋史孟蜀世家吳志伊十國春秋蜀後主本紀兩書之一條於廣政七年乃據席益成都府學石經堂圖籍記爲説一條於廣政十四年則據容齋三筆爲説也按曾宏父石刻鋪叙云益郡石經肇始於孟蜀廣政悉選士大夫善書者模丹入石七秊甲辰孝經論語爾疋最先成時晉出帝改元開運至十四年辛亥周易繼之實周太祖廣順元年詩書三禮不書歲月逮春秋三傳則皇祐元年九月訖工昔我宋有天下已九十九秊矣通蜀廣政元年肇始之日凡一百十二禩成之若是其囏又云孝經廣政七年三月二日

校勘論語廣政七年四月九日校勘尔疋廣政七年六月置日月恙
本目驗語極明顯則七年乃孝經論雅刊成之年十四年乃周易刊
成之年非肇始之年也吴氏依違兩存殊乖史法王蘭泉云蜀石經
始刻於廣政七年亦沿志伊之誤

健之都護寄示蓺風先生蜀石經二跋并詩按其以周禮翦氏注引及鄭注為誤而硩蔟氏注引及陸疏則謂元恪之書或成於早歲鄭君猶及見之恐非是經典釋文敘錄雖未詳元恪年歲但稱其官為吳太子中庶子必在吳王立太子後孫權立子登為太子權傳在建安二十五年登傳在魏黃初二年其時張昭子休顧雍子譚陳武子表諸葛瑾子恪迭為太子中庶子各見本傳羊衜亦為此官見三國志注所引吳書未及元恪其後和為太子有中庶子韋昭亦未見元恪元恪當是孫休子𩅦孫皓子瑾之中庶子鄭君卒於建安五年安能相及且王肅卒於魏甘露元年即吳太平元年史不詳肅之享年若干肅為家語解序稱鄭氏學行五十載矣肅成童學鄭氏學則即以甘露丙子上數五十載已當建安十一年丙戌肅不得與鄭君相見元恪安能與之相及又陸疏中有新城上庸雲南諸郡名蜀漢建興初立雲南郡魏黃初中立新城郡太和初立上庸郡並非鄭君所及知安得疑如孔北海之及見虞氏易也甲子五月王式通識

嵒鄉秦漢至魏魯壁巋然在遺經觀古文琳琅垂金薤
粗哭天石經刻文孟蜀晦淪極至今日蒐古從學吠籍
惡乎宮已棄置同秕稗燉煌發秘藏欵爲歸海外
陋宋十萬卷要胡競綑哉浮舊蠹異時一發將安繫
緜緜獨 劉侯抱殘志興滯大雅卓不羣河間仰宗
派蜀廣政石經孤本傳觀內周禮與左穀卷帙爲稱最

璧合良足珍摎聚歷年歲頷崙耀　天題奎章增壯
麗即茲好古情藉卜貞元會廣開獻書路臣實備六藝
健之老先大人以收藏圖石經徵題娛示張詩並以報
命勉呈俚句貽笑
大方惟希
教正是幸甲子四月蔚文弟書廣楨貢藁

廣楨

鴻都片石不易得，魏三體書遭剥蝕。開成石
文雖盡平張，唐附刊留矜式。流傳剥落殊
失真，後儒刻改逞私臆。孟蜀蕞尔長蠶叢，
稽古好事越魏仲。羅可傳注燦若星與日
月，行輔精刻田況校。補亦敘勤縣新以穀
類十翼，分來歷千五百年。兵燹水火勝殘
蝕，劉侯生當百王後，眼看滄桑守乏黑

隸書辟徑皆元氣摎轕精拓不遺力桓
榮丁鴻亦恐兆欲待圖檇觀皇極平陂利
涉理則有聖賢傳李呼吸四萬餘字
皆庶藏收入篋笥好拂拭猶半騰作
龍雨氣光芒燭燭變異乞他年更搜林
罕編纂韻宜當朋趙克

甲子夏五月鄭縣高振霄

咸豐壬子十二月漢陽黃教鎔觀

壬子　月廿六日歙縣京軾觀於京師旅舍

少日從容注禮書（鄭君從扶風受經已撰三礼注）暮年寫定在精廬集思廣益人難及采到烏程草木疏（礼注引元恪疏他本所無）

襄二春秋一卷全全編起訖想當年不知毋氏家財造文選開雕孰浚先

補石田侯善校訛蜀唐諱字漸消磨廿篇北宋公羊傳我比河间見較多

殘拓猶存十九行穀梁字體最飛揚紙邊廿四
分明認石數由来記最詳經後有廿四二字他本未見跋亦未及之大約各紙均有
翦裝時割去耳　第一最字易更字
江陰繆荃孫

荃孫

蜀石真開槧本先，毋邱經注始同鐫。
周官三傳珍鱗羽，虹月江南貫一船。
訛外長興改訂難，家錢特仿太和刊。
硬黄卷軸今頻見，彷彿民間寫本殘。
藕香舊史校讎勤，錢蒻深林話墜文。
萬六千通遺歷在

摩挲孤拓獨輸君　夙習輖錢
老輩談百年翠墨闌周南山
堂本猶餘半侍共漁莊校語參
健之先生屬題　仁和吳昌綬

昔朱子注論語於三嗅而作下引晁氏曰石經嗅作戛說者謂是蜀石經以唐石經不作戛也按郡齋讀書志石經周禮十二卷偽蜀孫朋古書以監本是正其注或羨或脫或不同至于數是則晁氏當日必於諸經一一校出別有札記故朱子得引之惜乎

其札記不傳也竊謂漢魏石經久佚巍然獨存者惟唐石經而當時學者已有異議故兩宋所刻經書不盡以爲準則且有經無注後來北宋之二體南宋之御書亦皆然惟蜀石經經注并刻宏工鉅製可謂絶後空前惜自明以來著錄家多不道及乾嘉間

有毛詩殘本爲錢塘黃氏所得左傳殘本爲
吳縣程芳林所得周禮殘本爲仁和趙晉所得
兵燹後皆不可蹤近今劉君健之乃有周禮
左傳公羊穀梁及本都四萬六千餘字知
其中必有驚心動魄一字千金者惜余老瞽不能
詳校爲有遺恨也 壬子仲冬 楊守敬 時年七十有四

昔聞胡元質築堂名石經後來張
栻憲尔以纂蜀稱劉侯名家子載
籍羅菁英尺物聚所好久、專連城
天章親品題稽古儒生榮遂令魏
劉芳不敢争令名五季晉衰微天
地方晦盲江南除二徐繼以許學鳴

獨有毋昭裔治蜀同孔明掌叔須讀
書此論真公評家財斥百萬故了囊
手廣刊經不刊注頗笑唐開成流傳
到今日片紙如日星楊幼雲除頌南所
獲多外此皆晦零青陽吳子苜子迪與
壁陽繆小山孜訂讐精能而君美大

海萬派咸歸并一齋予私細神物所
依憑陋彼米家船推半紅光騰我
里什邡今識石黔州程文里合州館
殘刻灰塵扃趙晉齋黄松石枕中秘
流轉嗟飄萍僅使陳雲峰板本留
壽栩斯文儻不喪寶氣終當呈何

时神斂合盡納 居家極

蜀石經齋詩應

緯之士兄教正 如皋冒廣生

石經文獻集成

虞萬里　主編

蜀石經集存

周禮

王天然　編著

圖書在版編目(CIP)數據

蜀石經集存.周禮 / 虞萬里主編；王天然編著. —
上海：上海古籍出版社，2023.12
（石經文獻集成）
ISBN 978-7-5732-0910-8

Ⅰ.①蜀… Ⅱ.①虞… ②王… Ⅲ.①碑刻-拓片-
中國-古代 Ⅳ.①K877.42

中國國家版本館 CIP 數據核字(2023)第 202506 號

2023 年度國家古籍整理出版專項經費資助項目

2021—2035 年國家古籍工作規劃
重點出版項目“石經文獻集成”系列成果之一

策劃編輯：郭　沖
責任編輯：郭　沖　虞桑玲
美術編輯：嚴克勤
技術編輯：隗婷婷

石經文獻集成
虞萬里　主編
蜀石經集存・周禮
王天然　編著

上海古籍出版社出版發行
（上海市閔行區號景路 159 弄 1-5 號 A 座 5F　郵政編碼 201101）
(1) 網址：www.guji.com.cn
(2) E-mail：guji1@guji.com.cn
(3) 易文網網址：www.ewen.co

上海雅昌藝術印刷有限公司印刷

開本 787×1092　1/8　印張 50.5　插頁 4　字數 102,000
2023 年 12 月第 1 版　2023 年 12 月第 1 次印刷
ISBN 978-7-5732-0910-8/B・1348
定價：990.00 元
如有質量問題，請與承印公司聯繫

目録

出版説明……一
蜀石經集存序……虞萬里　三
概述……王天然　九
一　蜀石經之刊刻與毀佚……九
二　蜀石經之孑遺……一一
三　蜀石經之形制與性質……二〇
結語……二四
國家圖書館藏蜀石經《周禮》殘拓録文……二五
一、《周禮・秋官》……二五
説明……二五
録文……二五
二、《周禮・考工記》……四七
説明……四七
録文……四七

出版説明

蜀石經的鐫刻肇始於後蜀廣政年間，時代由後蜀延續至宋，在七朝石經之中，不僅是唯一的經注本，且字數最多，規模最大，刊時最長。其碑石在宋代以後開始湮没，至明清僅有拓本流傳，已屬罕見。乾嘉以後，出現了多家摹本和影刊本，成爲學者校勘考據所依據的主要版本。民國初年，劉體乾致力於收集蜀石經拓本，得《春秋》三傳、《周禮》四經殘拓，並加以影印。

現存蜀石經主要由三部分構成：（一）國家圖書館藏劉體乾舊藏殘拓：今存《春秋經傳集解》卷十五襄公十年至十五年全卷，卷二十昭公二年；《春秋公羊傳》卷二桓公六年至十五年；《春秋穀梁傳》卷六文公元年，卷八、卷九成公元年、二年，襄公二十六年、二十七年，卷九襄公十八年、十九年；《周禮》卷九、卷十兩卷，卷十二《考工記》。（二）上海圖書館藏黄丕烈舊藏《毛詩》殘拓：起卷一《召南·鵲巢》，訖卷二《邶風·二子乘舟》尾。（三）近代成都出土的殘石：《周易》之《履》《泰》《否》《中孚》；《尚書》之《禹貢》《説命》《君奭》；《毛詩》之《周頌》《魯頌》，以上藏四川博物院；《儀禮》之《特牲饋食禮》，現藏中國國家博物館。另有《毛詩》之《鄭風》《曹風》殘石拓片存世。重庆中國三峽博物館藏有以上新出土殘石拓片。

原石毁没，拓本稀見，蜀石經一直是歷代儒家石經研究中相對薄弱的環節。上圖藏《毛詩》殘拓和近現代新出殘石拓本均從未出版。國圖所藏部分雖在民國便已影印，但時至今日也不經見；而且該本爲黑白影印，囿於當時的攝影製版技術水準，原件上的諸多藏印、批點、殘字和細微筆畫等細節無法有效呈現；國圖、上圖所藏蜀石經殘拓皆爲國家一級文物，學者即使親臨訪書也很難調閲。本項目《蜀石經集存》，在虞萬里、王天然二位先生的主持指導下，經國圖、上圖、重博授權，對於現存蜀石經殘拓進行全面系統彙編影印出版：

一、採用高清全彩印製，最大程度地呈現原拓原貌。

二、國圖、上圖所藏拓本，均原大影印。受開本限制，重博所藏拓片大小略作調整：《周易·履》《泰》《否》殘拓縮放比例爲98%；《尚書·説命》《君奭》殘石兩面拓於一紙，周圍有大量題跋文字，除兩面各自之原大圖版之外，亦收録整幅圖版以存全貌，縮放比例爲58%；《毛詩·鄭風》《曹風》及《毛詩·周頌》《魯頌》殘拓，除殘拓之原大圖版之外，亦收録整幅圖版以見全貌，縮放比例分别爲58%及70%；其餘殘石拓片圖版均爲原大。

三、國圖藏本現裝爲七册，即《周禮》卷九、卷十《秋官·司寇》與卷十二《冬官·考工記》各一册；《春秋經傳集解》卷十五襄公十年至十五年與卷二十昭公二年各一册；《春秋公羊傳》卷二桓公六年至十五年一册；《春秋穀梁傳》卷六文公元年，卷八、卷九成公元年、二年，襄公二十六年、二十七年，與卷九襄公十八年、十九年各一册。另《陳氏木刻蜀石經》《蜀石經題跋姓氏録》各一册。上圖藏《毛詩》殘拓裝一册。重博拓片均爲散葉。本次出版，按照殘拓内容，同時兼顧流傳收藏歷史和裝幀篇幅，分爲五册，即《周禮》《春秋經傳集解》《春秋穀梁傳》各一册，《毛詩》與近代出土殘石拓片並一册（包含《古文尚書》一塊、《毛詩》重言兩塊拓片），《春秋公羊傳》與《陳氏木刻蜀石經》《蜀石經題跋姓氏録》並一册。

四、原本中無任何信息的白葉，未予影印。原本中夾有簽條、活葉者，則將此開原貌及放置活葉後之形態分别影印。

五、虞萬里、王天然二位先生分别撰有「序言」和「概述」，盡述蜀石經鐫刻背景、經過與流傳，形制特點，文本來源等等。王天然先生亦承擔了殘拓文字之釋録工作。這兩部分内容載於别册，以便讀者與圖版對照取用。

上海古籍出版社

二〇二三年十一月

蜀石經存世目録

周易	履卦　泰卦　否卦　中孚卦
尚書	禹貢　説命　君奭
毛詩	國風（召南　邶風　鄭風　曹風）　周頌　魯頌
周禮	秋官司寇　冬官考工記
儀禮	特牲饋食禮
春秋經傳集解	襄公十年　襄公十一年　襄公十二年　襄公十三年　襄公十四年　襄公十五年　昭公二年
春秋公羊傳	桓公六年　桓公七年　桓公八年　桓公九年　桓公十年　桓公十一年　桓公十二年　桓公十三年　桓公十四年　桓公十五年
春秋穀梁傳	文公元年　成公元年　成公二年　襄公十八年　襄公十九年　襄公二十六年　襄公二十七年

蜀石經集存序

虞萬里

漢、魏、唐、蜀、北宋、南宋和清代的七朝石經，雖然都以碑石爲載體，但其文本、字體、經傳、碑式，與鐫刻時的標準文本、通行字體、書寫閱讀習慣相應，都有一定的變化，形成各自的特色。孟蜀廣政石經的特點，一是帖式形態的小型碑石，與漢、魏、唐大型碑石不同；二是經傳並刻，以經文大字、注文雙行小字面目呈現，亦與漢、魏、唐石經的單刻經文不同。帖式形態便於椎拓裝訂和翻閱，經傳並刻則便於亟速理解經文。這種石刻形態，並非一蹴而就，它是在充分吸取前代閱讀習慣和文本書寫形態逐漸變化和發展到一定階段的基礎上形成的。回溯前三種石經的形制和與之相應的經學文本形態的變化和發展，可以深刻地理解蜀石經的特點。

熹平石經刊刻時，紙張已經發明，然經典文本的書寫仍處於簡帛階段。簡牘書寫經典起源很早，延續時間却很長。漢末經師鄭玄晚年注釋《三禮》時，所見所取文本仍都是簡牘；與其年代相先後，熹平石經刊刻之偶發起因是有人刮削改寫蘭臺簡牘文字以合私家文本，是其所取所據文本亦爲簡牘，可以互證。現今出土的戰國、秦漢儒家簡牘長度一般多在漢尺一尺（二十三點五釐米），長者達四十多釐米，一簡字數或多或少。漢制規定書寫經典用二尺四寸簡，武威《儀禮》漢簡長度在五十五釐米左右，與漢制相符。漢簡《儀禮》每簡字數由六十多字到一百二十字不等，雖有編線四道，但文字却通欄直下，唯編線處空開不書。推而廣之到所有儒家簡牘，一律直書到底。稍前於《儀禮》簡的馬王堆帛書《周易》等也是通欄直下。從某種視角而言，漢石經是書寫經典標準簡牘形制的直接投射。所以，熹平石經雖高二米有餘，仍是每行七十多字通欄直下，顯示出簡牘時代的常規書寫形態。用二尺四寸簡牘書寫經典，字大而疏者約容六十餘字，小而密者可達一百多字，將之置於當時的几案，允在頭不必上下過大移動而視線可以掃視、閱讀的範圍内。但若將字形放大到八分，翻刻到通高二米多、寬一米許的石碑上，矗立於太學前，碑式整體雖尚屬匀稱，而抄録、摹寫必須擡頭觀頂端之字，下蹲看基石之文，存在一定的不便。這種不便受制於諸多的歷史因素，是時代的局限。

六七十年後曹魏鐫刻三體石經時，紙張是否已普及到可以隨意書寫所有經典，尚不敢斷言。魏武帝曹操和魯肅「手不釋卷」之「卷」，是簡牘、絹帛還是紙張，現也無法指實。但石經以古、篆、隸三種字體書寫經文二十字，形成六十字一行，是殘石呈現的實際形態。溯其成因，碑石高廣與熹平碑式近似，兩種石經並立於太學講堂之前，容易導致思維趨同。因此，無論經典的書寫是否已用紙張，可能都無法改變三體石經直行而下的鐫刻樣式。其有限變化，即一行中字數的多少——漢魏石經每行相差十多字，很可能取決於古文和篆體字形狹長的緣故。漢魏石經的碑式文本，可供士子校覈、摹寫、抄録，却不便於影拓後展讀學習，故《隋志》所載一字石經、三字石經多少卷，似乎已是經剪裁割裱後的卷帙，而具體却很難質指。

紙張的稍稍普及，當在曹操和魯肅之後數十年。左思的長篇巨製《三都賦》寫成之際，皇甫謐作序以高其聲價，文士競相傳抄，造成洛陽紙貴。紙貴須從兩方面看，一是文章高妙，值得抄讀摹寫，於是抄寫者衆；二是西晉時紙張確實還不如後世易製易得。兩晉時書寫紙張的高廣尺寸，當然因地因時因具體情況而無法劃一。現今流傳的敦煌儒家經籍寫卷，有的殘損嚴重，有的不標示尺寸。相對而言，書寫工整的敦煌佛經寫卷大致高度都在二十五釐米上下（波動於二十四至二十七釐米之間），偶有窄至二十釐米，寬至三十釐米者。書寫工整的佛經一般每行多容寫十七字左右，而相對草率的儒家經典如伯二五二九《毛詩故訓傳》，抄寫率爾，每行二十一至二十八字不等。抄得較爲工整的如伯二五三〇《周易注》，則每行基本控制在十五字，也有十三至十四字者。伯二五二三《春秋左氏傳集解》每行十四至十七字不等。所以唐代的寫卷高度和每行容字似當以佛經經卷爲基準。高度不超過三十釐米的紙張，是窄於古代書案的寬度，每行以十七字爲基準而稍有上下增減，既是成人手肘上下移動書寫的距離，也與書者目測距離控制限度相應。

唐石經矗立於西安碑林已近一千二百年，今實測其碑高二一〇釐米，文字書寫高度約二〇二釐米。上下分爲八欄，每欄高二三至二三點五釐米，每字高二釐米，寬一點八釐米，字距一釐米。每碑寬度不一，大致在九十一到九十四釐米左右。唐石經處於紙張已經普及、書册制度已經形成的大和（文獻中太和、大和並出，本文一律改爲大和）、開成間，其文本依仿六朝以來盛行的書册和寫卷形態，分層横行，從右至左書刻，應是情理之必然。唐石經碑式清人王昶和魏錫曾等都有過記載。侯金滿經實地考察和深入研究，在前人研究基礎上又有更深的認識，並作出明晰的描述：唐石經整碑分成八欄，每行平均十字，碑式佈局以經典的篇卷爲單位，即每卷（篇）字數以每行十字横書而得出一卷（篇）之總行數，而後將一卷（篇）總行數依整碑所分八欄平分，得出每卷（篇）在整碑所佔行數，從右至左横書鐫刻。每卷（篇）字數多寡不一，故其在上下八欄的碑石上所佔行數也不相同。由於每碑碑石寬度恒定在九十一至九十四釐米左右，一般容三十五到三十七行，最多不超過三十九行，故按照經典篇序依次書寫鐫刻，就會産生某一卷（篇）文字由上一碑横跨到下一碑的情況。又因某些經卷文字過多，因此亦出現横跨兩碑、三碑的現象。他推測這種分層横書跨碑形式，與中古的書册制度有密切關係。[一] 從唐石經分層横書的碑式形態，可以推測當時的影拓技術已經成熟，因一經椎拓，即可黏連成旋風裝，極便翻閱研習。當然，這種鐫刻形態與帖式刻石孰先孰後，尚須有更多的實物來證實。蜀石經確是明顯的帖式刻石，儘管它與叢帖的興起與先後關係也需要進一步研究。

據王天然研究，蜀石經「原石書刻部分長約九十釐米，縱高約三十釐米，計入四邊留白則整石約長一米、縱高約半米」，「蜀石經《毛詩》原石一面約容三十七行，大字滿行十四字，小字滿行二十字左右，單排佈局，雙面書刻」。[二] 與唐石經相較，蜀石經縱高三十釐米，每行大字十四字，一字亦在兩釐米左右，可見唐、蜀石經同樣作爲石刻碑版，閱讀、觀賞須有一定距離，故字形大小相仿。但唐石經每行十字，蜀石經每行十四字，殆因唐石經整碑高大，蜀石經碑式相對矮小，閱讀時站立距離須有遠近差别，故行容字數略有多少；且蜀石經還夾有雙行傳注小字，故大字不宜過密過小。這樣推測，是基於與中古寫卷每行十七字比較而得。我們閱讀寫卷距離，一般要近於觀賞碑刻的距離，對象近，視線控制力强，字形不妨略小；對象遠，視線控制力弱，字形必須略大。結合五代北宋版刻而言，每行在二十一二字左右，這是書卷可以隨意湊近閱讀，字形允許更小一些的緣故。如果這種推測有一定道理，則唐、蜀石經字體大小和每行容字多少都是當時策劃者和工匠深思熟慮而定出的碑式。唐石經每欄上下相距僅二釐米左右，而蜀石經則約近十釐米，此則因唐石經整碑要容納八欄，沒有多餘的空間；而蜀石經單欄横行，就美觀起見，也須上下留足邊框。

四種石經碑式沿革變化如上，而文本之衍化則更爲複雜。

先秦儒家經典文本，在秦漢之交時，先後由篆文轉寫成隸書，轉寫過程中不免産生誤認或錯寫，流傳過程中更增磨滅與殘泐因素。逮及孔壁和山巖屋壁之六國古文寫本顯世，校覈隸書今文本，可以看出很多因誤認、磨滅和殘泐而造成的錯譌與經師牽强附會的説解。劉歆、班固謂「後世經傳既已乖離，博學者又不思多聞闕疑之義，而務碎義逃難，便詞巧説」，當即指此而言。六國古文固然可以校正今文經本的某些錯譌和臆説，但因其字體奇形多變，難以辨認，同樣帶來很多識讀上的困難，以致經師仍不得不揣度文義，用自己方域中同音和近音來推求與文義相合的古文正字，此一過程就經師主觀層面而言是「漢讀」，從字與字造成對

[一] 侯金滿《唐石經碑式與中古書册制度關係探微》，《文獻》2021年第4期，第32—52頁。

[二] 王天然《蜀石經形制謭識》，《文史》2019年第三輯，第128頁，中華書局，2019年。

應，構成異文的客觀而言則是「通假」。不同的漢讀和通假形成不同的文本，不同的經師爲自己的漢讀文本所作的解説即是不同的師説，經師各以不同的學説傳授，形成漢代的師法和家法，最終導致五經博士的增立。各師法間師説和文本憑藉官學逐漸固定，但在經義上互有歧義甚至相左，在一定程度上妨礙了通經致用的政策和策略施行，於是需要召開石渠閣和白虎觀會議來統一經義。石渠閣和白虎觀兩會雖在某些經義上取得官方的一種傾向性意見，却並未消弭各家文本的異同，所以才會有削改蘭臺簡牘文字之舉。熹平石經選擇七經中一家作爲主要文本，而將同一經的其他家法文本異文經校勘後刊於碑陰，使無論研習哪一家師法的人都有一個可依憑的標準文本。從這個意義上説，熹平石經之刊刻，是漢代今文經本在皇權指導下走向統一的第一步，它是在十四博士和官學外的衆多家法上進一步確立了以申培《魯詩》、梁丘《易》、歐陽《尚書》、大戴《禮》、嚴彭祖《春秋公羊》爲主的今文本系統。可惜的是，隨著劉漢與曹魏政權的興替，經學也由今文經轉向古文經。剛刊立不久的熹平石經轉眼成爲明日黄花，被三體石經替代。三體石經以古文、篆文和隸書三種文字刊刻，其古文的來源一直有争論，其實，不僅古文的來源需要檢討，連篆文和隸書文本的選取也必須追溯，它是古文本的篆隸對應轉寫，還是另有一種用篆隸書寫的古文經文本的配合？只是出土殘石有限，暫時無法比較研討。但有一點可以確定，曹魏既然刊立古文經，必然是依據當時官學經師公認的、有目共睹的古文經文本。

今古文經學的興替，導致今文經文本的逐漸散佚甚至失傳。但儘管文本先後散佚、失傳，其文本中的某些語詞、文字仍會被無意混入或有意替代到通行的古文經文本中。因爲魏晉以後雖然古文經盛行，但今、古文經的對立已泯滅消解。紙張的漸行普及，原來裹糧從師的讀書形式也相對改變，除在官學中求學，個人也可通過日益普及的傳抄文本獨自學習。無論是國學師受還是個人研讀，經師和學生都可能根據所能見到的今古文經本選擇適合於自己對經典理解的文字作解，這並非是篡改經文，而是改有所本，即有前代經師文本依據。作出這種判斷的證據是，《毛詩》在東漢中後期開始盛行，字形由隸轉楷，至兩晉以後幾乎獨行天下。隋唐間陸德明《經典釋文》收録《毛詩》音義者十七家，録存近一千組異文。這些異文除楷書點畫之異外，有用毛傳傳文替代而産生的異文，有用鄭箋箋文替代而産生的異文，也有用王肅注文替代而産生的異文，有的異文竟和《韓詩》相同，證明擇取三家《詩》文字入《毛詩》之情況確實存在。顔之推《書證》篇列舉河北本、江南本、江南舊本、俗本，以及《釋文》和《五經正義》所舉官本、定本等異同，可以想見民間隨手所抄，信手而改，不斷産生異本，而官方則不斷校勘，努力規範，冀望形成統一文本的歷史境況。進入唐代，顔師古有《定本》，孔穎達有《正義》本。但孔氏《正義》單行，不與所疏文本合一，故《正義》仍然無法規整官本和民間文本。開元、乾元、貞元三朝都曾校勘經典，大曆間張參校勘後書於國子監講論堂東西廂，寶曆時齊皞、韋公肅再校而書於木版，至鄭覃於大和初年重新校勘，而後書丹刻成開成石經。鄭覃所校，其取捨不必一定符合漢魏經師文本，但應是代表唐代官方校勘的，從顔、孔之後，歷經張參、齊皞、韋公肅已還的「定本」。這個定本的經文在大和及大和以前寫本散佚殆盡的前提下，無疑成爲嚴可均所説的「古本之終，今本之祖」。

唐石經作爲「古本之終」略如前説，其作爲「今本之祖」，首先要辨析的就是後唐長興年間由馮道、李愚發起刊刻的九經印版——北宋的國子監版的藍本，與孟蜀刊刻的廣政石經之關係，以及兩者的祖本問題。因爲長興九經印版刊刻時間在前，廣政石經的鐫刻過程在後，從有竣工記載的廣政七年(944)一直到北宋末年方始刻成。所以一般論蜀石經者，多先述長興刻本刊刻過程，接敘蜀石經的刊刻，給人的印象是，蜀石經是依據長興刊本而刻。此當略予辨證。

刊版九經始刻於長興三年(932)，據《册府元龜》和《五代會要》所記，它的經文是以「西京石經本」——「今本之祖」的唐石經爲底本，注文則是請研習專經的博士儒徒將寫本上的注文勾稽移置到相應的經文下。其注文文本來源史書缺載。長興版九經中《周禮》刊成於後周廣順三年(953)，所附刻的《九經字樣》刊成於後晉開運三年(946)，可知前後長達二十餘年。蜀石經係蜀相毋昭裔捐俸金所刻，其所據文本，曾宏父《石刻鋪敘》「孝經一册二卷」下記云：「孟蜀廣政七年三月二日右僕射毋昭裔以雍京石本校勘。」所謂「雍京石本」，當然是開成石經，以開成石經作爲校勘本，可見原本與長興版取開成石經經文雕版者不同。長興版是開成石經原文，而蜀石經僅是以開成石經校勘。開成石經是鄭覃在大和本基礎上校勘後上石鐫刻，蜀石經無論取何種寫本爲底本，其在取開成石經拓本校勘過程必有去取，兩者不會完全相同，這或許就是晁公武校勘後有三百二科之異的緣故。

蜀石經經文與長興版來源略異，已可證兩者無承襲關係。若再從政治和地理上考慮，五代割據的政治形勢，各自爲政，且從後唐的洛陽到孟蜀的成都，相去遥遥一千多公里，不可能洛陽刻成一經，傳送到成都再翻版上石。當然，從時間上看，長興雕版在前，廣政刻石在後，蜀石經鐫刻經傳受到長興刊版的影響不無可能。毋昭裔年輕時借《文選》遭受白眼，其刊刻《文選》《白帖》之類亦在情理中，而捐資刊刻九經經傳這種浩大工程，很可能是長興刊版的消息在十多年中傳到了成都。筆者曾經這樣思考，蜀石經最先刻成的是《孝經》《論語》《爾雅》三經，時在廣政七年三月至七月。此三書是蒙學必讀，符合毋昭裔發願讓天下讀書人有書讀的初衷，也與刊刻《文選》《白帖》相應。其《周易》刻成於廣政十四年，前此數年長興版《九經字樣》刻成，馮道、李愚的九經計劃已昭然若揭，若消息傳到成都，自會激起毋昭裔更大的宏願，索性將三經外其他諸經一併續刻以成一功，此雖屬推測，却不無可能。

無論蜀石經之鐫刻是否受到長興刊本的影響，所要確定的是，蜀石經的注文從何處得來。回溯唐石經及其前身，張參校勘九經書於泥壁，齊皞、韋公肅校勘書於木板，都只是經文，無注文。但從陸德明《經典釋文》所載分析，六朝到唐初，廣泛流傳的儒家經典多已是漢魏經師傳注合一之本。敦煌殘卷所出，亦以經傳、經注合一本爲多，偶有單經本，大多爲民間讀書人抄書自用。再就孔穎達、賈公彦等所作《正義》分析，既解經文，亦解傳注，顯示出六朝「義疏」體盛行之後，經典與漢魏經師的傳注常態下已不再分開。所以，唐石經雖只鐫刻經文，其每經大題下仍注明漢魏經師的姓名，如《易》「王弼注」「韓康伯注」、《書》「孔傳」、《詩》「鄭氏箋」、《周禮》《儀禮》「鄭氏注」。《禮記》雖將《御删定禮記月令》置第一，題「集賢院學士尚書左僕射兼右相吏部尚書修國史上柱國晉國公林甫等奉勑注」，而《曲禮》以下仍標「鄭氏注」，説明由張參到鄭覃所校勘的九經也是經傳合注本，只是鐫刻石經時，取經文書丹上石。由此可證張參、齊皞和鄭覃校本都是一脈相承的經傳合一本，亦即大和寫本必定是經傳合一本。唐石經刊成於開成二年(837)，下距朱温移易唐祚尚有六七十年之久。儘管文宗之後唐朝一直在走向衰敗，但舉世矚目的大工程石經刊成後拓本頒布各地自在情理之中。至於張參、齊皞、鄭覃在相繼校勘寫本時，是否對傳注文字進行校勘，或雖校勘而不經意，今難以推測。但經他們校勘後的大和寫本在此後的數十年中會傳播開來，至少各路藩鎮和地方政府能夠獲得的機率很大，當然在傳抄過程中也不免走樣。退一步言，即使地處西南邊陲的成都當時未獲得大和經傳寫本，爲了鐫刻石經工程，從各種渠道去尋覓，也在情理之中。成都離長安近而離洛陽遠，所以從民間渠道獲得可能要比官方交涉更簡捷。

當然，經傳合一本既從隋唐以來都已傳遍各地，偏西的成都地區原來就有也完全可能。但北宋趙抃於治平元年(1064)出知成都，作《成都記》，謂毋昭裔「依大和舊本令張德釗書」，紹興年間的席益作《府學石經堂圖籍記》，説毋昭裔是「按雍都舊本九經」，趙氏、席氏都親見蜀石經，深知蜀石經爲經傳合一本，「雍京石本」是不附傳注的經文本，如果趙氏「大和舊本」、席氏「雍都舊本」僅指不附經文的「雍京石本」，至少詞義上無法包容毋昭裔所刻的經傳合編的蜀石經。又因由長興本經補刻、翻刻的北宋國子監本是來源於雍京石本即唐石經，是宋人的一種常識，所以趙、席兩人都用一「舊」字，點明毋氏所用是大和寫本而不是石本，大和舊本、雍都舊本是經注合一寫本，而不是只有經文的「雍京石本」。晁公武説「蜀人之立石」，「而能盡用大和本，固已可嘉」。晁氏親與石經之事，固是明白人，他不用「雍京石本」或「石經」一詞，而用「大和本」，假如他的大和本是指石經本，與長興本所據相同，毋氏的舉措也就不那麽「可嘉」了。王應麟也説：「僞蜀相毋昭裔取唐大和本琢石於成都學官，與後唐板本不無小異。」王氏後文即舉晁公武《石經考異》三百二科和張㚟的《石經注文考異》四十卷。在近五十餘萬字中有二百三十個異文，只能是「小異」，而注文的異文可以達四十卷之多，真的「不無小異」。可見王應麟説毋昭裔所取的「大和本」確實是指經傳、經注合一的大和舊寫本，即趙氏、席氏之「大和舊本」和「雍都舊本」，亦即由張參到鄭覃一脈相承的校本。毋氏取大和舊本，校以「雍京石本」，或改或不改，所以和完全取開成石經爲底本的長興雕版本有差異。如果毋昭裔直接取開成石經經文上石，曾宏父就不可能記其「以雍京石本校勘」，晁公武明知其用開成石經經文，則與長興監本所取相同，再組織人員去校勘兩者異同，儘管也有意義，但意義似乎不大，因爲校出的異同也就是兩者在摹寫上石刊刻過程中與唐石經的差異，且無法判定是非。再進一步追究，晁氏之時，唐石經的拓本取用方便，他何以不直接取唐石經拓本去校蜀石經和長興監本，以直接顯示兩者與唐石經的異同是非？其之所以要以蜀石經校長興版，正因爲蜀石經用大和舊寫本，是唐石經的母本，可以追溯雍京石本以前的文字樣貌。所以雍都舊本九經、大和本，都是指鄭覃據以校勘上石的大和舊寫本。

由上所述，蜀石經是毋昭裔取大和時經傳合一的寫本，校以開成石經經文，爲避免開成石經分欄跨碑寫刻的紛亂，采取了單欄帖式的形態刊刻。但由於没有成立一個機構有序的專門管理，校勘、書寫不精，以致頗多紕繆。

蜀石經單欄横書，經傳兼刻，所以累累千餘石，宋代曾爲專闢石經室以儲。晁公武之後，曾宏父、趙希弁都曾專門述及。及入元之袁桷有詩説「草堂舊詠迷陳迹，石室殘經卧落暉」，則元初石經已圮毁堆積，任餘暉斜照而無人顧及，入明而石不見存，並拓本亦希覯。後人對如此體量的蜀石經之亡佚，有過各種推測，錢大昕認爲亡於蒙元破蜀陷城，近代因清乾隆時福康安修城，掘城址曾獲殘石，二十世紀三十年代在拆除城垣時又發現殘石若干，故馬衡認爲是修築城垣時以爲石料。王天然認爲修築城墻發掘所得殘石數量過少，與成千塊碑石差距太大，指出應考察兩宋成都府學的舊址，可能曾就地掩埋。筆者認爲三種推測都有可能，並不矛盾。蒙元入主中原，世祖於至元十五年(1278)四月庚辰，曾聽許衡建議，「遣使至杭州等處取在官書籍版刻至京師」。有輕便的版片，就不必去搬運笨重的石片。推想戰亂之際，鐵蹄踐踏，石經被推倒摧毁，累累如石丘，故袁桷能親見其堆卧在斜陽之下。石經既然已經凌亂堆積，無法椎拓利用，而修城需要石料，取而用之，就像北魏馮熙、常伯夫先後爲洛州刺史，毁漢魏石經「以修建浮圖精舍」一樣，上下千載，心理相同。石材始終是修築的基礎材料，築城是利在民衆，取用廢棄的石經更屬理所當然。至於發掘所得太少，或當年築城所取不多，則尋找、探勘成都府學舊址，便成爲研究石經者的一種冀望。

二〇二三年十一月

寫於馬一浮書院

概述

王天然

蜀石經主要包括三個部分，一爲後蜀廣政七年(944)起蜀相毋昭裔於成都主持鎸石的《孝經》《論語》《爾雅》《周易》《毛詩》《尚書》《儀禮》《禮記》《周禮》《左傳》十種儒家經典〔一〕，二爲北宋皇祐元年(1049)田況繼續於益州州學主持刻畢的《公羊》《穀梁》二傳〔二〕，三爲北宋宣和五年(1123)席貢主持鎸刻、六年(1124)終由彭慥完成的《孟子》。南宋乾道六年(1170)晁公武又據吕大防本於成都府學增刻《古文尚書》〔三〕，然晁刻或出於私好，性質與他經不同〔四〕，故本書不以此經爲狹義之蜀石經。

一　蜀石經之刊刻與毁佚

（一）刊刻緣起

《舊五代史》卷四三《明宗紀》載：「(長興三年[932]二月)辛未，中書奏：『請依石經文字刻九經印板。』從之。」〔五〕《册府元龜》卷六〇八載：「後唐宰相馮道、李愚重經學，因言漢時崇儒有三字石經，唐朝亦於國學刊刻。今朝廷日不暇給，無能別有刊立。常見吴蜀之人鬻印板文字，色類絶多，終不及經典。如經典校定，彫摹流行，深益於文教矣。乃奏聞。敕下儒官田敏等考校經注。」〔六〕由此可知後唐時因朝廷日不暇給，並未鎸刻石經，而是將經籍雕版印行，這便是著名的五代國子監刻本。

北宋張俞《華陽縣學館記》云：「惟孟氏踵有蜀漢，以文爲事。凡草創制度，僭襲唐軌。既而紹漢廟學，遂勒石書九經。」〔七〕晁公武《石經考異序》亦載：「趙清獻公《成都記》：僞蜀相毋昭裔捐俸金取九經琢石于學宫。」〔八〕則時至後蜀毋昭裔乃將刊刻石經付諸實行。顧永新先生又據張俞説指出「宋人對於孟蜀文化政策之因襲唐朝是很清楚的」〔九〕。後蜀刊立石經或有多種因素，但賡續唐制、規範經

〔一〕《左傳》前十七卷爲孟蜀時刊刻，後十三卷入宋刻畢。

〔二〕益州州學即成都府學，此時成都府降爲益州。

〔三〕詳見南宋曾宏父《石刻鋪叙》卷上所載。吕本當據唐寫本，詳見南宋史繩祖《學齋佔畢》卷二。以晁刻《古文尚書・禹貢》《多士》殘石存字與薛季宣《書古文訓》對讀，可知二者略同；另晁公武《古文尚書序》所舉「曰若」例，亦爲二者關係密切的佐證。説詳王天然《蜀石經著録疏證(上)》，《經學文獻研究集刊》第20輯，上海書店出版社，2018年，第71頁。此前侯金滿先生已指出薛本與晁刻底本相同，因現存晁刻十分有限，暫以二者具有密切關係。請參侯金滿《三體石經與〈書古文訓〉隸古定文字來源問題初探——以〈尚書・君奭〉經文之比較爲中心》，《經學文獻研究集刊》第13輯，上海書店出版社，2015年；後收入虞萬里主編《七朝石經研究新論》，上海書店出版社，2019年，第216—217頁。

〔四〕龐石帚《跋晁刻〈古文尚書〉》云「《筆記》又謂：『荆公《字説》，余生平惟見王瞻叔參政篤好不衰，每相見必談《字説》……其次晁子止侍郎亦好之。』知其被服儒雅，而天性嗜奇，宜乎有古文之刻也」。詳見龐俊著，白敦仁纂輯，王大厚校理《養晴室遺集》，成都：巴蜀書社，2013年，第380頁。晁氏增刻《古文尚書》蓋出於嗜奇好古的趣味，既無法與石經源頭之熹平石經正定經文的動機類比，也不同於廣政、皇祐、宣和蜀地官方刊刻石經。乾道四年(1168)子止以敷文閣待制爲四川安撫制置使兼知成都府；六年三月以公武、王炎不協，罷制置司歸宣撫司；五月則有《古文尚書》之刻；八月即以敷文閣直學士降授左朝請大夫，除淮南東路安撫使兼知揚州。詳見孫猛《郡齋讀書志校證》附録一《晁公武傳略》，上海古籍出版社，1990年，第1280、1285、1288頁。《古文尚書序》又云「因得此古文全編於學官，迺延士張㚟倣吕氏所鏤本書丹刻諸石」，刊刻此經雖利用了成都府學的資源，但仍應視爲晁公武政治失意之時出於私好的個人行爲。

〔五〕（宋）薛居正等撰《舊五代史》，點校本二十四史修訂本，北京：中華書局，2016年，第676頁。

〔六〕（宋）王欽若等編《宋本册府元龜》，北京：中華書局，1989年，第1873—1874頁。文中所謂漢「三字石經」，或沿襲范曄《後漢書》誤説。

〔七〕（宋）袁説友等編，趙曉蘭整理《成都文類》，北京：中華書局，2011年，第606—607頁。文中「九經」之稱乃沿襲唐以來的習慣。

〔八〕晁序存於范成大《石經始末記》中，范記載明楊慎《全蜀藝文志》卷三六、曹學佺《蜀中廣記》卷九一。

〔九〕顧永新《蜀石經續刻、補刻考》，《儒家典籍與思想研究》第3輯，北京大學出版社，2011年，第173頁。

文，應是最爲重要的原因。

（二）刊刻過程

南宋曾宏父《石刻鋪叙》「益郡石經」條載〔一〕：

《孝經》一册二卷。序四百三十九字，正經一千七百九十八字，注二千七百四十八字，孟蜀廣政七年三月二日，右僕射毋昭裔以雍京石本校勘，簡州平泉令張德釗書，鐫工潁川陳德謙。

《論語》三册十卷。序三百七十二字，正經一萬五千九百十三字，注一萬九千四百五十四字，廣政七年四月九日，校、書、鐫姓名皆同《孝經》。

《爾雅》一册二卷。不載經注數目，廣政七年甲辰六月，右僕射毋昭裔置，簡州平泉令張德釗書，鐫者武令昇。

《周易》四册十二卷，又《略例》一卷。正經二萬四千五十二字，注四萬二千七百九十二字。廣政十四年辛亥仲夏刊石，朝議郎國子《毛詩》博士孫逢吉書〔二〕。

《毛詩》八册二十卷。正經四萬一千二十一字，注十萬五千七百一十九字。將仕郎秘書省秘書郎張紹文書，鐫工張延族。

《尚書》四册十三卷。正經二萬六千二百八十六字，注四萬八千九百八十二字。將仕郎秘書省校書郎周德貞書，鐫工陳德超。

《儀禮》八册十七卷。正經五萬二千八百二字，注七萬七千八百九十一字。

《禮記》十册二十卷。正經九萬八千五百四十五字，注十萬六千四十九字。以唐玄宗所刪《月令》爲首〔三〕，《曲禮》次之，亦張紹文書。

《周禮》九册十二卷。正經五萬五百八字，注十一萬二千五百九十五字。將仕郎秘書省秘書郎孫朋古書〔四〕。

《春秋左氏傳》二十八册三十卷。序一千六百一十七字，經傳十九萬七千二百六十五字，注十四萬六千九百六十二字。（蜀鐫至十七卷止。）

曾宏父著録較詳，蓋親見成套蜀石經拓本。據此可知《孝經》《論語》《爾雅》刻於廣政七年，《周易》刻於廣政十四年，《毛詩》、《尚書》、三《禮》雖不書年月，亦當刻於廣政間。《左傳》「蜀鐫至十七卷止」，則該經於孟蜀時書寫，並鐫至十七卷，後十三卷入宋刻畢〔五〕。

曾書又云《公羊》《穀梁》「畢工於皇祐元年己丑九月望日，帥臣樞密直學士京兆郡開國侯田況，益州路諸州水陸轉運使曹穎叔，提點益州路刑獄孫長卿暨倅僉皆鐫銜於石」，另外《孟子》「宣和五年九月帥席貢暨運判彭慥方入石，踰年乃成」。則《公》《穀》二傳爲北宋皇祐元年續成，《孟子》爲宣和六年補成明矣。

〔一〕（宋）曾宏父《石刻鋪叙》卷上，國家圖書館藏清董兆元抄本（善本書號：06605）。此處據董抄本録文，並參劉體乾家抄本，詳見《歷代石經研究資料輯刊》第3册，北京圖書館出版社，2005年，第319頁。

〔二〕董抄本「國子」作「國史」，然「史」上又寫「子」字，並有批語曰：「『子』字從《續筆》。」即洪邁《容齋續筆》「周蜀九經」條所云「《周易》者，國子博士孫逢吉書」，詳見（宋）洪邁撰，孔凡禮點校《容齋隨筆》，北京：中華書局，2005年，第395頁。另，趙希弁《讀書附志》亦載《周易》爲「將仕郎守國子助教臣楊鈞、朝議郎守國子《毛詩》博士柱國臣孫逢吉書」，詳見《昭德先生郡齋讀書志》卷五上《附志》，臺北故宮博物院藏宋袁州刻本，第1A頁。今徑改「國史」爲「國子」。

〔三〕董抄本「玄」字避諱闕末筆。

〔四〕董抄本作「孫朋古」。劉抄本作「孫朋吉」，並録翁方綱語曰「《玉海》作孫朋吉，史容山谷詩注作孫朋古」。按，晁公武《石經考異序》、趙希弁《讀書附志》作「朋吉」，「古」「吉」字近，宋人著録參差。因趙希弁當親見蜀石經拓本，且《附志》有宋刻存世，作「朋吉」者或近於事實。然尚屬推測，今不徑改。

〔五〕蜀石經《左傳》卷十八至卷三十雖爲入宋刻畢，但並非宋人續寫鐫石，完成時間亦不會遲至皇祐元年田況刻成《公羊》《穀梁》之時。此事清翁方綱、錢大昕已辨，詳見王天然《蜀石經著録疏證（下）》，《經學文獻研究集刊》第21輯，上海書店出版社，2019年，第22—24頁。

（三）毁佚時間

從蜀石經著録角度觀察，元人已罕有記述。錢大昕《石經左傳殘字》云：「南宋時蜀石經完好無恙，曾宏父、趙希弁輩述之甚詳，而元明儒者絶無一言及之，殆亡於嘉熙、淳祐以後。」〔一〕錢氏以元明人不言蜀石經，故推測原石亡於南宋理宗嘉熙、淳祐以後，這正是蒙古侵蜀破陷成都的時段，此説頗爲合理。元人羅壽《成都贍學田記》言「成都自丙申蕩于兵，文物泯盡」〔二〕，袁桷七律《送巨德新四川省郎中》亦有「石室殘經卧落暉」句〔三〕，或可作爲當時蜀石經原石已經毁棄的旁證。

另外，《華陽縣志》云：「十七年張獻忠入成都，此自漢傳世歷千餘年，石室遂爲灰燼。然以實考之，禮殿畫壁、石室九經或亦有毁於宋元之際者，不盡由獻忠也。獨獻亂之後，則舊基故跡掃地無餘。」〔四〕似認爲蜀石經的毁佚多少與張獻忠有關，此説需要辨析。明曹學佺《蜀中廣記》卷一載成都府學「諸刻今皆不存，所存者孔門七十二子像，又近時摹宋本」〔五〕，所記當爲曹氏親睹〔六〕。據此可知至遲明萬曆時蜀石經已佚，故原石散亡當與明末張獻忠入蜀無涉。

（四）毁佚原因

蜀石經毁佚之由除宋蒙戰争這一推測外，還有修城一説。馬衡《晁公武刻古文尚書殘石跋》云：「乃自晁公武、張㑺之後，闃然無聞，僅知明時有《禮記》數段在合州賓館，清乾隆間福康安修城時，有人於城址得殘石數十片而已。其摧毁之時代及其原因，何以毫無記載耶？抗日戰争初期，余至成都，嘗以此促學術界注意。及成都遭受敵機空襲，疏散市民，拆除城垣缺口多處，以通行人，果得殘石若干片。……然則摧毁原因，或即以修築城垣之故。摧毁之時，或在元代也。」〔七〕此説因抗戰期間於成都老南門城垣發現蜀石經殘石而起，但原石的毁佚是否即因修築城垣之故，目前所知尚不足以支持此説〔八〕。蓋毁於宋蒙戰争爲一事，毁棄之後部分殘石用爲城墻填充物又爲一事。蜀石經原石主體毁佚於宋蒙戰争，可能仍是目前最爲合理的解釋。

二　蜀石經之孑遺

蜀石經原石毁佚較早，拓本存世甚罕。目前已知蜀石經孑遺，主要由上海圖書館所藏《毛詩》殘拓，國家圖書館所藏《周禮》、《春秋》三傳殘拓，近代成都出土殘石及其拓片三部分構成。殘石出土時多爲私人收藏，後或歸公藏，或再度湮没，今四川博物院藏有《周易》《尚書》《毛詩》殘石五塊、中國國家博物館藏有

〔一〕（清）錢大昕撰，祝竹點校《潛研堂金石文跋尾》，《嘉定錢大昕全集（增訂本）》第6册，南京：鳳凰出版社，2016年，第269頁。

〔二〕（明）楊慎編《全蜀藝文志》卷三六，國家圖書館藏明萬曆刻本（善本書號：02960），第31B頁。

〔三〕（元）袁桷著，李軍、施賢明、張欣校點《袁桷集》，長春：吉林文史出版社，2010年，第152頁。

〔四〕《華陽縣志》卷二九，國家圖書館藏民國二十三年（1934）刻本（索書號：地280.19/42），第68B—69A頁。

〔五〕（明）曹學佺《蜀中廣記》，國家圖書館藏明刻本（善本書號：02247），第9B—10A頁。

〔六〕曹學佺萬曆中任四川右參政、按察使。詳見（清）張廷玉等撰《明史》卷二八八，北京：中華書局，1974年，第7400頁。

〔七〕馬衡《凡將齋金石叢稿》，北京：中華書局，1977年，第260頁。

〔八〕宋人晁公武曾親見蜀石經原石云「其石千數」，據蜀石經形制初步復原結果判斷，晁説並非修辭性的表述。説詳王天然《蜀石經形制譾識》，《文史》2019年第3輯，第128頁。若因修城毁石，南門城垣附近所出殘石數量過少，尚難支撑此説。而南門城垣，可能也並非蜀石經原石湮没的唯一地點。近年考古發現及圖像史料提供的證據，都提示我們庋藏蜀石經的兩宋成都府學位置後來當有遷移，更多殘石存在就地掩埋於南宋府學遺址的可能性。未來發現蜀石經原石的區域，除城垣遺址外，天府廣場一帶亦具可能。説詳王天然《兩宋以來的蜀石經研究》，《中國史學》第29卷，京都：朋友書店，2019年，第76—77頁。

《儀禮》殘石一塊[一]。另有不見原石之殘拓若干，分藏於公私。今重慶中國三峽博物館所藏拓片，去除重複後凡十三葉，内容涵蓋了全部見於著録的蜀石經殘石。

（一）上海圖書館所藏殘拓

1. 拓本描述

上海圖書館所藏《毛詩》殘拓一册，面板高37.8釐米，寬19.5釐米，帖芯高30.3釐米，寬14.6釐米[二]，起自卷一《召南·鵲巢》鄭箋「爵位，故以興焉」，終於卷二《邶風·二子乘舟》尾。拓本最外一層裝具爲藍布書衣，内配楠木書匣，書匣爲側開，正面刻「蜀石經毛詩殘碑　士禮居藏　一册全函」，並有墨筆字跡「乙號中」。拓本錦質面板上有題簽作「蜀石經毛詩殘本　嘉慶十年(1805)七月嘉定錢坫獲觀并題」，後鈐「獻之」朱文方印。此本凡五十一開，第一開置道光二十八年(1848)五月戴熙題記，此兩葉題記爲活葉；第二開爲道光二十八年三月葉志詵題識；第三開爲「藏經箋」副葉，其中似有「反印」痕跡，即文字之水平鏡像，惜不清晰[三]；第四開至第四十四開爲殘拓，共占四十一開，末開左半無字，殘拓實存四十開半；第四十五開至第四十七開爲嘉慶九年(1804)四月李福過録厲鶚、丁敬、趙昱詩及全祖望跋；第四十八開至第四十九開爲嘉慶九年四月黄丕烈題識；第五十開右半爲錢大昕致黄丕烈書札一通，左半爲黄丕烈題詩一首；第五十一開爲黄丕烈嘉慶九年十一月題識。

據黄丕烈嘉慶九年四月題識可知，此册初歸黄氏時猶爲舊裝，覆背俱宋紙，四圍亦用宋皂紙副之，但因蠹蝕破損不得已而重裝，今日所見拓本形態及配套書匣即蕘圃收藏時形成。殘拓每半開皆有朱筆數字即拓本葉號，始「卅一」終「百十一」，葉號中「百」字的寫法頗具特色，作「一」形。卅二、卅六、卅九、四三、四七、四九、五三、五六、六六、六七、六八、七〇、七一、七五、七六、七七、七九、八一、八二、八三、八八、八九、九三、百一、百三、百六、百八、百九諸葉中有朱筆卜煞符號，另殘拓中間有朱點、黄圈等符號以及朱筆改字，皆爲古人校讀痕跡。

殘拓中還遺有數字之刻字。如葉卅七221行小字「以」上端尚存刻字「八」，蓋「六」之殘形；222行大字「之」上端尚存刻字「乚」，蓋「七」之殘形。葉五〇小字「裯」上端似有刻字「九」。葉五六333行小字「色」上端尚存刻字「丁」，蓋「十」之殘形。葉六八407行小字「初」上端尚存刻字「丁」，該字後似有「一」，蓋「十一」之殘形。葉六九409行大字「土」上端尚存刻字「亠二」，蓋「十二」之殘形。葉七四444行小字「兵」上端尚存刻字「十二」。葉八一482行大字「不」上端尚存刻字「四」，蓋「十四」之殘形。葉八七519行小字「當」上端尚存刻字「五」，大字前「我」右側尚存刻字「十ヨ」，蓋皆「十五」之殘形。葉九三556行小字「爲」上端尚存刻字「六」，小字「不來」右側亦存刻字殘筆，蓋皆「十六」之殘形。葉九九592行大字「犨」上端尚存刻字「六」，蓋「十六」之殘形。葉百五630行小字後「止」上端尚存刻字「十八」。這些數字當爲原石編號，乃製作拓本時未被裁去者，是考察蜀石經形制的重要綫索。此外，帖芯内部非左右、中間邊緣之剪裱拼接痕跡，也可爲推斷原石形制提供依據。

[一] 近代所出殘石中還有《古文尚書》殘石一塊(現藏四川博物院)、《毛詩》重言殘石兩塊(現藏地不明)，前人或將《古文尚書》歸爲蜀石經，或疑《毛詩》重言殘石即南宋張㚟所撰《石經注文考異》。本書既不以前者爲狹義之蜀石經，理由已見上文；也不以後者爲《石經注文考異》，原因詳見書内録文部分説明。

[二] 《毛詩》原拓請本書責任編輯郭沖、虞桑玲二位老師代檢，測量使用軟尺，帖芯據殘拓首開右半葉實測。

[三] 陳鱣嘉慶九年十二月爲吴騫《蜀石經毛詩攷異》題記云「今歸吴中黄君紹甫，裝以藏經箋，函以香柟木」，今日之楠木書匣及「藏經箋」副葉蓋陳氏當日所見者。詳見《歷代石經研究資料輯刊》第8册，北京圖書館出版社，2005年，第461頁。

2. 拓本遞藏

清乾隆時《毛詩》殘拓爲錢塘黄樹穀廣仁義學所藏，松石蓋得自京師〔一〕。乾隆七年(1742)臘月此本曾在杭州趙昱家中，嘗爲厲鶚、丁敬、全祖望等人觀賞〔二〕。嘉慶九年(1804)四月長洲黄丕烈從浙省購得，歸黄之前此本經烏程劉桐、王專及仁和魏鉽收藏〔三〕。據張鑑《蜀石經毛詩殘本跋》所云「蜀石經《毛詩》殘本自《鵲巢》首章『之子于歸百兩御之』起，至《邶風·二子乘舟》章止。癸亥冬余還湖州，見於王雪浦處」〔四〕，則嘉慶八年冬此本在王專處時，已由乾隆七年時的二《南》、《邶風》二卷佚去《周南》及《鵲巢》首。拓中還鈐有汪文琛、汪士鐘藏印，黄丕烈舊藏乃汪氏藝芸書舍主要來源之一，則黄氏之後爲汪氏所有，其後又歸嘉善程文榮。1949 年後上海市文物保管委員會徵集自程家，今藏上海圖書館〔五〕。

(二) 國家圖書館所藏殘拓

1. 拓本描述

國家圖書館所藏蜀石經殘拓包括《周禮·秋官》《考工記》、《春秋經傳集解·襄公》《昭公》、《春秋公羊經傳解詁·桓公》〔六〕、《春秋穀梁傳·文公》《成公》《襄公》的部分内容，共計拓本七册。此批殘拓爲廬江劉體乾於 1910 年至 1926 年陸續收得，並在 1926 年影印刊布。其後原拓又歸合肥李氏望雲草堂，最後經祁陽陳澄中入藏北京圖書館(今國家圖書館)。此批拓本内部題端、繪畫、題跋等衍生文獻繁多，現主要圍繞殘拓進行描述，其餘僅在容易産生疑問處加以説明。

(1)《周禮·秋官》拓本一册，殘拓起自卷九《序官·蜡氏》鄭注「月令」，終於卷十《掌客職》鄭注「車秉□」。拓本配有藍布書衣，上繡「宋拓蜀石經周禮弟九弟十」及「蘇陸齋」白文正方印。木質面板上有題簽作「宋拓蜀石經周官禮弟九弟十卷　瞿鴻禨爲健之親家題」，面板、底板皆已開裂。此本凡一百零二開〔七〕，第十九開左半至第九十四開爲殘拓，共占七十五開半。殘拓每半開皆有朱筆數字即拓本葉號，始「十」終「百五九」〔八〕，「百」亦寫作「一」。此外，帖芯内部非左右、中間邊緣處間有剪裱拼接痕跡，可爲推斷原石形制提供依據。

〔一〕黄丕烈嘉慶九年四月題識云：「趙詩小注以爲出於黄松石，今卷二有朱文楷書鈐記一方，所云『浙江杭州府武林門外廣仁義學』，至今彼都人士猶有能知爲松石所置者。」拓本所附趙昱詩小注云：「此本僅存二《南》、《邶風》，黄山人松石得之燕京老僧。」

〔二〕清王昶《後蜀毛詩石經殘本》卷尾按語云：「此本嘗於乾隆壬戌臘月之望從廣仁義學攜至城中，趙氏小山堂主人谷林招集厲樊榭、丁龍泓、全謝山諸人共觀。」詳見《歷代石經研究資料輯刊》第 8 册，第 412 頁。而拓本所附李福過録厲鶚詩題「十二月十五日同敬身集谷林南華堂觀蜀廣政石經殘本宋廖瑩中世綵堂刻韓集作」，不言同坐有全氏。李福過録全祖望跋僅言「仁和趙徵士谷林始得其《毛詩》二卷」云云，亦不言與他人共觀。又檢《鮚埼亭集外編》有《跋孟蜀廣政石經》，較拓本所附跋文爲略，但有「偶過趙谷林小山堂，見其蜀本石經《毛詩》」一句，既爲「偶過」，或即一人。詳見朱鑄禹《全祖望集彙校集注》，上海古籍出版社，2000 年，第 1474 頁。故全氏所見之日與厲、丁二人或非一日。

〔三〕拓中鈐有「蠹香樓藏」、「王專印」(環讀)、「雪浦珍藏」諸白文方印，爲劉桐、王專藏印。嘉慶九年，烏程范鍇作《劉疏雨舊有訪書圖屬余題句未就今疏雨云亡余復將作楚游爰賦四絶以誌悲感》，有「六朝南宋著珍藏，茅沈姚潘付蠹香」句，其中「蠹香」即指劉桐。詳見(清)范鍇《苕谿漁隱詩稾》卷一，《清代詩文集彙編》第 480 册，上海古籍出版社，2010 年，第 214 頁。又《南潯鎮志》卷一三載「同時王鑄，原名專，字蘊成，號雪浦，監生。亦嗜金石，能詩，工篆隸」。詳見《中國地方志集成·鄉鎮志專輯》第 22 下册，上海書店，1992 年，第 157 頁。另吴騫《蜀石經毛詩攷異序》云：「昨歲予友仁和魏叔子鉽復獲二卷于舊肆。」陳鱣題記亦云：「蜀石經《毛詩》二卷，吾友錢唐魏君禹新客震澤得之苕谿書賈者，復爲一賈以它物易去，今歸吴中黄君紹甫。」詳見《歷代石經研究資料輯刊》第 8 册，第 457、461 頁。

〔四〕(清) 張鑑《冬青館乙集》卷六，《續修四庫全書》第 1492 册，上海古籍出版社，2002 年，第 155—157 頁。

〔五〕徐森玉先生曾勾勒蜀石經《毛詩》殘拓遞藏梗概，詳見徐森玉《蜀石經和北宋二體石經》，《文物》1962 年第 1 期，第 9—10 頁。今在徐文基礎之上加以增訂。

〔六〕蜀石經《公羊》殘拓未存書題，然據《毛詩》《周禮》《左傳》《穀梁》殘拓書題皆從唐石經之例，《公羊》書題當作「春秋公羊經傳解詁」，本書從便亦稱「公羊」或「春秋公羊傳」。

〔七〕此處所記爲拓本實際開數。本書對無任何信息之空白葉未加影印，夾有活葉處則將此開及放置活葉後之形態分别影印，故圖版開數與實際開數不盡吻合，以下相同之處不再出注。

〔八〕原拓末半開朱筆葉號作「百五九」，應爲「百六十」。

（2）《周禮・考工記》拓本一冊，殘拓起自卷十二《玉人》鄭注「辟男」，終於《匠人》經文「牆厚」。拓本配有藍布書衣，書衣上無文字信息。木質面板上有題簽作「宋拓蜀石經周官禮弟十二卷　何維樸爲健之題」，並鈐「維樸印」白文正方印。此本凡七十八開，第十二開至第三十三開爲殘拓，共占二十二開。殘拓每半開皆有朱筆數字即拓本葉號，始「七四」終「百十九」[一]，「百」寫作「一」或近於點形。此外，帖芯内部非左右、中間邊緣處間有剪裱拼接痕跡，可爲推斷原石形制提供依據。此本書根處有墨跡（圖一），墨跡落在殘拓及咸豐間吳履敬、吳式訓、馮志沂、孔憲彝、陳慶鏞等人題記部分。字跡筆畫錯開，原序應爲「⑤①④③②⑥」（圖二），重新拼合後可知本作「宋拓蜀石經殘本上」。筆畫錯開處均屬殘拓，則書寫此八字時殘拓順序與今日不同，曾一度混亂，後經重裝理順。

圖一　《周禮・考工記》拓本書根墨跡

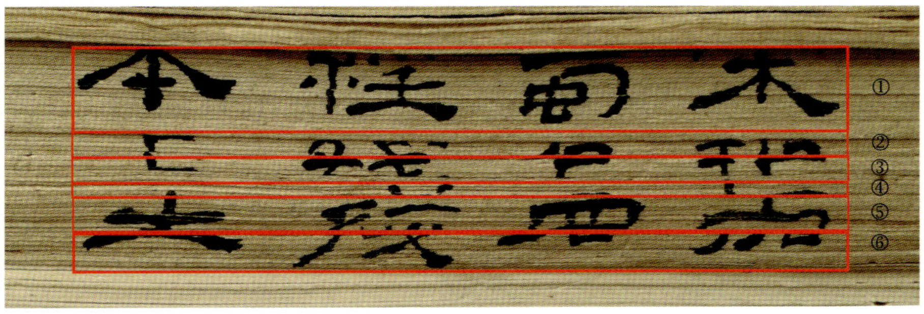

圖二　《周禮・考工記》拓本書根墨跡筆畫錯開

（3）《春秋經傳集解・襄公》拓本一冊，殘拓起自《左傳》卷十五首，終於卷十五尾，内容爲襄公十年至十五年經傳及杜注。拓本配有藍布書衣，上繡「宋拓蜀石經左傳弟十五」及「蜀石經齋」白文正方印。木質面板上有題簽作「宋拓蜀石經春秋左氏傳弟十五卷　瞿鴻禨爲健之親家題」。此本凡八十二開，第十開至第六十三開右半爲殘拓，共占五十三開半。殘拓每半開皆有朱筆數字即拓本葉號，始「一」終「百七」，「百」亦寫作「一」或近於點形。此外，卷首上部鈐「東宮書府」朱文正方印，印面内框高寬均爲5.1釐米[二]。

（4）《春秋經傳集解・昭公》拓本一冊，殘拓起自《左傳》卷二十昭公二年傳文「子也」，終於「而又何請焉」之「而」字。拓本配有藍布書衣，書衣上無文字信息。木質面板上有題簽作「宋拓蜀石經春秋左氏傳弟二十卷　陳寶琛爲健之老弟題」。此本凡七十開，第三十五開至第三十七開爲殘拓，共占三開。殘拓有兩種朱筆葉號，居下部者始「七二」終「七七」，字跡與其他拓本中葉號相似，當爲原始編號；居上部者始「一」終「六」，字跡明顯有別，當爲獲此三開殘拓者所添。此外，帖芯内部非左右、中間邊緣處間有剪裱拼接痕跡；第二十三開處夾有三紙活葉；第六十六開姚永樸題詩後裝有「金粟山藏經紙」三開，其中尚有抄經時墨筆滲透留下的痕跡，因紙背朝上，故呈「反印」狀態。今能辨出文字若干，似《妙法蓮華經》之文。

（5）《春秋公羊經傳解詁・桓公》拓本一冊，殘拓起自《公羊》卷二桓公六年傳文「來也」，終於十五年經文「公會齊」。拓本配有藍布書衣，書衣上無文字信息。木質面板上有題簽作「宋拓蜀石經春秋公羊傳弟二卷　何維樸爲健之題」，並鈐「維樸印」白文正方印。此本凡六十七開，第十七開至第三十五開爲殘拓，共占十九開。殘拓每半開有朱筆數字即拓本葉號，始「百廿四」終「百六十」，

[一] 原拓葉七五後闕一開，故無標作「七六」「七七」之葉。
[二] 因鈐蓋狀態不同，印面外框高寬或有變化，内框高寬則較爲穩定，故測量内框數值。

「百」亦寫作「一」。末開左半殘損，原拓葉號當爲「百六十一」，然今已不可見。此外，帖芯内部非左右、中間邊緣處間有剪裱拼接痕跡，可爲推斷原石形制提供依據。此本書根處亦有墨跡，作「宋拓蜀石經殘本下」（圖三）[一]。

（6）《春秋穀梁傳・文公》《成公》《襄公》拓本一册，包括《穀梁》卷六文公元年半開，起自文公卷首，終於元年經文「來會葬」；卷八成公元年至二年三開半，起自成公卷首，終於二年傳文「舉其」；襄公二十六年至二十七年兩開，起自二十六年經文「公會」，終於二十七年注文「惡也」。此册無書衣，木質面板上有題簽作「宋拓蜀石經春秋穀梁傳弟八弟九卷　陳寶琛爲健之老弟題」，並鈐「弢盦」朱文正方印。此本凡三十二開，第五開右半、第七開至第十開右半、第十一開至第十二開爲殘拓，共占六開。三種《穀梁》殘拓有朱筆數字即拓本葉號，文公殘拓標朱筆葉號「一」；成公殘拓朱筆葉號始「一」終「七」；襄公二十六年至二十七年殘拓朱筆葉號始「百廿四」終「百廿六」，「百」亦寫作「一」，末開左半殘損，原拓葉號當爲「百廿七」，然今已不可見。此外，文公、成公卷首上部皆鈐「東宮書府」朱文正方印，印面内框高寬均爲5.1釐米；帖芯内部非左右、中間邊緣處亦有剪裱拼接痕跡；拓本首尾第一、二、三十一、三十二開裝有「藏經箋」，其中亦有墨筆滲透留下的痕跡。

圖三　《公羊・桓公》拓本書根墨跡

（7）《春秋穀梁傳・襄公》拓本一册，殘拓起自《穀梁》卷九襄公十八年經文「晉侯」，終於十九年經文「侵齊，至」。拓本配有藍布書衣，上繡「宋拓蜀石經穀梁弟九」及「石經厂」朱文正方印。木質面板上有題簽作「宋拓蜀石經春秋穀梁傳弟九卷　瞿鴻禨爲健之親家題」。此本凡八十八開，第十六開至第十七開爲殘拓，共占兩開。殘拓每半開皆有朱筆數字即拓本葉號，始「百二」終「百五」，「百」亦寫作「一」。第十八開右半附「廿四」二字墨拓殘片。

另外，此批劉體乾舊藏拓本中還有劉氏搜集之陳宗彝刻本《蜀石經殘字》一册、自作之《蜀石經題跋姓氏録》一册。前者配有藍布書衣，書衣上無文字信息，木質面板上有題簽作「陳氏木刻蜀石經　戊午（1918）十二月爲健之老同年題　弟章梫」。此本凡五十七開，蓋劉體乾欲與其他殘拓相配，將道光時陳宗彝據摹寫本刊刻之蜀石經《毛詩》《春秋經傳集解・昭公》拆開改裝[二]。第二開左半書簽作「石經殘本　鈕樹玉題」，「石」上或殘去「蜀」字，存世陳刻本中多不見此簽。後者無書衣，木質面板上有題簽作「蜀石經題跋姓氏録」，據字跡判斷應爲劉健之自署。此本凡二十四開，包括「蜀石經題跋各家姓氏録」「蜀石經觀款各家姓氏録」「蜀石經題簽署首各家姓氏録」「蜀石經齋圖各畫家姓氏録」，題跋姓氏録又分「乾隆五十二年（1787）至宣統二年（1910）」「宣統辛亥年（1911）起」兩段著録。綜上，國家圖書館所藏劉體乾舊藏蜀石經拓本七册，另附《陳氏木刻蜀石經》一册、《蜀石經題跋姓氏録》一册，拓本及附册形態皆劉氏收藏時形成。今實測各本面板、帖芯高寬之數[三]，列表一如下。

[一] 圖一至圖三爲2023年9月於國家圖書館閲覽原拓時拍攝。圖二在原圖基礎上有所加工，紅框僅作示意，並非精準分層。

[二] 陳宗彝於《毛詩》殘字後云「兹從陽城張古餘夫子假得《毛詩》殘字一册，迺吴門黄氏抄本」，於《左傳・昭公》殘字後又云「兹從車秋舲處得《左傳》殘字」。言《昭公》殘字得自車持謙，與其父陳繼昌道光六年《重刊蜀石經殘本叙》所謂「並從善化唐陶山先生訪得家樹華所藏《左傳》殘字附刊於後」稍異。今以陳刻本與原拓對勘，有異文若干，陳氏所據恐非原拓，蓋得自車氏之摹寫本。

[三] 本次測量使用軟尺，帖芯一般取殘拓起始之半開測量，若第一個半開已損，則取第二個半開測量。

表一　國家圖書館藏蜀石經拓本及附册高寬表

序號	拓本及附册名稱	面板高寬	帖芯高寬
1	《周禮・秋官》	34.1 cm,15.1 cm	29.6 cm,13.6 cm
2	《周禮・考工記》	35.5 cm,17.8 cm	30.2 cm,15.3 cm
3	《左傳・襄公》	34.1 cm,15.3 cm	29.8 cm,14.4 cm
4	《左傳・昭公》	33.4 cm,20.1 cm	29.5 cm,16.6 cm
5	《公羊・桓公》	35.6 cm,17.8 cm	30.2 cm,14.2 cm
6	《穀梁・文公》《成公》《襄公》	35.3 cm,18.6 cm	《文》29.4 cm,13.6 cm 《成》29.9 cm,14.1 cm 《襄》29.9 cm,14.1 cm
7	《穀梁・襄公》	34.1 cm,15.4 cm	30.1 cm,13.2 cm
8	《陳氏木刻蜀石經》	33.5 cm,19.9 cm	
9	《蜀石經題跋姓氏録》	34.1 cm,15.4 cm	

2. 拓本遞藏

(1)《周禮・秋官》殘拓、《左傳・襄公》殘拓、《穀梁》襄公十八年至十九年殘拓，經楊繼振、張度、李希聖、陶森甲/劉穀、劉體乾等人遞藏。

楊繼振《蜀石經春秋經注攷異》稿本原封大字題「蜀石經左氏傳校勘記」，又小字云「『穀梁卷九傳注攷异』附後，此記易名『蜀石經春秋經注攷异』，因阮氏有校勘記，故易此」，並題「庚申(1860)八月十九日起，九月四日訖，石經厂隨筆」。内頁題「續又得《周禮》殘傳二卷，《穀梁》殘傳一册，改顔巖居曰『庁政三石經厂』」[一]。可見楊繼振先得《左傳・襄公》殘拓，後得《周禮・秋官》《穀梁・襄公》殘拓。

又據《左傳・襄公》拓本所附張錫庚、張德容、沈兆霖、朱學勤、葉名澧等人題跋、題詠，可知咸豐七年(1857)左右此殘拓曾爲京師式古堂書坊主人收藏。咸豐庚申冬月張恩澍《蜀石經春秋經注攷異》題記云「又雲先生癖嗜金石文字，知此册在某賈處，竭力購之，居奇不輕售。海氛弗靖，畿垣告警，賈利腰纏，於是斯册乃歸星鳳堂中」[二]，則咸豐十年(1860)楊繼振得《左傳・襄公》殘拓於京師某賈，或即式古堂主人。另，此本第二開右半上部鈐有「鄭親王章」朱文正方印，吴檢齋云「此册清咸豐六、七年間，爲鄭親王□□所藏，後歸大興鄭世允」[三]。何紹基於咸豐七年秋見此册，稱爲鄭世允藏本[四]，這一時間與式古堂收藏時間重合，據目前所知尚難確定鄭世允與式古堂主人是何種關係。故此本歸楊繼振之前，或經鄭親王端華、鄭世允/式古堂主人收藏。

宣統三年(1911)四月，吴慶坻作《蜀石經春秋左傳卷十五宋拓殘本舊藏吴興張叔憲所今歸劉健之觀察體乾携來長沙爲題二絶》云「抱蜀堂中長物三，廿年塵夢憶宣南。期君莫靳官泉布，劒合延津侈美談」，並自注言「吴興張叔憲藏蜀石經《春秋左傳》及《穀梁傳》《周禮》凡三册，壬辰(1892)在嬾眠胡同抱蜀堂中展讀竟日」[五]。癸亥(1923)七月，吴慶坻之子吴士鑑又爲劉體乾題詩云「抱蜀無言謹護儲，幾同三篋得亡書。湘中二妙皆躭古，手裒縑囊刼火餘」，並自注言「張辟非藏蜀石經《周禮》《左傳》《穀梁》爲楊幼雲石箏館物，辟非自號抱蜀老人。……庚子(1900)之亂老人所藏流入廠肆，爲李亦元、陳詒重二君所得，旋均歸入君齋」[六]。可知楊繼振舊藏蜀石經三種，曾歸張度抱蜀堂，又經李希聖等人之手，終歸劉體

[一] 詳見(清) 楊繼振《蜀石經春秋經注攷異》，復旦大學圖書館藏稿本(索書號：3091)。按，「庁」當「廣」字。
[二] 據復旦大學圖書館藏楊繼振《蜀石經春秋經注攷異》稿本録文。
[三] 吴檢齋《蜀石經考異叙録》，《努力學報》1929 年創刊號，第 5 頁。
[四] 詳見蜀石經《左傳・襄公》拓本第三開，《左傳・昭公》拓本第三十六開。並參(清) 何紹基《東洲草堂詩鈔》卷一九《題鄭氏世允藏蜀石經左傳殘本》，《續修四庫全書》第 1529 册，第 6 頁。
[五] 詳見蜀石經《左傳・襄公》拓本第七十六開。此題據(清) 吴慶坻《補松廬詩録》，《清代詩文集彙編》第 770 册，第 306 頁。
[六] 詳見蜀石經《左傳・昭公》拓本第十八開。

乾。此外，《穀梁・襄公》拓本中又存有瞿鴻機電報與題記、劉體乾題記[一]，故大體可知劉氏收購李希聖舊藏始末，其中《左傳・襄公》殘拓劉體乾於1910年得自陶森甲，1911年《周禮・秋官》《穀梁・襄公》殘拓亦由陳毅歸劉氏。

（2）《周禮・考工記》殘拓、《公羊・桓公》殘拓，經陳慶鏞、吴履敬吴式訓昆仲、劉體乾等人遞藏。

潘祖蔭題跋憶及咸豐二年（1852）八月，曾於陳慶鏞齋中「見《周禮》《公羊》殘本」[二]。同年冬，馮志沂題記云「吴塄敬之兄弟攜此蜀石經殘刻相眎，一爲《春秋公羊傳》，一爲《周禮・冬官・攷工記》」[三]。《周禮・考工記》《公羊》拓本中又各有陳慶鏞題記[四]，均作於咸豐二年十二月。咸豐四年鄭復光題記云「咸豐四年秋閏月初七日，吴氏昆中出宋拓《□□》《周禮》石經蜀本見示」[五]，咸豐七年九月何紹基亦爲吴氏昆仲作《吴子肅子迪兄弟屬題宋拓蜀石經周禮經注共六千五百餘字爲册廿二葉公羊傳並注共五千一百餘字爲册十九葉周禮孟氏刻公羊傳宋補刻也賢昆玉攷訂同異甚核爲作詩得四十韻》[六]，則《周禮・考工記》殘拓、《公羊・桓公》殘拓咸豐間藏於陳慶鏞、吴氏昆仲處。前述此二册拓本書根處均有墨跡，《考工記》墨跡筆畫雖錯開，但仍可判定與《公羊》墨跡體例、筆跡一致，當爲一人所書。又據劉體乾題記「壬子（1912）正月又收得《周禮》卷十二，二十二葉；《公羊》卷二，十九葉，即陳頌南舊藏也」[七]，可知兩本於1912年歸劉氏。

（3）《左傳・昭公》殘拓經沈剛中、陳樹華、唐仲冕、梁章鉅、楊廷傳、力鈞、劉體乾等人遞藏。

陳樹華《春秋經傳集解考正・論例》云「乾隆三十九年（1774）四月朔，蘆墟沈剛中示余蜀石經《左傳》六紙。……昭二年傳『夫子君子也』下子字起，至『而又何請焉』而字止」[八]。翁方綱《跋蜀石經殘本》言「予昔聞芳林得此於蘆墟沈剛中氏，凡六紙，渴思一見而未得遂」[九]，則陳樹華得《左傳・昭公》殘拓於沈剛中。

段玉裁《跋黄蕘圃蜀石經毛詩殘本》載「南歸後寓居姑蘇閶門外，於故友陳芳林樹華家見蜀石經《左傳》數百字，錢曉徵少詹事録諸《潛研堂金石跋尾》，今爲唐陶山刺史物者是也」[一〇]，據此可知此本嘉慶間曾歸唐仲冕。梁章鉅《蜀石經左氏傳殘本册》又言「幸歸余篋，因重加裝治」[一一]，《左傳・昭公》拓本第四十二開梁氏所題即此詩，唯文字有所出入，落款作「道光辛卯冬季重裝畢題此」，則此本道光十一年（1831）又轉歸梁氏，且經重裝。陳宗彝刻本《左傳・昭公》殘字所據雖非原拓，然「吾聞」後空一行，尚未將下葉第一行提行，反映的可能是重裝前的拓本面貌（圖四）。

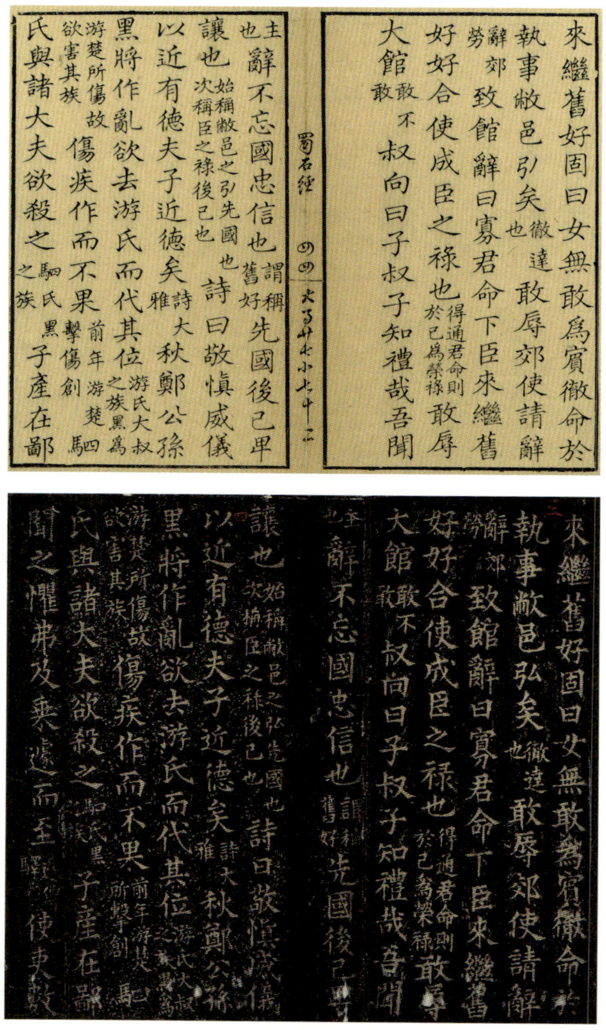

圖四　陳宗彝刻本、重裝後拓本《左傳・昭公》對比圖

[一] 詳見《穀梁・襄公》拓本第二十二、二十五、二十六、三十、三十一開。
[二] 詳見蜀石經《左傳・襄公》拓本第七十四開。
[三] 詳見蜀石經《周禮・考工記》拓本第三十六開。
[四] 詳見蜀石經《周禮・考工記》拓本第三十七開、《公羊・桓公》拓本第三十八開。
[五] 詳見蜀石經《公羊・桓公》拓本第三十八開，原件「宋拓」後有蟲蛀痕跡，所闕蓋「公羊」二字。
[六] 詳見蜀石經《周禮・考工記》拓本第六至第七開，此題據（清）何紹基《東洲草堂詩鈔》卷一九，《續修四庫全書》第1529册，第4頁。
[七] 詳見蜀石經《穀梁・襄公》拓本第三十一、三十二開。
[八]（清）陳樹華《春秋經傳集解考正》，《續修四庫全書》第142册，第7—8頁。
[九]（清）翁方綱《復初齋文集》，《續修四庫全書》第1455册，第502頁。
[一〇]（清）段玉裁《經韵樓集》，《續修四庫全書》第1434册，第575頁。
[一一]（清）梁章鉅《退菴詩存》，《續修四庫全書》第1499册，第614頁。

另劉體乾題記云「陳芳林所藏《左傳》三十五行，戊午(1918)十月陳弢庵太保爲之作緣歸余」[一]，則此本歸劉乃1918年陳寶琛作緣。據1919年弢庵題記「此册爲楊甘州廷傳所藏，文襄留觀累月，撫晉行前一夕始題而還之。比余再至都，則已歸力農部鈞。吾友劉健之觀察既有《周禮》、三《傳》諸册，都四萬六千四百餘字，聞予言亟力致，自是孟蜀殘刻幾盡爲君有矣」[二]，可知此本歸劉之前又經楊廷傳、力鈞收藏。

（4）《穀梁》文公元年、成公元年至二年、襄公二十六年至二十七年殘拓，經彦德/羅振玉、劉體乾等人遞藏。

1925年劉體乾題記載「右宋皇祐田況補刻《春秋穀梁傳》弟八弟九卷，存經注九百四十二字，本内閣大庫物，後歸滿洲彦悳君。余習聞之，今年託朱君幼平以重價買得」[三]。1926年羅振玉《蜀石經春秋穀梁傳文公第六殘葉跋》又云「予此本得之大庫殘籍中。先是滿洲某君亦得《穀梁》殘卷數十行于内閣大庫，健之先生既已重金購致，擬寫影以傳之，移書乞此五行，因題後以歸之」[四]。故可知民國間内閣大庫所出蜀石經《穀梁・成公》《襄公》殘拓曾藏彦德處，《文公》殘拓曾藏羅振玉處，分别於1925年、1926年歸劉。

綜上，劉體乾搜集蜀石經，以1910年由陶森甲得《左傳・襄公》殘拓，1911年由陳毅得《周禮・秋官》、《穀梁》襄公十八年至十九年殘拓爲起始。此三册皆爲楊繼振舊藏，劉氏先得《左傳》《周禮》，而《穀梁》因故一時未得，瞿鴻禨爲之調停，終亦歸劉。此三册面板均由瞿氏題簽，蓋緣此之故。三種拓本高寬基本一致，《蜀石經題跋姓氏録》尺寸仿之，詳見表一中以白色底紋標識者。1912年劉體乾得《周禮・考工記》《公羊・桓公》殘拓，此二册爲陳慶鏞、吴氏昆仲舊藏，何紹基曾爲吴氏題識，故劉體乾又請何維樸於面板題簽。二者高寬基本一致，詳見表一中以藍色底紋標識者。1918年由力鈞得《左傳・昭公》殘拓，乃陳寶琛作緣，故此册面板爲弢庵題簽。《陳氏木刻蜀石經》尺寸仿該本，或因陳宗彝刻本中亦有《左傳・昭公》，詳見表一中以橙色底紋標識者。最後，1925年劉體乾由彦德收《穀梁》成公元年至二年、襄公二十六年至二十七年殘拓，1926年由羅振玉得《穀梁》文公元年殘拓。三者裝爲一册，又請陳寶琛題簽，而尺寸與他本皆異，詳見表一中以紅色底紋標識者。

3. 拓本來源及年代

由上文拓本描述可知，目前分藏上海圖書館、國家圖書館的蜀石經《毛詩》、《周禮》、《春秋》三傳拓本均有朱書葉號，有些葉號如「百」字的書寫特徵相似，諸本當同源。且《左傳》襄二第十五卷首、《穀梁》文公第六卷首、《穀梁》成公第八卷首上部均鈐有「東宫書府」篆文印，故知國圖所藏《左傳》《穀梁》拓本確曾共藏一處。另外，丁敬《雪中集南華堂趙谷林兄弟出觀蜀廣政石經毛詩殘本宋廖瑩中世綵堂刻韓集作》詩中有「中間古印辨不真」一句[五]，今檢《毛詩》拓本並無「辨不真」之「古印」。而「東宫書府」印篆體特殊，習稱「九疊文」，字形辨識確實存在一定難度，正符合丁詩的描述。據此推測，丁敬所見「古印」當鈐蓋於《周南》卷首，此部分後又佚失，故今不可見。若果真如此，則亦可佐證現分藏南北的《毛詩》《左傳》《穀梁》殘拓來源一致。

進一步考察「東宫書府」，當爲明懿文太子藏印。趙萬里先生爲宋刻本《國語解》《春秋經傳》撰寫説明時曾指出，鈐有此印之兩書「當是元時官書，明太祖滅元

〔一〕詳見蜀石經《穀梁・襄公》拓本第三十二開。
〔二〕詳見蜀石經《左傳・昭公》拓本第四十六開。
〔三〕詳見《穀梁・文公》《成公》《襄公》拓本第十三開。
〔四〕羅振玉此文在《穀梁》文公元年殘拓五行後，今據羅氏《後丁戊稿》録題。詳見羅振玉著，羅繼祖、王同策編《羅振玉學術論著集》第十集，上海古籍出版社，2010年，第677頁。
〔五〕（清）丁敬《硯林詩集》，《清代詩文集彙編》第276册，第290頁。亦可參李福過録之丁詩，詳見蜀石經《毛詩》拓本第四十六開。

得之，以貽懿文太子者」[一]。此説既點明「東宫書府」印之所屬，又推測了鈐有此印之書的淵源，據此或可將現存蜀石經殘拓的來源上推至元内府[二]。至於明正統《文淵閣書目》及萬曆、崇禎兩部《内閣藏書目録》中著録之蜀石經拓本，當即懿文太子所藏者。大約在明萬曆間，一綫單傳之蜀石經拓本開始由内府散出[三]，入清之後殘拓流轉情況已見上文。

目前上海圖書館以蜀石經《毛詩》爲宋拓本，國家圖書館則以所藏爲宋、元拓本之合璧[四]。結合上文對蜀石經原石毁佚時間的推測，國圖藏本或可進一步明確爲宋拓本。

（二）近代成都出土殘石及其拓片

1938年因日軍空襲，成都拆除城垣以便市民疏散，陸續於老南門發現蜀石經殘石若干。相關情況，江鶴笙、江友樵、羅希成、陳達高、王利器、馬衡、周萼生等人有説。周氏云1938年於成都南門外發現殘石約十片左右，江鶴笙得其半數以上[五]。據鶴笙子友樵所述，其父曾獲藏九塊，以「孟蜀石經樓」顔其居[六]。江鶴笙又云當日所得《毛詩》不止一石，有一石因故失去，爲黄希成所得，後歸前川西文教廳，今屬四川省博物館[七]。此石當即羅希成捐獻、現藏四川博物院之《毛詩·周頌》《魯頌》殘石。而羅氏言該石爲舊僕劉某得於黔中，1939年春獲贈[八]。可見江、羅二説不能密合，至少此石的流傳過程尚存闕環[九]。然陳達高言《尚書·説命》《君奭》殘石「出土於成都之南門，知者無人，函川大竟不覆，輾轉歸余」[一〇]，則成都老南門作爲蜀石經出土地，當無問題[一一]。

此批殘石及其拓片見於著録者有：《周易》殘石兩塊拓片四葉，一石一面刻《履》、一面刻《泰》《否》（圖五），一石兩面均刻《中孚》（圖六），原石皆爲江鶴笙舊藏現藏四川博物院；《尚書》殘石兩塊拓片三葉，一石單面刻《禹貢》（圖七），一石一面刻《説命》、一面刻《君奭》（圖八），前者爲江鶴笙舊藏，後者爲陳達高舊藏，現均藏四川博物院；《毛詩》殘石兩塊拓片四葉，一石一面刻《鄭風》之《叔于田》《大叔于田》、一面刻《曹風》之《鳲鳩》《下泉》，一石一面刻《周頌》之《桓》《賚》、一面刻《魯頌》之《駉》（圖九），前者爲江鶴笙舊藏現藏地不明[一二]，後者爲羅希成舊藏現藏四川博物院；《儀禮》殘石一塊拓片兩葉，兩面均刻《特牲饋食禮》（圖十），原石

[一] 詳見北京圖書館編《中國版刻圖録》第1册，北京：文物出版社，1960年，第13、16頁。趙萬里先生於「東宫書府」印雖早有清晰認識，然王國維先生宋印説影響甚大，至今仍有沿襲王氏誤説者。此問題可參張學謙《蜀石經拓本所鈐「東宫書府」印非宋内府印辨》，《圖書館雜誌》2014年第9期，第109—112頁；王天然《蜀石經拓本所鈐「東宫書府」印補説》，《版本目録學研究》第7輯，北京大學出版社，2016年，第445—450頁。

[二] 現存蜀石經拓本甚至可能來自更早的内府收藏，但不能以「東宫書府」印爲證據。

[三] 詳見王天然《蜀石經著録疏證（上）》，第86頁。

[四] 詳見上海圖書館編著《上海圖書館善本碑帖綜録》卷二，上海書畫出版社，2017年，第954頁；中國國家圖書館編著《中國國家圖書館善本碑帖綜録》卷上，上海書畫出版社，2020年，第355頁。

[五] 詳見周萼生《近代出土的蜀石經殘石》，《文物》1963年第7期，第46頁。

[六] 詳見江友樵《口述自傳》，《中華書畫家》2016年第8期，第48頁。

[七] 周萼生引江鶴笙説如此，李志嘉、樊一云黄希成即羅希成。詳見周萼生《近代出土的蜀石經殘石》，第46頁；李志嘉、樊一《蜀石經述略》，《文獻》1989年第2期，第217頁。

[八] 詳見重慶中國三峽博物館所藏《毛詩·周頌》《魯頌》殘拓之羅希成題識。

[九] 李志嘉、樊一認爲若羅氏所述可信則可證劉燕庭所記不虚，若江氏所述可信則此石不出黔中，乃抗戰初出成都老南門城垣。按，羅説似有附會劉燕庭所記「任令貴州人，罷官後原石輦歸黔中矣」之嫌。另，駱陸文猜測此石爲貴陽「二四轟炸後所發現，並無更多證據，恐非事實。詳見李志嘉、樊一《蜀石經述略》，第218頁；（清）錢大昕《竹汀先生日記鈔》卷二，劉喜海批注，國家圖書館藏何元錫夢華館刻本（善本書號：02520），第7B頁；駱陸《黔中拾得之一：蜀石經殘石》，《西南公路》1943年第254期，第1255頁。

[一〇] 詳見重慶中國三峽博物館所藏《尚書·説命》《君奭》殘拓之陳達高題識。

[一一] 但此處可能並非蜀石經原石湮沒的唯一地點。

[一二] 然尹建華、曾如實《四川五代石刻考察記》著録該石云「高32、寬23、厚7釐米。此石一面刻《鄭風》，一面刻《曹風》。今存重慶市博物館」。詳見成都王建墓博物館編《前後蜀的歷史與文化——前後蜀歷史與文化學術討論會論文集》，成都：巴蜀書社，1994年，第150頁。另成都永陵博物館陳列中有此石複製品，展品説明亦云「原件藏重慶中國三峽博物館」。兩條綫索指向一致，原石可能並未佚失。

爲陳儉十舊藏，後歸重慶市博物館，現藏中國國家博物館〔一〕。綜上，見於著録之蜀石經殘石共計四經七石，得拓片十三葉〔二〕。

圖五　《周易・泰》《否》殘石

圖六　《周易・中孚》殘石

圖七　《尚書・禹貢》殘石

圖八　《尚書・君奭》殘石

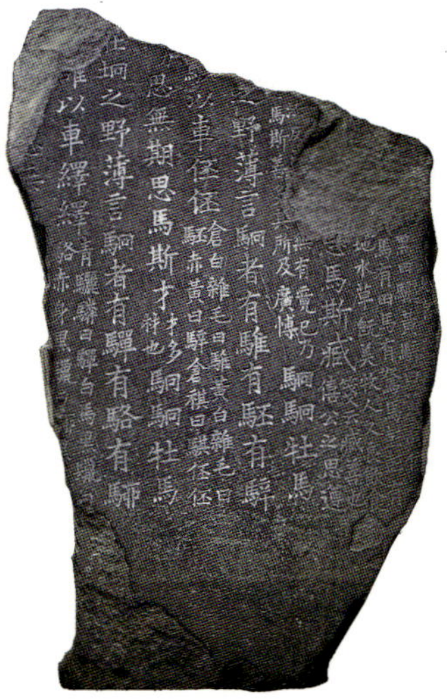
圖九　《毛詩・魯頌・駉》殘石

圖十　《儀禮・特牲饋食禮》殘石

三　蜀石經之形制與性質

（一）原石形制

因原石毀佚，傳世殘拓已經割裱，近代所出殘石則過於零碎，故長期以來學界對蜀石經原石形制缺乏清晰認知，確爲蜀石經研究中的疑難問題。本人此前曾選取拓本、殘石均有存世的《毛詩》爲入口，據當時匆匆一觀之上圖《毛詩》拓本葉七四、八七、九三所存原石編號，結合其他已知形制信息，初步復原了《毛詩》原石行數與布局方式；認爲蜀石經《毛詩》原石一面約容37行，單排布局，雙面書刻。又以國博藏《儀禮・特牲饋食禮》殘石加以檢驗，亦推擬出《儀禮》此石一面約容36行、一面約容37行的結果，與《毛詩》原石行數基本一致〔三〕。

今日再觀上圖《毛詩》拓本高清圖版，於原石編號續有發現，已在上文列出。此外帖芯内部非左右、中間邊緣之剪裱拼接痕跡，也爲推斷原石形制提供了重要依據。如據《毛詩》殘拓184行與185行、221行與222行之間所存拼接痕跡推測，185行至221行所在原石有37行；據221行與222行、295行與296行之間拼接痕跡推測，222行至295行共74行，或兩石之内容，222行至258行爲一石，259行至295行爲一石，258行與259行之間正處於拓本一開中央；據295行與296行、332行與333行之間拼接痕跡推測，296行至332行所在原石有37行；

〔一〕圖五至圖九爲2019年1月參觀四川博物院時拍攝，圖十爲2022年9月參觀中國國家博物館時拍攝。

〔二〕近年又見未經著録之蜀石經殘石拓片三件，分别爲《進御刪定禮記月令表》殘拓、《御刪定禮記月令》殘拓、《春秋經傳集解・哀公》殘拓，現藏成都濬軒先生處，期待日後還有新的發現。詳見王天然《三件未著録蜀石經殘拓考略》，《出土文獻研究》第21輯，上海：中西書局，2022年。

〔三〕詳見王天然《蜀石經形制謭識》，第113—128頁。

據 332 行與 333 行、370 行與 371 行之間拼接痕跡推測，333 行至 370 行所在原石似有 38 行，然該石跨卷，卷一止於葉五八第四行，第五、六兩行爲空白，由拓本第五行狀態可知原石此行爲空白，而第六行已不屬原拓，蓋卷一、二之間有一行空白，製作拓本時將卷二另起一葉裝裱，若果然如此，則該石可能仍是 37 行；據 370 行與 371 行、407 行與 408 行之間拼接痕跡推測，371 行至 407 行所在原石有 37 行；據 444 行處於第十二石末尾，481 行與 482 行之間拼接痕跡推測，445 行至 481 行所在原石有 37 行；據 481 行與 482 行、518 行與 519 行之間拼接痕跡推測，482 行至 518 行所在原石有 37 行；據 518 行與 519 行、555 行與 556 行之間拼接痕跡推測，519 行至 555 行所在原石有 37 行；據 555 行與 556 行、592 行與 593 行之間拼接痕跡推測，556 行至 592 行所在原石有 37 行；據 592 行與 593 行、629 行與 630 行之間拼接痕跡推測，593 行至 629 行所在原石有 37 行。故再次驗證了舊作中《毛詩》原石行數的結論，另結合葉百五所存原石編號「十八」，可知《毛詩》卷一、卷二即《周南》《召南》《邶風》用石 18 面。

今又首次得見國圖所藏原拓，也收穫了以往從劉體乾影印本中不易觀察到的信息。如《周禮》拓本中亦有帖芯内部非左右、中間邊緣之剪裱拼接痕跡。據《秋官》殘拓 61 行與 62 行、98 行與 99 行之間拼接痕跡推測，62 行至 98 行所在原石有 37 行；據 98 行與 99 行、135 行與 136 行之間拼接痕跡推測，99 行至 135 行所在原石有 37 行；據 135 行與 136 行、172 行與 173 行之間拼接痕跡推測，136 行至 172 行所在原石有 37 行；據 172 行與 173 行、209 行與 210 行之間拼接痕跡推測，173 行至 209 行所在原石有 37 行；據 209 行與 210 行、283 行與 284 行之間拼接痕跡推測，210 行至 283 行共 74 行，或兩石之内容，210 行至 246 行爲一石，247 行至 283 行爲一石，246 行與 247 行之間正處於拓本一開中央；據 283 行與 284 行、320 行與 321 行之間拼接痕跡推測，284 行至 320 行所在原石有 37 行；據 320 行與 321 行、357 行與 358 行之間拼接痕跡推測，321 行至 357 行所在原石有 37 行；據 357 行與 358 行、395 行與 396 行之間拼接痕跡推測，358 行至 395 行所在原石有 38 行；據 395 行與 396 行、469 行與 470 行之間拼接痕跡推測，396 行至 469 行共 74 行，或兩石之内容，396 行至 432 行爲一石，433 行至 469 行爲一石，432 行與 433 行之間正處於拓本葉間；據 469 行與 470 行、505 行與 506 行之間拼接痕跡推測，470 行至 505 行所在原石似有 36 行，然該石跨卷，蓋卷九、十之間有一行空白，製作拓本時剪去空行，故 501 行與 502 行之間亦有拼接痕跡，若果然如此，則該石可能仍爲 37 行；據 505 行與 506 行、542 行與 543 行之間拼接痕跡推測，506 行至 542 行所在原石有 37 行；據 542 行與 543 行、579 行與 580 行之間拼接痕跡推測，543 行至 579 行所在原石有 37 行；據 579 行與 580 行、616 行與 617 行之間拼接痕跡推測，580 行至 616 行所在原石有 37 行；據 616 行與 617 行、653 行與 654 行之間拼接痕跡推測，617 行至 653 行所在原石有 37 行；據 653 行與 654 行、727 行與 728 行之間拼接痕跡推測，654 行至 727 行共 74 行，或兩石之内容，654 行至 690 行爲一石，691 行至 727 行爲一石，690 行與 691 行之間正處於拓本一開中央；據 727 行與 728 行、764 行與 765 行之間拼接痕跡推測，728 行至 764 行所在原石有 37 行；據 764 行與 765 行、801 行與 802 行之間拼接痕跡推測，765 行至 801 行所在原石有 37 行；據 801 行與 802 行、838 行與 839 行之間拼接痕跡推測，802 行至 838 行所在原石有 37 行；據 838 行與 839 行、875 行與 876 行之間拼接痕跡推測，839 行至 875 行所在原石有 37 行；據 875 行與 876 行、949 行與 950 行之間拼接痕跡推測，876 行至 949 行共 74 行，或兩石之内容，876 行至 912 行爲一石，913 行至 949 行爲一石，912 行與 913 行之間正處於拓本葉間。

據《考工記》殘拓 487 行與 488 行、524 行與 525 行之間拼接痕跡推測，488 行至 524 行所在原石有 37 行；據 524 行與 525 行、561 行與 562 行之間拼接痕跡推測，525 行至 561 行所在原石有 37 行；據 561 行與 562 行、598 行與 599 行之間拼接痕跡推測，562 行至 598 行所在原石有 37 行；據 598 行與 599 行、635 行與 636 行之間拼接痕跡推測，599 行至 635 行所在原石有 37 行；據 635 行與 636

行、709 行與 710 行之間拼接痕跡推測，636 行至 709 行共 74 行，或兩石之內容，636 行至 672 行爲一石，673 行至 709 行爲一石，672 行與 673 行之間正處於拓本一開中央。由此可見，《周禮》原石行數也與《毛詩》基本一致。

而《左傳》殘拓中罕見此類剪裱拼接痕跡[一]，故《左傳》原石行數當爲 6 之倍數，或即 36 行，與《毛詩》《儀禮》《周禮》諸經稍異。

又如據《公羊》殘拓 659 行與 660 行、691 行與 692 行之間拼接痕跡推測，660 行至 691 行所在原石蓋 32 行。692 行大字「桓公」右側尚存刻字「十匚」，蓋「廿四」殘形，當爲原石編號。若以 23 面容納 691 行估算，《公羊》每面或在 30 行左右，行數可能並不整齊劃一。另據 691 行與 692 行、724 行與 725 行之間拼接痕跡推測，692 行至 724 行所在原石蓋 33 行；據 724 行與 725 行、759 行與 760 行之間拼接痕跡推測，725 行至 759 行所在原石蓋 35 行；據 759 行與 760 行、793 行與 794 行之間拼接痕跡推測，760 行至 793 行所在原石蓋 34 行。益可見《公羊》原石行數並不穩定，故有理由懷疑北宋續刻之《公羊》形制與《毛詩》《儀禮》《周禮》《左傳》諸經存在較大差異，而這種差異的形成或由石料情況所決定。

綜上，據目前所知蜀石經《毛詩》《儀禮》《周禮》形制基本一致，原石一面約容三十七行；《左傳》稍異，原石一面可能約容三十六行；《公羊》原石行數可能並不穩定，與廣政間鐫石者存在較大差異。

（二）文本性質

關於文本性質，此前曾分孟蜀石經、宋蜀石經兩類做過初步探索，認爲孟蜀石經大字部分以唐開成石經爲底本而有微異，小字部分除《左傳》外當源自唐五代寫本，《左傳》則很可能利用了五代國子監刊本；宋蜀石經《公羊》所用底本爲蜀刻的可能性較大，《穀梁》底本亦屬監本系統，《孟子》或據北宋監本刻石，似非蜀大字本[二]。近年因陸續完成了現存蜀石經的校理及字形表的編製，對此問題有了進一步認識。舊作的討論主要著眼於文本異同，今在此之外更增强了對蜀石經用字特徵的考察。

首先，通過全面校理蜀石經遺文，充分掌握經、注文本的異同情況，得到以下結果[三]。《周易》殘石所存經文與唐石經皆同，注文中保留了來源較早的文本。《尚書》殘石所存經文與唐石經皆同，有些經文與敦煌寫本形成對比，注文則有近於敦煌寫本而與後世刻本不同者。《儀禮》殘石所存經文與唐石經皆同，注文與後世刻本相較，存在較爲獨特的異文。《禮記》殘拓所存大字與唐石經皆同，注文與敦煌寫本存在異文。《毛詩》殘拓、殘石經文大多與唐石經一致，雖有不盡相同者，但與敦煌寫本、日本大念佛寺所藏日寫本經文和唐石經之差異相比，異文十分有限；注文與後世刻本相較，則存在大量異文。《周禮》殘拓經文大多與唐石經一致，雖有異文但十分有限；注文與後世刻本相較，則存在大量異文。《左傳》殘拓經文大多與唐石經一致，雖有不盡相同者，但與敦煌寫本、日本宮内廳書陵部所藏日寫本經文和唐石經之差異相比，異文十分有限；注文與敦煌寫本、日寫本相較存在大量異文，而與南宋撫州公使庫本、越州八行本等爲代表的監本系統更爲接近。《公羊》殘拓一方面與撫州本較爲接近，另一方面又有特異之處。而《穀梁》殘拓遺文甚少，異文也有限。

其次，通過編製字形表，考察蜀石經經、注的用字特徵，得到以下結果。孟蜀石經《周易》《毛詩》《尚書》《儀禮》《周禮》《左傳》之經文用字皆有遵循唐石經的現象。注文方面以《五經文字》《新加九經字樣》爲規範用字參照，則《周易》《毛詩》

[一]《左傳・昭公》殘拓中帖芯内部非左右、中間邊緣之剪裱拼接痕跡，當是晚近之人重裝殘拓時所爲，與初製拓本時形成的拼接痕跡不同，不具有推測原石形制的意義。

[二] 詳見王天然《孟蜀石經性質初理》，《中國典籍與文化》2015 年第 2 期，第 65—70 頁；《宋蜀石經性質蠡測》，《中國典籍與文化》2018 年第 2 期，第 4—13 頁。

[三] 這裏僅描述校理工作的整體結果，具體異同實例詳見已發表於《中國典籍與文化論叢》第 18、19、22、23、26、27 輯的相關文章。

《尚書》《周禮》《左傳》注文用字皆有不規範現象。然以存字較多的《毛詩》《周禮》《左傳》三經相較，前二者不規範用字甚多，《左傳》則爲個别現象。宋蜀石經《公羊》《穀梁》經、注用字有與孟蜀石經明顯不同者，透露出鮮明的時代差異。《公羊》經、注中均有一字多形現象，注文中還偶見不規範用字。

由以上兩方面考察所見，關於宋蜀石經《公羊》《穀梁》的性質，現仍維持舊作中的看法，不再贅言。對孟蜀石經性質的看法也與舊作基本一致，但認識有所豐富、細化。結合文獻記載，宋人以孟蜀石經依「雍都舊本」「太和舊本」即唐石經書刻〔一〕。乾道六年晁公武組織學官以監本校勘蜀石經十三種，僅得異文三百二科〔二〕。除去宋蜀石經三種，孟蜀石經異文爲二百三十科，監本雖非唐石經，但經文乃唐石經一脈，故孟蜀石經與唐石經的異文之數應與此二百三十科大體相當。而孟蜀石經十種經文超過 51 萬字〔三〕，在經文總數面前，孟蜀石經與唐石經的異文體量是微小的。至於二者存在少量差異，也不難理解。一則經籍刊刻需經校勘〔四〕，其中存在有意的改動；一則刊刻過程中無法避免訛誤的産生。故孟蜀石經與唐石經存在異文，和孟蜀石經以唐石經爲依據並不矛盾。而在文本異同之外，用字特徵也應予以關注。現存孟蜀石經除存字極少的《禮記》殘拓之外，經文用字皆有遵循唐石經的現象，且從存字較多的《毛詩》《周禮》《左傳》觀察，並非偶見而是系統性的用字特徵，即特意選擇的結果。總之，目前殘拓、殘石皆無存世之《孝經》《論語》《爾雅》可先存而不論，至少孟蜀石經其他七種的經文當以唐石經爲主要來源〔五〕，宋人之説尚難推翻〔六〕。

孟蜀石經的注文來源則並不一例。《毛詩》《尚書》《儀禮》《周禮》注文與後世刻本相較，皆存在較爲獨特的異文，且觀察存字較多的《毛詩》《周禮》，二者較之後世刻本存在大量異文。而《左傳》注文與敦煌寫本及文本來源較早的日寫本差異甚多，却與後世刻本尤其是監本系統更爲接近。此外，《周易》殘石注文皆王弼注之部分，其中保留了來源較早的文本，但並非獨立於後世刻本的異文，惜其存字過少，難知全貌。而晁公武《郡齋讀書志》載蜀石經《周易》「《説卦》『乾健也』以下有韓康伯注，《畧例》有唐四門助教邢璹注。此與國子監本不同者也。以蜀中印本校邢璹注《畧例》，不同者又百餘字」〔七〕，故可知蜀石經《周易》非王弼注部分與後世刻本相較，存在明顯的不同〔八〕。

綜上，孟蜀石經之經文，至少《周易》《毛詩》《尚書》《儀禮》《禮記》《周禮》《左

〔一〕詳見席益《府學石經堂圖籍記》、晁公武《石經考異序》等文。關於宋人所言之「太和舊本」，虞萬里先生近來有十分新穎的解讀，認爲「太和舊本是寫本，而非鄭覃據太和本校勘上石之開成石經本」，此説頗具啓發。請參虞萬里《蜀石經所見〈周禮・考工記〉文本管窺》，《嶺南學報》復刊第 17 輯《經學文獻研究》，上海古籍出版社，2023 年，第 167 頁。然細讀晁公武《石經考異序》，「太和舊本」「大和本」「太和石本」在晁序語境中似無區别，所指皆爲開成石經，今仍以「太和舊本」爲唐石經。

〔二〕詳見晁公武《石經考異序》，然依序中記載各經異文凡二百九十一科，顯然與三百二之數不合。而南宋曾宏父《石經鋪叙》「益郡石經」條也記各經異文之數，《公羊》《穀梁》分别作二十二、二十三，如此則恰合三百二之數，當從曾氏所記。

〔三〕除《爾雅》字數不明外，據曾宏父《石刻鋪叙》所載數據，孟蜀石經九種經文共計 508190 字，再計入《爾雅》，經文將超過 51 萬字。古人所記經文字數雖未必準確，但可以作爲宏觀參考。

〔四〕曾宏父《石刻鋪叙》「益郡石經」條明言《孝經》「右僕射毋昭裔以雍京石本校勘」，《論語》「校、書、鐫姓名皆同《孝經》」。另，玩味「以雍京石本校勘」一句，毋昭裔在校刻《孝經》《論語》時可能以唐石經爲校本，大概在校勘所用經注本之經文後再行書刻，雖未直接以唐石經爲底本，但毋氏此處校勘程序本身即含有依照唐石經之意，亦未破孟蜀石經遵循唐石經之主旨。而徑用經注本爲底本，將唐石經校改於經注本之中，當爲便宜計也。此種情況可能僅存在於廣政七年校刻石經的起始階段，而且大概也只能存在於經文字數較少的幾種經書當中。此法若施用於字數較多的經書，經文異文不但增多，字形異體更難以估量，一一校改反不方便，此時經、注分用底本可能是更爲實用的方法。

〔五〕《禮記》殘拓雖存字有限，然殘拓爲《御删定禮記月令》及李林甫進表之内容，這本身即可説明蜀石經《禮記》以唐石經爲依據。

〔六〕近年姚文昌先生有新説云「宋代以來將唐石經作爲蜀石經底本的認識是錯誤的，蜀石經《毛詩》所據底本是唐代以來的經注合寫本」，詳見姚文昌《蜀石經〈毛詩〉底本辨正》，《文史》2019 年第 1 輯，第 279—288 頁。然在通盤校理、考察用字後重作思量，愈信宋人之有據，故未改易舊作的基本觀點。

〔七〕（宋）晁公武《昭德先生郡齋讀書志》卷一，國家圖書館藏清汪氏藝芸書舍刊二十卷本（善本書號：02835），第 3B—4A 頁。

〔八〕除邢璹注與蜀中刻本存在不少異文外，蜀石經《説卦》「乾健也」以下有注文，更是頗具特色的文本。

傳》七種當以唐石經爲主要來源，其中與唐石經不合者或爲有意改動，或爲一時訛誤，似不能因關注少數異文而忽視占絶大多數的相同文本，進而否定經文依照唐石經的傳統觀點。《周易》《毛詩》《尚書》《儀禮》《周禮》注文存在寫本時代文本參差的特徵，保留了刻本時代來臨前夜的一些獨特注文。《左傳》注文性質則較爲特殊，相對於寫本更接近監本系統。孟蜀石經內部注文性質的這種差異，恰是經籍正在發生寫刻歷史演變的生動體現。

結語

由上文考察原石形制的過程不難發現，一旦獲得觀察原拓或高清圖版的機會，便可能捕捉到原石編號、拼接痕跡等細微信息，這些長期被封存的綫索，成爲破解蜀石經形制這一疑難問題的關鍵。此事足以説明，集中刊布蜀石經高清圖版的重要意義。此外，圍繞蜀石經産生的衍生文獻，也自有其價值。如上文提到的陳宗彝刻本《左傳·昭公》殘字，所據雖非原拓，但可能依然反映了此拓重裝前的較早面貌。而士人雅集與書賈求售兩類活動，均圍繞蜀石經殘拓産生了大量題跋文字。如以《毛詩》殘拓爲中心，乾隆時有杭州小山堂之會。又如《周禮·考工記》《公羊》殘拓曾爲陳慶鏞所得，故咸豐年間題識者多爲京師「顧祠同人」，觀拓構成了慈仁寺顧祠會祭之外的賞鑒活動。再如京師式古堂書坊主人得《左傳·襄公》殘拓，蓋爲出售計，嘗請多人考證題跋。這些活動有意無意間均推動了蜀石經研究，隨之産生的衍生文獻則是考察士人交遊、善本鑒藏的珍貴材料，同樣具有影印刊布的價值。

今幸得虞萬里先生、上海古籍出版社的積極推動，上海圖書館、國家圖書館、重慶中國三峽博物館的鼎力支持，以及郭沖、虞桑玲兩位責任編輯的專業襄助，蜀石經孑遺主體及豐富的衍生文獻首次集於一編，高清刊布。此次影印，上海古籍出版社以保存文獻原貌爲目標，盡力原大、原色呈現蜀石經殘拓的全部信息，爲進一步研究提供了可靠依據。期待《蜀石經集存》的出版，能夠消除文獻難得的阻礙，吸引更多學者參與討論。

二〇二三年九月寫於北京寓所

國家圖書館藏蜀石經《周禮》殘拓録文

一、《周禮・秋官》

説　明

（一）國家圖書館藏蜀石經《周禮・秋官》殘拓起自卷九《序官・蜡氏》鄭注「月令」，終於卷十《掌客職》鄭注「車秉□」，存七十五開半。半開經文大字六行行十三至十五字不等，注文小字雙行行十八至二十二字不等。

（二）拓本中字迹殘損處，尚可辨識者徑録其文；存有殘形但較難辨識者與完全殘去者皆以「□」標識；不明具體殘損字數者以「▨」標識。

（三）殘拓每半開皆有朱筆數字即拓本葉號，今依照朱筆用漢字表示，標記於葉尾。如「鄭司□【十】」，意爲拓本第十葉，「鄭司□」爲該葉最後三字。又朱筆記「百」作「一」形，今徑録爲「百」。

（四）帖芯内部非左右、中間邊緣之剪裱拼接痕跡，則推算行數加以標記，行數用阿拉伯數字表示。如「徒【61-62】六十人」，按半開即一葉大字六行推算，「徒」屬61行，「六十人」屬62行，61、62行之間存在拼接痕跡。此類拼接痕跡可爲推斷原石形制提供依據。

（五）蜀石經與傳本不同處，多據其自身文意句讀。如《序官・薙氏》注中引《月令》作「乃燒薙行水利」，與傳本不同，今依蜀石經獨特文本標點。

（六）注釋中「唐石經」指唐開成石經《周禮》，據日本京都大學人文科學研究所藏整拓本全文影像；「蜀本」指宋蜀大字本《周禮》，據日本靜嘉堂文庫公布之全文影像，補抄處皆括注；「婺本」指宋婺州市門巷唐宅刻本《周禮》，據《中華再造善本》影印國家圖書館藏本；「明本」指明嘉靖吴郡徐氏翻宋本《周禮》，據《中華再造善本》影印國家圖書館藏本；「金本」指金刻本《周禮》，據《中華再造善本》影印國家圖書館藏本；「八行本」指宋兩浙東路茶鹽司刻宋元明遞修本《周禮疏》，據《中華再造善本》影印國家圖書館藏本；「費識本」指附清人費念慈題記之宋刻本《周禮》，據國家圖書館藏本；「北大本」指北京大學圖書館藏宋刻本《周禮》，據《中華再造善本》影印本；「翻岳本」指明翻元岳氏本《周禮》，據「中華古籍資源庫」公布之國家圖書館藏 10983 號本全文影像；「十行本」指元刻明修十行本《附釋音周禮注疏》，據《中華再造善本》影印北京市文物局藏本。

録　文

（前缺四開半）

《月令》□□□□胔〔一〕，□官之職〔二〕。蜡讀如狙司之狙。

雍氏〔三〕**，下士二人，□八人**〔四〕。擁，謂隄防止水者。

萍氏，下士二人，徒八人。鄭司農云：「萍讀爲蛢，或爲萍號起雨之萍。」玄謂：今《天問》萍號作萍。《爾雅》曰「萍，蓱，其大者曰蘋」。萍讀如小子言平。萍□掌主水禁〔五〕，萍之草無根而浮，取名於□□沈溺也〔六〕。

〔一〕蜀本（補抄）、婺本、明本、金本、八行本、費識本、北大本、翻岳本、十行本「□□□□」作「曰掩骼埋」。
〔二〕蜀本（補抄）、婺本、明本、金本、八行本、費識本、北大本、翻岳本、十行本「□」作「此」。
〔三〕原拓「雍」前有空格，唐石經、蜀本（補抄）、婺本、明本、金本、八行本、費識本、北大本、翻岳本、十行本另起一行。爲方便閲讀，今版式從唐石經諸本，下仿此。
〔四〕唐石經、蜀本（補抄）、婺本、明本、金本、八行本、費識本、北大本、翻岳本、十行本「□」作「徒」。
〔五〕蜀本、婺本、明本、金本、八行本、費識本、北大本、翻岳本、十行本「□」作「氏」。
〔六〕蜀本、婺本、明本、金本、八行本、費識本、北大本、翻岳本、十行本「□□」作「其不」。

司寤氏，下士二人，徒八人。寤，覺也，主夜覺者。

司烜氏，下士六人，徒十有二人。烜，火也，讀如衛侯燬□燬〔一〕。故書「燬」作「烜」，鄭司□【十】云〔二〕：「當爲垣。」

條狼氏，下士六人，胥六人，徒【61—62】六十人。杜子春云：「條當爲滌器之滌。」玄謂：滌，除也。狼，狼扈道上。

脩閭氏，下士二人，史一人，徒十有二人。閭，謂里門。

冥氏，下士二人，徒八人。鄭司農云：「冥，讀爲冥氏春秋謂之螟。」玄謂：冥方之冥，以繩縻取禽獸之名。

庶氏，下士一人，徒四人。庶讀如藥煮，驅除毒蠱之言。書不作蠱者，字從聲耳。

穴氏，下士一【十一】人，徒四人。穴，搏蟄獸所藏者。

翨氏，下士二□〔三〕，徒八人。翨，鳥翮也。鄭司農云：「翨，讀爲翅翼之翅。」

柞氏，下士八人，徒二十人。柞，除木之名。除木者必先校剥之。鄭司農云：「柞，讀爲聲音唶唶之唶，屋笮之笮。」

薙氏，下士二人，徒二十人。書「薙」或作「夷」。鄭司農：「掌殺草，故《春秋傳》曰『如農夫之務去草，芟夷藴崇之』。又今俗閒謂麥下爲夷下，言芟夷其麥，以其下種禾豆也。」玄謂：薙，讀如鬀小兒頭之鬀。書或作夷。此皆翦草，字從類【十二】耳。《月令》曰「乃燒薙行水利」〔四〕，謂燒所芟草乃水之。

硩蔟氏，下士一人，徒二人。鄭司農云：「硩讀爲擿。蔟讀爲爵蔟之蔟，謂巢也。」玄謂：硩，古字從石，折聲。

翦氏，下士一人，徒二人。翦，斷滅之言，主除蟲蠹者也。《詩》曰：「寔始翦商。」

赤犮氏，下士一人，徒二人。赤犮，猶赫拔也，主除蟲豸自埋藏者。

蟈氏，下士一人，徒二人。鄭司農曰：「蟈，讀爲蜮。蜮，蝦蟇也。《月令》曰『螻蟈鳴』，故曰『掌去鼃黽之屬也』，書或爲『掌□蝦蟇』〔五〕。」玄謂：蟈，今御所食蛙也。字【十三】從蟲，國聲也。蜮乃短狐與？

壺涿氏，下士一人，徒二人。壺，謂瓦鼓也。涿，擊之也。故書「涿」爲「獨」。鄭司農曰：「獨讀爲濁，音與涿相近，書亦或爲濁。」

庭氏，下士一人，徒二人。庭氏主射妖鳥，令國中絜清如庭者。

銜枚氏，下士二人，徒八人。銜枚，止言語囂讙。枚狀如箸，横銜之，爲之繣結於項。

伊耆氏，下士一人，徒二人。伊耆，古王者之號也。始爲蜡，以息老物。此主王之齒，於後王識伊耆氏之舊□〔六〕，而以名官與？今【十四】姓有伊耆也。

大行人，中大夫二人。

小行人，下大夫四人。

司儀，上士八人，中士十有六人。

行夫，下士三十有二人，府四人，史八人，胥八人，徒八十人。行人，主國使之禮。

環人，中士四人，史四人，胥四人，徒四十人。環，猶圍也。主圍寘

〔一〕蜀本、婺本、明本、金本、八行本、費識本、北大本、翻岳本、十行本「□」作「之」。

〔二〕蜀本、婺本、明本、金本、八行本、費識本、北大本、翻岳本、十行本「□」作「農」。

〔三〕唐石經、蜀本、婺本、明本、金本、八行本、費識本、北大本、翻岳本、十行本「□」作「人」。

〔四〕蜀石經此處引文斷句與《禮記・月令》疏文之理解不同。又《禮記・月令》無「乃」，有「乃」者爲《唐月令》文。另，下文《薙氏職》注中亦引《月令》，則與傳本《禮記・月令》同，彼處依疏文句讀，可參看。

〔五〕蜀本、婺本、明本、金本、八行本、費識本、北大本、翻岳本、十行本「□」作「去」。

〔六〕蜀本、婺本、明本、金本、八行本、費識本、北大本、翻岳本、十行本「□」作「德」。

客，作器，爲之守衛者【十五】。

象胥，每翟上士一人，中士二人，下士八人，徒二十人。 通夷狄之言者曰象。胥，其有才智者。此類之本名，東方曰寄，南方曰象，西方曰狄鞮，北方曰譯。今揔名曰象者，周之德先致南方。

掌客，上士二人，下士四人，府一人，史二人，胥二人，徒二十人。

掌訝，中士八人，府二人，史四人，胥四人，徒四十人。 訝，迎也。客來，主迎之【十六】者也。鄭司農曰：「訝，讀爲跛者訝跛者之訝。」

掌交，中士八人，府□人〔二〕，史四人，徒三十有二人。 主交通結諸侯之好者【98-99】〔一〕。

掌寮〔三〕，四方中士八人，史四人，徒十有六人。

掌貨賄，下士十有六人，史四人，徒三十有二人。

朝大夫，每國上士二人，下士四人，府一人，史二人，庶【十七】子八人，徒二十人。 此王之上士也，使主都家之國治，而命之大夫云。

都則，中士一人，下士二人，府一人，史二人，庶子四人，徒八十人。 都則，主都之八則也。當言每國，如朝大夫及都司馬云。

都士，中士二人，下士四人，府二人，史四人，胥四人，徒四十人。

家士亦如之。 都家之士，主治都家吏民之獄訟，以告方士者也。亦當言每國也【十八】。

大司寇之職，掌建邦之三典，以佐王刑邦國，詰四方。 典，法也。詰，謹也。《書》曰：「王秏荒，度作詳刑〔四〕，以詰四方。」**一曰刑新國用輕典，** 新國者，新辟地立君之國也。用輕法者，爲其民未習於教。**二曰刑平國用中典，** 平國，承平守成之國。用中典者，常行之法。**三曰刑亂國用重典。** 亂國，簒弑叛逆之國。用重典者，以其化惡伐滅也。**以五刑糾萬民，** 刑亦法也。糾，寮異者。**一曰野【十九】刑，上功糾力；** 功，農功也。力，勤力也。**二曰軍刑，上命糾守；** 命，將命也。守，不失部伍也。**三曰鄉刑，上德糾孝；** 德，六德也。善父母爲孝。**四曰官刑，上能糾職；** 能，能其事也。職，職事也、脩理也。**五曰國刑，上愿糾暴。** 愿，慤慎也。「暴」當爲「恭」，字之誤也。**以圜土聚教罷民，** 圜土，獄城也。聚罷民其中，困苦以教之爲善也。民不愍作勞，有似於罷也。**凡害人者，寘之圜土而施職事【廿】焉，以明刑恥之。** 害人，謂爲邪惡已有過失麗於法者也。以其不故犯法，寘之圜土繫教之，庶其困悔而改也。寘，置也。施職事，以所能役使之也。明刑，書其罪惡於大方板，著其背。**其能改者，反于中國，不齒三年；** 反於中國，謂舍之還於故鄉里也。《司圜職》曰：「上罪三年而舍，中罪二年而舍，下罪一年而舍。」不齒者，不得以年次列於平民。**其不能改而出圜土者，殺。** 出，謂逃亡。**以兩造禁民訟，入束矢於朝，然後聽之。** 訟，謂【廿一】以財貨相告者也。造，至也。使訟者兩至，既兩至，使入束矢乃治之也。不至，不入束矢，則是自服直者也。必入矢者，取其直也。《詩》云：「其直如矢。」古者一弓百矢，束矢其百个與？**以兩劑禁民獄，入鈞金，三日乃致于朝，然後聽之。** 獄，謂相告以罪名者。劑，今券書也。使獄者各齎券書，既兩券書，使入鈞金，又三日乃治之，重刑也。不券則書，不入金，則是亦自服不直者也。必入金者，取其堅。三十斤曰鈞。**以嘉石平罷民，** 嘉石，文石也。樹之外朝門左。平，成也，成使善也。**凡萬民之有罪【廿二】過而未麗於灋，而害於州里者，桎梏而坐諸嘉石，役諸司空。重罪旬有三日坐，朞役；其次九日**

〔一〕唐石經、蜀本、婺本、明本、八行本、費識本、北大本、翻岳本、十行本「□」作「二」，金本「□」處空一格。

〔二〕據61行與62行、98行與99行之間拼接痕跡推測，62行至98行所在原石有37行。

〔三〕原拓「寮」字闕筆，以下相同處不再出注。

〔四〕原拓「詳」字闕筆。

坐，九月役；其次【135–136】〔一〕**七日坐，七月役；其次五日坐，五月役；其下罪三日坐，三月役。使州里任之，則宥而舍之。**有罪過，謂邪惡之人所罪過者也。麗，附也。未附於法，未著於法也。木【廿三】在足曰桎，在手曰梏。役諸司空，坐日訖，使給百工之役。月訖，使其州里之人任之，乃赦之。寬宥也。**以肺石達窮民，**肺石，赤石也。窮民，天民之窮而無告者。**凡遠近惸獨老幼之欲有復於上，而其長弗達者，立於肺石，三日，士聽其辭，以告於上，而罪其長。**無兄弟曰惸。無子孫曰獨。復，猶報也。上，謂王與六卿也。報之者，若上卿書詣公府言事矣。長，謂諸侯若鄉遂大夫也。**正月之吉，始**【廿四】**和布刑于邦國都鄙，乃縣刑象之灋于象魏，使萬民觀刑象，挾日而斂之。**正月朔日，布王刑於天下，正歲又縣其書，重之也。**凡邦之大盟約，涖其盟書，而登之于天府，**涖，臨也。天府，祖廟之藏也。**大史、內史、司會及六官，皆受其貳而藏之。**六官，六卿之官。貳，副也。**凡諸侯之獄訟，以邦典定**【廿五】**之；**邦典，六典也。以六典待邦國之治。**凡卿大夫之獄訟，以邦灋斷之；**邦法，八法也。以八法待官府之治。**凡庶民之獄訟，以邦成弊之。**邦成，八成也。以官成待萬民之治。故書「弊」爲「憋」。鄭司農云：「『弊』當爲『弊』。邦成，謂若今時決事比也。弊之，斷其獄訟也。故《春秋傳》曰『弊獄刑侯』。」**大祭祀，奉犬牲。**奉，猶進也。**若禋祀五帝，則戒之日，涖誓百官，戒于百族。**戒之日，卜之日。百族，府史以下。《郊特牲》曰：「卜之日，王立于澤宮，親聽【廿六】誓命，受教諫之義也。獻命庫門之內，戒百官也。太廟之內，戒百姓也。」**及納亨，前王，祭之日，亦如之。**納亨，致牲。**奉其明水火。**明水火，所取於日月者。**凡朝覲會同，前王，大喪亦如之。**大喪所前或嗣王也。**大軍旅，涖戮于社。**社，謂社主在軍者也。鄭司農說以《書》曰「用命賞于祖，不用命戮于社」。**凡邦之大事，使其屬蹕。**屬，士師以下。故書「蹕」作「避」，杜子春云：「『避』當爲『辟』，謂若辟除奸人。」玄謂：蹕，止行人也【廿七】。

小司寇之職，掌外朝之政，以致萬民而詢焉。一曰詢國危，二曰詢國遷，三曰詢立君。外朝，朝在雉門之外者也。國危，謂有兵寇之難也。國遷，謂徙都改邑也。立君，謂無冢適選於衆也。鄭司農云：「致萬民，聚萬民也。詢，謀也。《詩》曰『詢于芻蕘』，《書》曰『謀及庶民』。」**其位：王南鄉，三公及州長、百姓北面，羣臣西面，羣吏東面。**羣臣，卿大夫士也。羣吏，府史也。其不見孤者，從【廿八】羣臣，大夫在公後也。**小司寇擯以敘進而問焉，以衆輔志而弊謀。**擯，謂揖之使前也。敘，更也。輔志者，尊王賢明也。**以五刑聽萬民之獄訟，附于刑，用情訊之。至于旬，乃弊之，讀書則用灋。**附，猶著也。故書【172–173】〔二〕「附」作「付」。訊，言也，用情理言之，冀有可以出之者。十日乃斷之。《王制》曰：「刑者侀也，侀者成也。獄壹成而不可變，故君子盡心焉。」鄭司農云：「讀書則用法，如今時讀鞫已乃論之也。」**凡命夫命婦**【廿九】**，不躬坐獄訟。**爲治獄吏褻尊者也。躬，身也。不躬坐者，必使其屬若子弟也。《喪服傳》曰：「命夫者，其男子之爲大夫也。命婦者，其大夫之妻也。」《春秋傳》曰：「衛侯與元咺訟，甯武子爲輔，鍼莊子爲坐，士榮爲大理。」**凡王之同族有罪，不即市。**鄭司農曰：「刑諸甸師氏。《禮記》曰『刑于隱者，不與國人慮兄弟也』。」**以五聲聽獄訟，求民情：一曰辭聽，**觀其出言，不直則煩。**二曰色聽，**觀其顏色，不直則赧然。**三曰氣聽，**觀其氣息，不直則喘。**四曰**【卅】**耳聽，**觀其聽聆，不直則惑。**五曰目聽。**觀其眸子視，不直則眊然。**以八辟麗邦灋，附刑罰：**辟，法也。杜子春讀「麗」爲「罹」。玄謂：附也。《易》曰「日月麗于天」。故書「附」作「付」。附，猶著也。**一曰議親之辟，**鄭司農云：「若今時宗室有罪先請是也。」

〔一〕據 98 行與 99 行、135 行與 136 行之間拼接痕跡推測，99 行至 135 行所在原石有 37 行。
〔二〕據 135 行與 136 行、172 行與 173 行之間拼接痕跡推測，136 行至 172 行所在原石有 37 行。

二曰議故之辟，故，謂舊知也。鄭司農云：「故舊不遺，則民不偷。」三曰議賢之辟，鄭司農曰：「若今時廉吏有罪先請是也。」玄謂：賢，有德行者。四曰議能之辟，能，謂有道藝者。《春秋傳》曰：「夫謀而鮮過，惠訓不倦者【卅一】，叔向有焉，社稷之固，猶將十世宥之，以□能者[一]。今壹不免其身，以弃社稷，不亦或乎？」五曰議功之辟，謂有大勳力立功者。六曰議貴之辟，鄭司農云：「若今時吏墨綬有罪先請是也。」七曰議勤之辟，謂憔悴事國也。八曰議賓之辟。謂所不臣者，三恪二王之後與？以三刺斷庶民獄訟之中：中，謂罪正所定。一曰訊羣臣，二曰訊羣吏，三曰訊萬民。刺，殺也，三訊罪定則殺之。訊，言也【卅二】。聽民之所刺宥，以施上服下服之刑。宥，寬也。民言殺，殺之；言寬，寬之。上服，劓墨也。下服，宫刖也。及大比，登民數，自生齒以上，登于天府。大比，三年大數民之衆寡也。人生齒而體備，男八月、女七月而生齒。內史、司會、冢宰貳之，以制國用。人數定而九賦可知，國用乃可制耳。小祭祀，奉犬牲。奉，猶進也。凡禋祀五帝，實鑊水，納亨亦如【卅三】之。納亨，致牲也。其時鑊水當以洗解牲體肉。大賓客，前王而辟。鄭司農云：「小司寇爲王導，辟除奸人也，若今時執金吾下至令尉奉引矣。」后、世子之喪亦如之。小師，涖戮。小師，王不自出之師。凡國之大事，使其屬蹕。屬，士師以下。孟冬祀司民，獻民數於王，王拜受之，以圖國用而進□之[二]。司民，星名，謂軒轅角也。小司寇作祀司民獻民數於王，重民也。進退，猶損益也。國用【卅四】，民衆則益，民寡則損。歲終，則令羣士計獄弊訟，登中于天府。上其所斷獄訟之數。正歲，帥其屬而觀刑象，令以木鐸，曰：不用灋者，國有常刑。令羣士，羣士，遂士以下。乃宣布于四方，憲刑禁。宣，遍也。憲，表也，謂縣之也。刑禁，士師之五禁。乃命其屬入會【209-210】[三]，乃致事。得其屬之計，乃會致於王。

士師之職，掌【卅五】國之五禁之灋，以左右刑罰。一曰宫禁，二曰官禁，三曰國禁，四曰野禁，五曰軍禁。皆以木鐸徇之于朝，書而懸于門閭。左右，助也。助刑罰者，助其禁民爲非也。宫，王宫。官，官府也。國，城中。古之禁書亡矣。今宫門有符籍，官府有無故擅入，城門有離載下離，野有田律，軍有讙嘂夜行之禁，其粗可言也。以五戒先後刑罰，毋使罪麗于民【卅六】：一曰誓，用之于軍旅；二曰誥，用之于會同；三曰禁，用諸田役；四曰糾，用諸國中；五曰憲，用諸都鄙。先後，猶左右也。誓、誥，於《書》則《甘誓》《湯誓》《大誥》之屬也。禁，則軍禮曰「無干車」「無自後射」，此其類也。糾、憲，未聞焉。掌鄉合州黨族閭比之聯[四]，與其民人之什伍，使之相安相受，以比追胥之事，以施刑【卅七】罰慶賞。鄉合，鄉所合也。追，追寇也。胥讀如宿胥之胥，胥謂司搏盜賊者也。掌官中之政令。大司寇之官府中也。察獄訟之辭，以詔司寇斷獄弊訟，致邦令。詔司寇，若今時百官聽政法解。致邦令者，以法報也。掌士之八成：鄭司農云：「八成者，行事有八篇，若今時決事比事也。」一曰邦汋，鄭司農云：「汋，國汋，斟汋盜取國家密事，若今時刺探尚書事矣。」二曰邦賊，爲逆亂者。三曰邦諜，爲異國反閒者。四曰犯邦令【卅八】，干冒王教令者。五曰撟邦令，稱詐以有爲者。六曰爲邦盜，竊取國之寶藏者。七曰爲邦朋，朋黨相阿，使政不平者也。故書「朋」作「傰」。鄭司農云：「傰讀爲朋友之朋。」八曰爲邦誣。誣罔君臣，使事失實者。若邦凶荒，則以荒辯之灋治之，鄭司農云：「辯，爲風別之別。」救荒之政十有二，爲士師別受其數條，是

[一] 蜀本、婺本、明本、金本、八行本、費識本、北大本、翻岳本、十行本「□」作「勸」。
[二] 蜀本、婺本、明本、金本、八行本、費識本、北大本、翻岳本、十行本「□」作「退」。
[三] 據172行與173行、209行與210行之間拼接痕跡推測，173行至209行所在原石有37行。
[四] 原拓「州」後之字尚存下半「黑」形，且「黑」上有横畫殘筆，當爲「黨」字。

爲荒別之法。」玄謂：辯當爲貶，聲之誤也。遭飢荒則罰刑，國事有所貶損，作權時法也。《朝士職》曰「若國凶荒、札喪、寇戎之故，則令邦國、都家、縣鄙慮刑貶罰也」。**令移民**【卌九】、**通財、糾守、緩刑**。移民，就賤救困也。通財，補不足也。糾守，備盜賊也。緩刑，紓民心也。**凡以財獄訟者，正之以傅別、約劑**。傅別，中別手書也。劑，各所持券也。故書「別」爲「辯」。鄭司農曰：「『傅』或爲『符』。辯讀爲風別之別，若今時市買，爲券書以別之，各得其□〔一〕，訟則按券以正之。」**若祭勝國之社稷，□爲之尸**〔二〕。以刑官爲尸，略之也。周謂亡殷之社曰亳社。**王燕出入，則前驅而辟**。道王且辟行人。**祀五帝，則沃尸及**【四十】**王盥，洎鑊水**。洎，謂增其沃汁。**凡刉珥，則奉犬牲**。珥讀爲衈，盥禮之事也。用牲，毛者曰刉，羽者曰衈。**諸侯爲賓，則帥其屬而蹕于王宮**。謂諸侯來朝若燕饗時。**大喪亦如之**。**大師，帥其屬而禁逆軍旅者與犯師禁者而戮之**。逆軍旅，反將命也。犯師禁，于行陣也。**歲終，則令正要會**。定計簿也。**正歲，帥其屬而憲禁**【四一】【246–247】**令于國及郊野**。去國百里爲郊，郊外謂之野。

鄉士掌國中，鄭司農云：「謂國中至百里郊也。」玄謂：其地則距王城百里内也。言掌國中，此主國中獄，六鄉之獄在國中者。**各掌其鄉之民數而糾戒之**。鄉士八人，言各者，四人而分主三鄉。**聽其獄訟，察其辭**，察，審也。**辨其獄訟，異其死刑之罪而要之，旬而職聽于朝**。辨、異，謂殊其文書也。要之，爲其罪之要辭，如今劾矣。十日，乃□【四二】職事治之於外朝〔三〕，容其自反覆也。**司寇聽之，斷其獄、弊其□于朝**〔四〕。**羣士司刑皆在，各麗其灋以□□訟**〔五〕。麗，附也。各附致其法以成議也。**獄訟成，士師受中**。受中，謂受獄訟之成。鄭司農云：「士師受中，若今二千石受其獄也。中者，刑罰之中也。故《論語》曰『刑罰不中，則民無所措手足』。協日刑殺〔六〕，**肆之三日**。協，合也，和也，和合支干善日，若今時望後刑日也。肆之三日，《春秋傳》曰『三日棄疾請逆尸』，《論語》曰『肆諸市朝』。」玄【四三】謂：士師既獄訟之成，鄉士則擇可行殺之日，至其時而往涖之，尸之三日乃反之。**若欲免之，則王會其期**。免，猶赦也。期，謂鄉士職聽于朝，司寇聽之日也，王欲赦之，則此時親往議之。**大祭祀、大喪紀、大軍旅、大賓客，則各掌其鄉之禁令，帥其屬夾道而蹕**。屬，中士以下。**三公若有邦事，則爲之前驅而辟，其喪亦如之**。鄭司農云：「鄉士爲三公道也，若今時三公出城【四四】，辟督郵、盜賊導之也。」**凡國有大事，則戮其犯命者**。

遂士掌四郊，鄭司農云：「謂百里外至三百里也。」玄謂：其地則距王城百里以外至二百里也。言掌四郊者，此主四郊獄也。六遂之獄在四郊。**各掌其遂之民數，而糾其戒令**，遂士十二人，言各者，三人而分主一遂也。**聽其獄訟，察其辭，辨其獄訟，異其死刑之□而要之**〔七〕，**二旬而職聽于朝**。**司寇聽**【四五】**□**〔八〕，**斷其獄、弊其訟于朝**。**羣士司刑皆在，各麗其灋以議獄訟**。**獄訟成，士師受中**。**協日就郊而刑殺，各於其遂，肆之三日**。就郊而刑殺者，遂士也。遂士擇刑殺日，至其時往涖之，如鄉士爲之矣。言各於其遂者，四郊六遂，遂處不同也。**若欲免之，則王令三公會其期**。令，猶命也。王

〔一〕蜀本、婺本、明本、金本、八行本、費識本、北大本、翻岳本、十行本「□」作「一」。
〔二〕唐石經、蜀本、婺本、明本、金本、八行本、費識本、北大本、翻岳本、十行本「□」作「則」。
〔三〕蜀本、婺本、明本、金本、八行本、費識本、北大本、翻岳本、十行本「□」作「以」。
〔四〕唐石經、蜀本、婺本、明本、金本、八行本、費識本、北大本、翻岳本、十行本「□」作「訟」。
〔五〕唐石經、蜀本、婺本、明本、金本、八行本、費識本、北大本、翻岳本、十行本「□□」作「議獄」。
〔六〕唐石經、蜀本、婺本、明本、翻岳本「□」作「協」，金本、八行本、費識本、十行本作「恊」，北大本作「叶」。原拓「□」尚存殘形，蓋「協」字。
〔七〕唐石經、蜀本、婺本、明本、金本、八行本、費識本、北大本、翻岳本、十行本「□」作「罪」。
〔八〕唐石經、蜀本、婺本、明本、金本、八行本、費識本、北大本、翻岳本、十行本「□」作「之」。

欲赦之，則用遂士職聽之，則三公往議也。**若邦有大【四六】事聚衆庶，則各掌其遂之禁令，帥其屬而蹕。**大事，王所親也。**六卿若有邦事，則爲之前驅而辟，其喪亦如之。凡郊有大事，則戮其犯命者。**

縣士掌野，鄭司農云：「掌三百里至四百里，大夫所食。晉韓須爲公族大夫，食縣。」玄謂：地距王城二百里以外至三百里曰野，三百里以外至四百里曰都。都、縣，野之外地，其邑非王子弟、公卿大夫之菜地，則皆公邑，謂之縣，縣士【四七】掌其獄焉。言掌野者，郊外曰野，大揔言也。獄居近焉，野之縣獄在二百里上，縣之縣獄在三百里上【283–284】〔一〕，都之縣獄在四百里上。**各掌其縣之民數，糾其戒令，而聽其獄訟，察其辭，辨其獄訟，異其死刑之罪而要之，三旬而職聽于朝。司寇聽之，斷其獄、弊其訟于朝。羣士司刑皆在，各麗其灋以議獄訟。獄訟【四八】成，士師受中。協日刑殺，各就其縣，肆之三日。**刑殺各就其縣者，亦謂縣士也。**若欲免之，則王命六卿會其期。**期，亦謂縣士職聽之時也。**若邦有大役聚衆庶，則各掌其縣之禁令。若大夫有邦事，則爲之前驅而辟，其喪亦如之。凡野有大事，則戮其犯命者。**野，距王城二百【四九】里以外，及縣鄙也。

方士掌都家，鄭司農云：「掌四百里至五百里，公所食也，魯季氏食於都。」玄謂：都，王子弟及公卿菜地。家，大夫之菜地。大都在畺地，小都在縣地，家邑在稍地。不言掌其民數，民不純屬王也。**聽其獄訟之辭，辨其死刑之罪而要之，三月而上獄訟于國。**三月乃上要，又變朝言國，以其自有君，異之也。**司寇聽其成于朝，羣士司刑皆在，各麗其灋以議獄訟【五十】。**成，平也。鄭司農說以《春秋傳》曰「晉刑侯與雍子爭鄐田，久而無成也」。**獄訟成，士師受中，書其刑殺之成與其聽獄訟者。**都家之吏自協日刑殺。但書其成書與治獄之吏姓名，備反覆有失實者也。**凡都家之大事聚衆庶，則各掌其方之禁令。**方士十六人，言各掌其方者，四人而主一方也。其方以王之事動衆，則爲班禁令焉。**以時脩其縣灋，若歲終，則省之而誅賞【五一】焉。**縣法者，縣師之職。其職，掌邦國都鄙稍甸郊里之地域，而辨其夫家人民田萊之數，及其六畜車輦之稽。方士以四時脩此法，歲終又省之，則與掌民數亦相近也。**凡都家之士所上治，則主之。**都家之士，都士、家士也。所治上者，謂獄訟之小事，不附罪者也。主之，告於司寇，聽平之也。

訝士掌四方之獄訟，鄭司農曰：「四方諸侯之獄訟。」**諭罪刑于邦國。**告曉以麗罪及制刑之夲意也。**凡四方之有治於士者，造焉。**謂讞疑辯事，先來詣，乃通【五二】之於士。主謂士師也。如今郡國亦時遣主吏者，詣廷尉議之。**四方有亂獄，則往而成之。**亂獄，謂若君臣宣淫、上下相虐者。往成之，猶吕步舒能使治淮南獄也。**邦有賓客，則與行人送逆之。入於國，則爲之前驅而辟，野亦如之。居館，則帥其屬而爲之蹕，誅戮暴客者。客出入則導之，有治則贊之。**送逆，謂始來及去也。出入，謂朝覲於王時【五三】。《春秋傳》曰：「晉侯受策以出，出入三覲。」入國入野，自以時事耳。**凡邦之大事聚衆庶，則讀其誓禁。**

朝士掌建邦【320–321】〔二〕外朝之灋，左九棘，孤卿大夫位焉，羣士在其後。右九棘，公侯伯子男位焉，羣吏在其後。面三槐，三公位焉，州長衆庶在其後。左嘉石，平罷民焉。右肺【五四】石，達窮民焉。樹棘以爲位者，取其赤心而外刺，象以赤心三刺也。槐之言懷也，來人於此，欲與之謀也。羣

〔一〕10倍放大鏡下觀察原拓，「上」字左下非豎畫，當爲原石磨泐之痕，此字非「止」。據209行與210行、283行與284行之間拼接痕跡推測，210行至283行共74行，或兩石之內容。210行至246行爲一石，247行至283行爲一石，246行與247行之間正處於拓本一開中央。

〔二〕據283行與284行、320行與321行之間拼接痕跡推測，284行至320行所在原石有37行。

吏，謂府史也。州長，鄉遂之官也。鄭司農曰：「王有五門，外曰皐門，二曰雉門，三曰庫門，四曰應門，五曰路門。路門一曰畢門。外朝在路門外，內朝在路門之內。左九棘，右九棘，故《易》曰『係用徽纆，寘于叢棘』。」玄謂：《明堂位》說魯公宮曰「庫門，天子皐門；雉門，天子應門」。言魯用天子之禮，所名曰庫門者，如天子皐門；所名曰雉門者，如天子應門。此名制二兼四，則魯無皐門、應門矣。《檀弓》曰「魯莊公之喪，既葬，而絰不入庫門」。言其除喪而反，由外來，是庫門在雉門外必也。如是，王五【五五】門，雉門爲中門，雉門設兩觀，與今之宮門同。門人幾出入者，窮人蓋不得入也。《郊特牲》曰「說繹之於庫門內」，言遠，當於廟門，廟門在庫門之內，見於此矣。《小宗伯職》曰「建國之神位，右社稷，左宗廟」。然則外朝於庫門之外，皐門之內與？今司徒府有天子以下會殿，亦古之外朝哉。周天子、諸侯皆有三朝，外朝一，內朝二。內朝在路門內者，或謂之燕朝也。**帥其屬而以鞭呼趨且辟**。趨朝，辟行人，執鞭以威人。**禁慢朝、錯立、族談者**。慢朝，臨朝不肅敬也。錯立、族談，違其位僔語者也。**凡得獲貨賄、人民、六【五六】畜者，委于朝，告于士，旬而舉之，大者公之，小者庶民私之**。俘而取之曰獲。委於朝十日，待來識者也。人民，謂刑人、奴隸逃亡者也。《司隸職》曰：「帥其民而搏盜賊。」鄭司農云：「若今時得遺物放失六畜，特詣鄉亭縣廷也。大者公之，大物没入公家也。小者私之，物小自畀也。」玄謂：人民小者，未齔七歲以下。**凡士之治有期日，國中一旬，郊二旬，野三旬，都三月，邦國朞。其內之治聽【五七】，其外不聽**。鄭司農云：「謂在朝內者聽，其外者不聽。若今時徒論決，滿三月，不得乞鞫□[一]。」**凡有責者，有判書以治，則聽**。判，分兩合也，故書爲「辨」。鄭司農云：「謂若今時辭訟，有券書者爲□之也[二]。辨讀爲別，謂別券也。」玄謂：古者出責之息，亦如國服與？**凡民同貨財者，令以國灋行之。犯令者，刑罰之**。鄭司農云：「同貨財者，謂合錢共賈也。以國法行之，司市爲節以遺之也。」玄謂：同貨財，富人畜積者，多時收斂之，乏時以國服之法以出之，雖有騰躍，其嬴不得【五八】過。此以利出者與取者，過此則罰之。若今時加貴取息坐贓。**凡屬責者，以其地傅，而聽其辭**。鄭司農云：「謂訟地畔界也，田地町畔相比屬，故謂之屬責。以地傅而聽其辭，以其比畔爲證也。」玄謂：屬責，轉使人歸之，而本主死，歸受之數相抵冒者。以其地之人相比近，能爲證者來，乃受其辭爲治之也。**凡盜賊軍鄉邑及家人，殺之無罪**。鄭司農云：「謂盜賊羣輩若軍共攻鄉邑家人者也，殺人無罪。若今時無故入人家宅廬舍，上人車船，牽引人欲死法者，其時格殺之，無罪【五九】。」**凡報仇讎者，書於士，殺之無罪**。謂同國不相辟者也，將報之，必先言之於士。**若邦凶荒、札喪、寇戎之故，則令邦國、都家、縣鄙慮刑貶**。故書「慮」爲「憲」，「貶」爲「窆」【357-358】[三]。□子春云[四]：「窆當爲禁。憲，謂播書以明之也。」玄謂：慮，謀也。貶，猶減也。謂當圖謀緩刑，且減國用，爲民困也。所貶視時爲多少之法。

司民掌登萬民之數，自生齒以上皆書於版，辨其國中與其【六十】都鄙及其郊野，異其男女，歲登下其死生。登，上也。男八月、女七月而生齒。版，今户籍也。下，猶去也。每歲更著生去死也。**及三年大比，以萬民之數詔司寇。司寇及孟冬祀司民之日獻其數于王，王拜受之，登于天府。內史、司會、冢宰貳之，以贊王治**。鄭司農云：「文昌宮三台，爲屬軒轅，相與爲體。近文昌爲司命，次司中，次司【六一】祿，次司民。」玄謂：司民，轅軒角也。天府，主祖廟之藏者。贊，佐也。贊佐，三府以貳佐王治者，當以民多少黜陟主民之吏。

[一] 10倍放大鏡下觀察原拓，「□」尚存殘形，似「也」字。
[二] 蜀本、婺本、明本、金本、八行本、費識本、北大本、翻岳本、十行本「□」作「治」。
[三] 據320行與321行、357行與358行之間拼接痕跡推測，321行至357行所在原石有37行。
[四] 蜀本、婺本、明本、金本、八行本、費識本、北大本、翻岳本、十行本「□」作「杜」。

司刑掌五刑之灋，以麗萬民之罪。墨罪五百，劓罪五百，宮罪五百，刖罪五百，殺罪五百。墨，黥也，刻其面，以墨窒之。劓，截鼻也。今東西夷戎或以墨劓爲俗，古刑人亡逃者之世類與？宮者，丈夫割其勢，女子閉於宮，若今宦男女也。刖，斷其足者也。周改臏作刖。殺，死刑也。《書傳》曰：「決關梁、踰城郭而略盜者，其刑臏。男女不以義交者，其刑宮。觸易君命，革輿【六二】服制度，姦宄寇攘傷人者，其刑劓。非事而事之，出入不以道義，而誦不祥之辭者〔一〕，其刑墨。降略，寇賊，劫掠，奪攘，撟虔者，其刑死。」此二千五百罪之目略，其刑書則亡。夏刑大辟二百，臏辟三百，宮辟五百，劓墨各千，周刖變焉，所謂刑罰世輕世重也。鄭司農云：「漢孝文帝十三年，除肉刑。」**若司寇斷獄弊訟，則以五刑之灋詔刑罰，而以辨罪之輕重。**詔刑罰者，處其所應否，如今律家所著法矣。

司刺掌三刺，三宥，三赦之灋，以贊司【六三】寇聽獄訟。刺，殺也。訊而有罪則殺之。宥，寬也。赦，舍也。**壹刺曰訊羣臣，再刺曰訊羣吏，三刺曰訊萬民。**訊，言也。**壹宥曰不識，再宥曰過失，三宥曰遺忘。**鄭司農云：「不識，愚民無所識則宥之也。過失，若今時律過失殺人不坐死也。」玄謂：識，審也。不審，若今仇讎當報甲，見乙，誠以爲甲而殺之者。過失，若舉刃欲斫伐，而軼中人者。遺忘，若閒帷薄，忘有在焉者，而以兵矢投射也。**壹赦曰幼弱，再赦【六四】曰老旄，三赦曰惷愚。**惷愚，生而癡騃童昏者也。鄭司農云：「幼弱，老旄，若今時律令年未滿八歲，八十以上，非手殺人，他皆不坐。」**以此三灋者求民情，斷民中，而施上服下服之罪，然後刑殺。**上服，與墨、劓。下服，宮，刖也。《司約職》曰：「其不信者，服墨刑。」凡行刑，人必先規識所刑之處，乃後行之。

司約掌邦國及萬民之約劑，治神之約爲上，治民之約次【六五】之，治地之約次之，治功之約次之，治器之約次之，治摯之約次之。此六約者，諸侯下至於民，皆有焉。劑，謂券書。治者，理其相探冒上下之差。神約，謂命祀，郊社，羣望及所祖宗也。夔子不祀祝融，楚人伐之。民約，謂征稅遷移，仇讎既和，若懷宗九姓在晉，殷民六族七姓在魯衛皆是也。地約，皆經界所至，田萊之比也。功約，謂王功國功之屬，賞爵所及也。器約，謂禮樂吉凶車服所得【395—396】〔二〕用也。摯，謂玉帛禽鳥，相與往來。**凡大約劑，書於宗彝。小【六六】約劑，書於丹圖。**大約劑，邦國約也。書於宗廟之六彝，欲神監焉。小約劑，萬民約也。丹圖，未聞。或有彤器簠簋之屬，有圖象者與？《春秋傳》曰：「斐豹，隸也，著於丹書。」今俗語有鐵券丹書，豈此舊典之遺言乎？**若有訟者，則珥而辟藏，其不信者服墨刑。**鄭司農云：「謂有事爭訟罪罰，謂刑書謬誤不正者，爲之開藏，取本刑書以正之。當開時，先祭之也。」玄謂：訟約，若宋仲幾、薛約宰者。辟藏，開府視約書也。不信，不如約也。珥讀曰衈，謂殺鷄血釁其戶。**若大亂，則六官辟【六七】藏，其不信者殺。**大亂，謂約，若吳楚之君，晉文公請遂以葬者。六官辟藏，明罪大也。六官初受盟約之貳者。

司盟掌盟載之灋，載，盟辭也。謂盟者書其辭於策，殺牲取血，坎其牲，加書於上而埋之，謂之載書。《春秋傳》曰：「宋寺人惠牆伊戾坎用牲，加，爲世子座與楚客盟者。」**凡邦國有疑會同，則掌其盟約之載及其禮儀，北面詔明神。既盟，則貳之。**有疑，不協者也。明神，神之明察者，謂日月山川也。《覲禮》加【六八】方明于壇上，所以依之。詔之者，讀其載書臣告之。貳之者，寫副當以授六官。**盟萬民之犯命者，詛其不信者亦如之。**盟詛者，欲與共惡之也。犯命，君教令也。不信，違約也。《春秋傳》曰：「臧紇犯門斬關以出，乃盟臧氏。」

〔一〕原拓「祥」字闕筆，以下相同處不再出注。
〔二〕據357行與358行、395行與396行之間拼接痕跡推測，358行至395行所在原石有38行。

又曰：「鄭伯使卒出豭，行出犬雞，以詛射潁考叔者。」凡民之有約劑者，其貳在司盟。貳之者，檢其自相違約。有獄訟者，則使之盟詛。不信則詛，所以省獄訟。凡盟詛，各以其地域之衆【六九】庶共其牲而致焉。既盟，則爲司盟共祈酒脯〔一〕。使其邑閭出牲而來盟，已，又使出酒脯，司盟爲之祈明神，使不信者必凶也。

職金掌凡金、玉、錫、石、丹、青之戒令，青，空青也。受其入征者，辨其物之嫩惡與其數量，楬而璽之，入其金錫于爲兵器之府，入其玉石丹青于守藏之府。爲兵【七十】器者，攻金之工六也。守藏者，玉府、内府也。鄭司農云：「受其入征者，謂主受來金玉錫石丹青者兵之租稅也。楬而璽之者，楬，書其數量又以著其物也。璽者，印也。既楬書揃其數量，又以印封之。今時之書有所表識，謂之楬諸。」入其要。要，凡數也。入之於天府。掌受士之金罰、貨罰，入于司兵。給治及工直也。貨，泉貝也。罰，贖也。《書》曰：「金作贖刑。」旅于上帝，則共其金版，饗諸侯亦如之。鉼金謂之版，此版所施未聞。凡國有大故而用【七一】金石，則掌其令。主其取之令。用金石者，作槍雷椎椁之屬。

司厲掌盜賊之任器、貨賄，辨其物，皆有數量，賈而楬之，入于司兵〔二〕。鄭司農云：「任器、貨賄，謂盜賊所用傷人兵器及所盜賊財物也。入于司兵，若今時傷殺人所用兵，盜贓，加責没入縣官。」其奴，男子入于罪隸，女子入于舂槀。鄭司農云：「謂坐爲盜賊而爲奴者，輸於罪隸、舂人、槀人之官也。由是觀之，今之奴婢，古之罪人也。故《書》曰『予則奴戮【七二】【432-433】汝』，《論語》曰『箕子爲之奴』，罪隸奴也。故《春秋傳》曰『斐豹，隸也，著於丹書，請焚丹書，我殺督戎』。恥爲奴，欲焚其籍也。」玄謂：奴，從坐而没縣官者，男女同名也。凡有爵者與七十者與未齓者，皆不爲奴。有爵，謂命士以上。齓者，男八歲、女七歲而毀齒。

犬人掌犬牲。凡祭祀，共犬牲，用牷物。伏、瘞亦如之。鄭司農云：「牷，純也。物，色也。伏，謂伏犬，以王車轢之也。瘞，謂埋祭也。《爾雅》曰『祭地曰瘞埋』。」凡幾、珥、沈、辜，用駹可【七三】也。故書「駹」作「龍」。鄭司農云：「幾讀爲祈。《爾雅》曰『祭山曰庪縣，祭川曰浮沈』。《大宗伯職》曰『以埋沈祭山川林澤，以副辜祭四方百物』。龍讀爲駹，駹謂不純色也。」玄謂：幾讀爲刉，珥當爲衈。衈刉者，釁禮之事。凡相犬、牽犬者屬焉，掌其政治。相，謂視擇，知其善惡。

司圜掌收教罷民，凡害人者，弗使冠飾而加明刑焉，任之以事而收教之。能改者，上罪三年而舍，中罪二年而【七四】舍，下罪一年而舍。其不能改而出圜土者，殺。雖出，三年不齒。弗使冠飾者，著墨幪，若古之象刑與？舍，釋之也。鄭司農曰：「罷民，謂惡人不從化，爲百姓所患苦，而未入五刑者也，故曰凡害。不使冠飾，任之以事，若今罰作人。」凡圜土之刑人也不虧體，其罰人也不虧財。言其刑人，但加以明刑。罰之，但任之以事耳。鄭司農云：「以此知其爲民所患苦，而未入刑者。故《大司寇職》曰『凡萬民之有罪過而未麗於法，而害於州里者，桎梏而坐諸嘉石，役諸司【七五】空』。又曰『以嘉石平罷民』。《國語》曰『罷士無伍，罷女無家』。言爲惡無所容入。」玄謂：圜土所收教者，過失害人以麗於法。

掌囚掌守盜賊，凡囚者，上罪梏拲而桎，中罪桎梏，下罪梏，王之同族拲，有爵者桎，以待弊罪。凡囚者，謂非盜賊自以他罪拘者。鄭司農

〔一〕蜀石經此處有改刻痕迹，蓋原刻作「脯」，改刻作「酺」。唐石經、蜀本、婺本、明本、金本、八行本、費識本、北大本、翻岳本、十行本作「脯」。

〔二〕蜀石經「之」「于」間有補刻小字「入」，唐石經、蜀本、婺本、明本、金本、八行本、費識本、北大本、翻岳本、十行本有「入」。

云：「拲者，兩手共入一木。桎梏者，兩手各一木也。」玄謂：在手曰梏，在足曰桎。中罪不拲，手亦各一木耳。下罪又去桎。王同姓及命士以上，雖有上罪，或拲或桎而已。弊，猶斷也。**及刑殺，告刑【七六】于王，奉而適朝，士加明梏，以適市而刑殺之。**告刑于王，告以今日當行刑及所刑姓名也。其死罪則曰「某之罪在大辟」，其刑罪則曰「某之罪在小辟」。奉而適朝者，重刑，爲王欲有所赦，且當以付士也。士，鄉士也。加明梏者，謂書其姓名及其罪於梏而著之也。因時雖有無梏者，至於刑殺，皆設之，以適市就衆也。庶姓無爵者，皆刑殺於市也。**凡有爵者與王之同族，奉而適甸師氏，以待刑殺。**適甸師氏，亦由朝乃往也。所往刑殺者，掌戮將自市來也。《文【七七】王世子》曰：「雖親不以犯有司，正術也，所以體異姓也。刑于隱者，不與國人慮兄弟也。」

掌戮掌斬殺賊諜而搏之。斬以鈇鉞，若今要斬也。殺以刃刃，若今棄市也。諜，爲姦寇反閒者。賊與諜，罪大者斬之，小者殺之。搏當爲膊諸城之膊，字之誤也。膊，謂去衣磔之。**凡殺其親者，焚之。殺王之親者，辜之。**親，緦服以內也。焚，燒也。《易》曰：「焚如，死如，棄如。」辜之，言枯也，謂磔之也。**凡殺人者，踣諸市，肆之三日。刑盜于市。**踣，僵尸也。肆，猶【七八】陳之也。目言刑盜，盜於刑殺，惡莫大焉。**凡罪之麗於灋者，亦【469–470】[一]如之。唯王之同族與有爵者，殺之于甸師氏。**罪二千五百條，上附下附，刑五而已。於刑同科者，其刑殺之一人也。**凡軍旅田役斬殺刑戮，亦如之。**戮，謂膊焚辜肆也。**墨者使守門，**黥者無妨於禁御也。**劓者使守關，**截鼻亦無妨，以醜遠之也。**宮者使守內，**以其人道絶也，今世或然。**刖者使守囿【七九】，**斷足驅衛禽獸，無急行也。**髡者使守積。**鄭司農云：「『髡』當爲『完』，謂但居作三年，不虧體者也。」玄謂：此出五刑之中而髡者，必王之同族不宮者也。宮之爲翦傷其類，髡頭而已。守積，積在隱者宜之也。

司隸掌五隸之灋，辨其物，而掌其政令。五隸，謂罪隸、四翟之隸也。物，衣服、兵器之屬。**帥其民而搏盜賊，役國中之辱事，爲百官積任器，凡囚執人之事。**民，五隸之民。鄭司農云：「百官所當任持之器物【八十】，此官主爲積聚之。」玄謂：任，猶用也。**邦有祭祀、賓客、喪紀之事，則役其煩辱之事。**煩，猶劇也。《士喪禮》下篇曰：「隸人涅廁。」**掌帥四翟之隸，使之皆服其邦之服，執其邦之兵，守王宮與野舍之厲禁。**野舍，王行所止舍也。厲，遮列也。

罪隸掌役百官府與凡有守者，掌使令之小事。役，給其小役。**凡封【八一】國若家，牛助爲牽徬。**鄭司農云：「凡封國若家，謂建諸侯、立大夫家也。牛助爲牽徬，此官主爲送致之也。」玄謂：牛助，國轉徙。罪隸牽徬之，在前曰牽，在後曰徬。**其守王宮與其厲禁者，如蠻隸之事。**

蠻隸掌役校人養馬。其在王宮者，執其國之兵以守王宮。在野外，則守厲禁。

閩隸掌役畜養鳥而阜蕃教【八二】擾之，掌子則取隸焉。杜子春云：「子當爲祀。」玄謂：掌子者，王立世子，置以使掌其家事，而以閩隸役之。

夷隸掌役牧人養牛馬，與鳥言。鄭司農云：「夷狄之人或曉鳥獸之言，故《春秋傳》曰『介葛盧聞牛聲，曰：是生三犧，皆用矣』。是以夷隸職掌與獸言。」**其守王宮者與其守厲禁者，如蠻隸之事。**

貉隸掌役服不氏而養獸而教擾之，掌與獸言。不言【八三】阜蕃者，猛獸不可服，又不生乳於圈檻也。**其守王宮者與其守厲禁者，如蠻隸之事。**

[一] 據 395 行與 396 行、469 行與 470 行之間拼接痕跡推測，396 行至 469 行共 74 行，或兩石之內容。396 行至 432 行爲一石，433 行至 469 行爲一石，432 行與 433 行之間正處於拓本葉間。

周禮卷第九

經四千二百六十字，注七千七百四十字【501-502】

周禮卷第十

秋官司寇下　周禮　　鄭氏注

布憲掌憲邦之刑禁。正月之吉，執旌【八四】節以宣布于四方，而憲邦之刑禁，以【505-506】〔一〕詰四方邦國及其都鄙，達于四海。憲，表也，謂縣之。刑禁者，國之五禁，所以左右刑罰者也。司寇正月布刑于天下，而正歲又縣其書於象魏。布憲于司寇布刑，則以旌節出宣令；於司寇縣書，則亦縣之於門閭及都鄙邦國。刑者，在王政所重，故屢丁寧焉。詰，謹也，使四方謹行之。《爾雅》曰：「九夷、八蠻、六戎、五狄，謂之四海。」**凡邦之大事合衆庶，則以刑禁號令**【八五】。

禁殺戮掌司斬殺戮者，凡傷人見血而不以告者，攘獄者，遏訟者，以告而誅之。司，猶察也。察此四者，告於司寇罪之也。斬殺戮者，謂吏民相斬相殺相戮者也。傷人見血者，見血乃爲傷人耳。鄭司農云：「攘獄者，距當獄也。遏訟者，止欲訟也。」玄謂：攘，猶卻也。卻獄者，言不受。

禁暴氏掌禁庶民之亂暴力正者，撟誣犯禁者，作言語而不信者，以告而【八六】誅之。民之好爲侵陵、稱詐、謾誕，此三者亦刑所禁。力正者，以力彊得正也。**凡國聚衆庶，則戮其犯禁者以徇。凡奚隸聚而出入者，則司牧之，戮其犯禁者。**奚隸，女奴男奴也。其聚出入者，有所役也。

野廬氏掌達國道路，至于四畿。達，謂巡行通之，使不阻絶。去王城五百里曰畿。**比國郊及野之道路、宿息、井、樹。**比，猶校也。宿息，廬之屬，客所宿及晝【八七】止也。井共飲食，樹爲藩蔽。**若有賓客，則令守涂地之人聚**

欜之，有相翔者則誅之〔二〕。守涂地之人，道所出廬旁民也。相翔，猶昌翔觀徇者也。鄭司農云：「聚欜之，聚擊欜以宿衛也。有姧人相翔於賓客之側，則誅之，不得令寇盜賓客也。」**凡道路之舟車轚互者，敘而行之。**舟車轚互，謂於迫隘處也。車有轘轅、坻閣，舟有砥柱之屬。其過之者，使以次序。**凡有節者及有爵者至，則爲之辟。**辟，辟【八八】行人也，亦使守涂地。**禁野之横行徑踰者。**皆爲防姧。横行，妄由田中。徑踰，射邪趨，隄渠者。**凡國之大事，比脩除道路者。**比校治道有名，若今次敘大功者。**掌凡道禁。**禁，謂若今絶蒙大巾、持兵仗之屬。**邦之有大師，則令埽道路，且以幾禁行作不時者、不物者。**不時，謂不夙則暮。不物者，謂衣服操持非此常人也。幾禁之者，備姧人内賊反間者。

蜡氏掌除骴。《曲禮》【八九】曰：「四足死者曰漬。」故書「骴」作「脊」。鄭司農云：「脊讀爲骴，謂死人骨也。」《月令》曰「掩骼埋胔」，胔，骨之尚有肉者，禽獸之骨皆是也。**凡國之大祭祀，令州里除不蠲，禁刑者、任人及凶服者，以及郊野，大師、大賓客亦如之。**蠲讀若吉圭爲饎之圭。圭，絜也。刑者，黥劓之屬。任人，司圜所收教罷民也。凶服，衰絰者。此所以禁除者，皆爲不欲見之，人所穢惡也。**若有死於道路者，則令埋而置楬焉，書其【九十】日月焉，縣其衣服任器于有地之官，以待其人。**有地之官，主此地之吏。待其家人也。鄭司農云：「楬，欲令其識取之，今【542-543】〔三〕時楬猪是也。有地之官，有部界之吏，今時鄉亭是也。」**掌凡國之骴禁。**禁，謂孟春掩骼埋胔之屬。

〔一〕據469行與470行、505行與506行之間拼接痕跡推測，470行至505行所在原石似有36行。然該石跨卷，蓋卷九、十之間有一行空白，製作拓本時剪去空行，故501行與502行之間亦有拼接痕跡。若果然如此，則該石可能仍有37行。
〔二〕原拓「翔」字闕筆，以下相同處不再出注。
〔三〕據505行與506行、542行與543行之間拼接痕跡推測，506行至542行所在原石有37行。

雍氏掌溝瀆澮池之禁，凡害於國稼者。春令爲阱擭溝瀆之利於民者，秋令塞阱杜擭。溝、瀆、澮，田閒通水者也。池，謂陂障之水道也。害於國【九一】稼者，謂水潦及禽獸也。阱，穿地爲塹，所以御禽獸，其或超踰則蹈焉，世謂之陷阱是也。擭，柞鄂也。堅地阱淺，則設柞鄂於其中。秋而杜塞阱擭，收文之時，爲其陷害人也。《書·粊誓》曰：「敜乃擭，敜乃阱。」時非秋也，伯禽以出師征徐戎是也。**禁山之爲苑、澤之沈者。**爲其就禽獸魚鼈自然之居而害之。鄭司農云：「不得擅爲苑囿於山也。澤之沈者，謂毒魚及水蟲之屬。」

萍氏掌國之水禁。水禁，謂水中害人之處，及入水捕魚鼈非時者。**幾酒，**苛察沽買酒過多及非時。**謹酒，**使民節用酒也。《書·酒誥》曰：「有政有事無彝酒。」**禁【九二】川游者。**備波洋卒至沈溺。

司寤氏掌夜時。夜時，謂夜早晚，若今時甲乙至戌。**以星分夜，以詔夜士夜禁。**夜士，主行夜徼候者，若今都候之屬。**禦晨行者，禁宵行者、夜遊者。**備其遭寇害及謀非公事也。禦亦禁也，謂遏止之耳，無刑法也。晨，先明。宵，定昏也。《書》曰：「宵中星虚。」《春秋傳》曰：「夜中星隕如雨。」

司烜氏掌以夫遂取明火於日，以鑒取明水於月，以【九三】共祭祀之明齍，明燭，共明水。夫遂，陽遂也。鑒，鏡之屬也。取水者，世謂之方諸。玟日之火，月之水，欲得陰陽之絜氣也。明燭以照饌陳，明水以爲玄酒。鄭司農云：「夫，發聲也。明粢，謂以明水滫滌粢盛黍稷。」**凡邦之大事共墳燭庭燎。**故書「墳」爲「蕡」。鄭司農云：「蕡燭，麻燭也。」玄謂：墳，大也。樹於門外曰大燭，於内曰庭燎，皆所以照衆爲明也。**中春，以木鐸脩火禁于國中。**爲季春將出火時也。火禁，謂用火之處及備風燥。**軍旅，脩火禁。邦若【九四】屋誅，則爲明竁焉。**鄭司農云：「屋誅，謂夷三族。無親屬收葬者，故爲葬之。三夫爲屋，一家田爲一夫，以此知三家也。」玄謂：屋讀爲其刑剭之剭。誅，謂所殺不於市而以適甸師者。明竁，若今楬頭明書其罪法也。司烜氏掌明竁，則罪人夜葬與？

條狼氏掌執鞭以趨辟。王出入則八人夾道，公則六人，侯伯則四人，子男則二人。趨辟，趨而辟行人也，若今時卒辟車之爲也。孔子曰：「富而可求，雖執鞭之士，吾亦爲之。」言士之賤者【九五】。**凡誓，執鞭以趨於前，且命之。誓僕右曰殺，誓馭曰車轘，誓大夫曰敢不關，鞭五百，誓師曰三百，誓邦之大史曰殺，誓小史曰墨。**前，謂所誓衆之行前也。有司讀誓辭，則大言其刑以警所誓。誓者，謂出軍及將祭祀時也。出軍之誓，誓左右及馭，則《書》之《甘誓》備矣。《郊特牲》説祭祀之誓曰：「卜之日，王立於澤宮，親聽誓命，受教諫之義。」車轘，謂車裂也。師，樂師也。大史、小史，主書記禮事者。鄭司【九六】農云：「誓大夫曰敢不關，謂不關于君也。」玄謂：大夫自不受命以出，則其餘事莫不復諫也。

脩閭氏掌比國中宿互欜者與其國粥，而比其追胥者而賞罰之。國中，城中也。粥，養也【579–580】[一]。國所粥養，謂衍卒也。追，逐寇也。胥讀爲偦。故書「互」爲「巨」。鄭司農云：「宿，謂宿衛也。巨當爲互，謂行馬，所以障互禁止人者也。欜，謂行夜擊欜也。」**禁徑踰者，與以兵革趨行者，與馳騁於國中者。**皆爲其惑衆。**邦有故【九七】，則令守其閭互，唯執節者不幾。**令者，令其閭内之閭胥里宰之屬。

冥氏掌設弧張。弧張，罿罦之屬，所以扃絹禽獸。**爲阱擭以攻猛獸，以靈鼓毆之。**靈鼓，六面鼓也。毆之，使驚趨阱擭也。**若得其獸，則獻其皮、革、齒、須、備。**鄭司農云：「須，直謂頤下須。備，謂搔也。」

庶氏掌除毒蠱，以攻説禬之，以嘉草攻之。毒蠱，蟲物而能害人【九八】

[一] 據542行與543行、579行與580行之間拼接痕跡推測，543行至579行所在原石有37行。

者。《賊律》曰：「敢蠱人及教令者，棄市。」攻説，祈名也，祈其神求去之也。嘉草，藥物，其狀未聞。攻之，謂熏之。鄭司農云：「禬，除也。」玄謂：此禬讀如雍潰之潰。**凡敺蠱，則令之比之。**使之爲，又校次之。

穴氏掌攻蟄獸，各以其物火之。蟄獸，熊羆之屬，冬藏者。將攻之，必先燒其所食之物於穴外以誘出之，乃可得之。**以時獻其珍異皮革。**

翨氏掌攻猛鳥，各以其物爲媒而掎之。猛鳥，鷹隼之屬。置其【九九】所食之物於絹中，鳥來下則掎其脚也。**以時獻其羽翮。**

柞氏掌攻草木及林麓。林，人所養者。山足曰麓。**夏日至，令刊陽木而火之。冬日至，令剥陰木而水之。**刊、剥互言耳，皆謂斫去次地之皮也。生山南曰陽木，生山北曰陰木。火之水之，則使其肄不生。**若欲其化也，則春秋變其水火。**化，猶生也，謂將以種穀也。變其水火者，所火則水之，所水則火之，則其土和美。**凡攻【百】木者，掌其政令。**除木有時。

薙氏掌殺草。春始生而萌之，夏日至而夷之，秋繩而芟之，冬日至而耜之。故書「萌」作「甍」。杜子春云：「『甍』當爲『萌』，謂耕及萌牙也，書亦或作『萌』。」玄謂：萌之者，以兹其斫去生者。夷之，鉤鐮迫地芟之，若今取茭矣。含實曰繩。芟其繩則實不成孰。耜之，以耜測凍土剗之也。**若欲其化也，則以水火變之。**謂以火燒其所芟萌之草，已而以水之，則其土亦和美矣。《月令》季夏云「燒薙【百一】行水，利以殺草，如以熱湯」，是一時著也。**掌凡殺草之政令。**

硩蔟氏掌覆夭鳥之巢。覆，猶毁也。夭鳥，惡鳴之鳥，若鴞鵩。賈誼所賦，陸機云「大如斑鳩，緑色」。**以方書十日之號，十有二辰之號，十有二月之號，十有二歲之號，二十有八星之號，縣其巢上，則去之。**方，板也。日，謂從甲至癸也。辰，謂從娵至荼也。歲，謂從攝提格至赤奮若也。星，謂從角至軫【百二】也。夭鳥見此五者而去，其詳未聞矣。

翦氏掌除蠹物，以攻禜攻之，以莽草熏之。今用以殺魚，《山海經》朝歌山有草名莽，可以毒魚，郭璞云。蠹物，穿食人器物者，蟲魚亦是也。攻禜，祈名也。莽草，藥物殺蟲者也，以熏之則死。故書「蠹」爲「槖」。杜子春云：「『槖』當爲『蠹』。」**掌凡庶蠱之事。**庶，除毒蠱者。毒蠱之類，或【616–617】〔一〕熏之以莽草則去也。

赤犮氏掌除牆屋，以蜃炭攻之，以灰洒毒之。洒，灑也。除牆屋者，除蟲豸藏逃其中者也【百三】。蜃，大蛤也。擣其炭以坋之則走，淳之則死。故書「蜃」爲「晨」。鄭司農云：「當爲『蜃』，書亦或爲『蜃』。」**凡隙屋，除其貍蟲。**貍蟲，蜃肌蛷之屬。

蟈氏掌去鼃黽，焚牡蘜，以灰洒之，則死。牡蘜，蘜不華者。齊魯之閒謂鼃爲蟈。黽，耿黽也。蟈與耿黽尤怒鳴，而聒人耳故去之。**以其煙被之，則凡水蟲無聲。**杜子春云：「假令風從東方來，則於水東面爲煙，西行，被水上。」

壺涿氏掌除水蟲，以炮土之鼓敺之【百四】，以焚石投之。水蟲，狐蜮之屬。故書「炮」作「泡」。杜子春云：「泡當爲匏有苦葉之匏。」玄謂：燔之炮之。土鼓，瓦鼓也。焚石投之，使驚去也。**若欲殺其神，則以牡橭午貫象齒而沈之，則其神死，淵爲陵。**神，謂水神蛟龍罔象也。故書云「橭」爲「梓」，「午」爲「五」。杜子春云：「『梓』當爲『橭』，橭讀爲枯。枯，榆木名也。書或爲『樗』。」又云：「『五貫』爲當『午貫』。」

庭氏掌射國中之夭鳥。若不見其鳥獸，則以救日之弓【百五】與救月之矢夜射之。不見鳥獸，謂夜來鳴呼爲怪也。獸，狐狼之屬。鄭司農云：「救日之弓，救月之矢，謂日月食所作弓矢也。」玄謂：日月之食，陰陽相勝之變，於日食

〔一〕據 579 行與 580 行、616 行與 617 行之間拼接痕跡推測，580 行至 616 行所在原石有 37 行。

則射太陰，月食則射太陽。**若神也，則以大陰之弓與枉矢射之。**神，謂非鳥獸之聲，若或叫於宋太廟譆譆出出者。太陰之弓，救月之弓，枉矢救日之矢與？不言救月之弓與救日之矢者，互言之耳。救日以枉矢，然則救月以恒矢可知也。

銜枚氏掌司囂。窣䠅讙者，與其聒亂在朝者之言語。**國之大【百六】祭祀，令禁無囂。**令，令主祭祀者。**軍旅、田役，令銜枚。**爲其言語相誤。**禁䛘呼歎嗚於國中者，行歌哭於國中之道者。**爲其惑衆相感動也。嗚，唫也。

伊耆氏掌國之大祭祀，共其杖咸。咸讀曰函。老臣雖杖於朝，事鬼神當敬，去之。有司以此函藏之，既事乃授之。**軍旅，授有爵者杖。**別吏卒，且以扶尊者。將軍杖鉞也。**共王之齒杖。**王之【百七】所以賜老者之杖。鄭司農云：「謂年七十當以王命授杖者，今時亦命之爲王杖者。」玄謂：《王制》曰「五十杖於家，六十杖於鄉，七十杖於國，八十杖於朝」。

大行人掌大賓之禮及大客之儀，以親諸侯。大賓，要服以内諸侯。大客，謂其孤卿。**春朝諸侯而圖天下之事，秋覲以比邦國之功，夏宗以陳天下之謨，冬遇以協諸侯之慮，時會以發四方之禁【百八】，殷同以施天下之政。**此六事者，以王見諸侯爲文也。圖、比、陳、協，皆考績之言也。王春見諸侯則圖其事之可否，秋見諸侯則比其功之高下，夏見諸侯則陳其謀之是非，冬見諸侯則合其慮之異同。六服以其朝歲，四時分來，更迭如此而徧。時會即時見也，亦無常期。諸侯有不順者，王將有征討之事，則既朝，王命爲壇於國外，合諸侯而發令事焉。禁，謂九伐之法也。殷同則殷見也。王十二歲一巡狩，若不巡狩則□同〔一〕。殷同者，六服盡朝，既朝，王亦命爲壇于國外【653–654】〔二〕，合諸侯而命其政。政謂邦國之九法。殷同，四方四時分來，歲終而徧矣。九伐、九法皆在《司馬職》。《司馬法》【百九】曰：「春以禮朝諸侯，圖同事。夏以禮宗諸侯，陳同謀。秋以禮覲諸侯，比同功。冬以遇諸侯，圖同慮。時以禮會諸侯，施同政。殷以禮宗諸侯，發同禁。」**時聘以結諸侯之好，殷覜以除邦國之慝，**此二事者，亦以王見諸侯之臣使來者時爲文也。時聘者，亦以禮見無常期也，天子有事，諸侯使大夫來聘，王親以禮見之，以禮遣之，所以結其恩好也。天子無事則已。殷覜，謂一服朝之歲也。慝，惡也。一服朝之歲，五服諸侯皆使卿以聘禮來覜天子，天子以禮見之，命以政禁之事，所以除其惡行。**閒問以諭諸侯之志【百十】，歸脤以交諸侯之福，賀慶以贊諸侯之喜，致禬以補諸侯之烖。**此四者，王使臣於諸侯之禮。閒問者，閒歲一問諸侯，謂存省之屬。諭諸侯之志者，諭言語、諭書名其類也。交，或往或來者也。贊，助也。致禬，凶禮弔禮禬禮也。補諸侯之烖者，若《春秋》澶淵之會，謀歸宋財也。**以九儀辨諸侯之命，等諸臣之爵。**九儀，謂命者五，公侯伯子男。爵者四，孤卿大夫之士。**以同邦國之禮，而待其賓客。上公【百十一】之禮，執桓圭九寸，繅藉九寸，冕服九章，建常九斿，樊纓九就，貳車九乘，介九人，禮九牢，其朝位賓主之閒九十步，立當車軹，擯者五人，廟中將幣三享，王禮再祼而酢，饗禮九獻，食禮九舉，出入五積，三問三勞。諸侯之禮，執【百十二】信圭七寸，繅藉七寸，冕服七章，建常七斿，樊纓七就，貳車七乘，介七人，禮七牢，朝位賓主之閒七十步，立當前疾，擯者四人，廟中將幣三享，王禮壹祼而酢，饗禮七獻，食禮七舉，出入四積，再問再勞。諸伯執躬圭，其他皆如【百十三】諸侯之禮。諸子執穀辟五寸，繅藉五寸，冕服五章，建常五斿，樊纓五就，貳車五乘，介五人，禮五牢，朝位賓主之閒五十步，立當車衡，擯者三人，廟中將幣三享，王禮壹祼不酢，饗禮五獻，食禮五舉，出入三積，壹問壹勞。**

〔一〕蜀本、婺本、明本、金本、八行本、費識本、北大本、翻岳本、十行本「□」作「殷」。
〔二〕據 616 行與 617 行、653 行與 654 行之間拼接痕跡推測，617 行至 653 行所在原石有 37 行。

諸男【百十四】**執蒲璧，其他皆如諸子之禮。**繅藉，以五采韋衣版，若奠玉，則以藉之焉。冕服者，著冕所服之衣也。九章者，自山龍以下。七章者，自華蟲以下。五章者，自宗彝以下。常，旌旗也。斿，其屬幓垂者也。樊纓，馬飾，以罽飾之，每一處五采備爲一就。就，成也。貳，副也。介，輔己行禮者也。禮，謂大禮饔餼也。三牲備爲一牢。就朝位，謂大門外賓下車及王出迎所立處。王始出大門內，交擯三辭乃乘車而迎之，齊僕爲之節。上公立當軹，侯伯當疾，子男當衡，則王立當軫與？廟，受祖之廟也。饗，食禮設盛禮以飲賓也。問，問不恙也。勞，謂苦倦之。皆有禮，以幣致之。故書「祼」作【百十五】【690–691】「果」。鄭司農云：「車軹，車也。三享，三獻也。祼讀爲灌。再祼，再飲公也。而酢，報飲王也。九舉，舉樂也。出入五積，餼之芻禾米也。前疾，謂四馬車轅前胡下垂柱地者。」玄謂：三享皆束帛而加璧，庭實唯國所有。《朝事儀》曰「奉國地所出重物獻之，明臣職也」。朝先享，而不言朝者，朝王禮，不嫌有等也。王禮，以鬱鬯禮賓也。《鬱人職》曰「凡祭賓客之祼事，和鬱鬯以實彝而陳之」。禮公者使宗伯攝酌圭瓚而祼，王既拜送爵，又攝酌璋瓚而祼，后又拜送爵，是謂再祼。再祼賓乃酢王也。禮侯伯一祼而酢者，祼賓，賓酢王而已，后不祼也。禮子男一祼而不酢者，祼賓而已，不酢王也。不酢之禮，《聘禮》禮賓是焉？九舉，舉牲體九飯也。出【百十六】入，謂從來還去也。每積有牢禮米禾芻薪，凡數不同者，皆降殺矣。**凡大國之孤，執皮帛以繼小國之君，出入三積，不問，壹勞，朝位當車前，不交擯，廟中無相，以酒禮之。其他皆眡小國之君。**此以君命來聘者也。孤尊，既聘享，更自以其摯見，執束帛而以，豹皮表之以爲飾。繼小國之君，言次之也。朝聘之禮，每一國畢，乃前。不交擯者，不使介傳辭交於王之擯者，親自對擯賓也。廟中無相，介【百十七】皆入門西上而立，不前相禮也，相禮不者，聘之介是與？以酒禮之者謂齊酒，和之不用鬱耳。其他，謂貳車及介、牢禮、賓主之閒、擯者、將幣、祼酢、饗食之數。**凡諸侯之卿，其禮各下其君二等以下，及其大夫士皆如之。**此亦以君命來聘者也，所下其君者，介與朝位、賓主之閒也。其餘則自以其爵。《聘禮》曰：「上公七介，侯伯五介，子男三介。」是謂使卿聘之介數也。朝位，則上公七十步，侯伯五十步，子男三十步也。**邦畿方千里，其外方五百里謂之侯服**【百十八】**，歲壹見，其貢祀物。又其外方五百里謂之甸服，二歲壹見，其貢嬪物。又其外方五百里謂之男服，三歲壹見，其貢器物。又其外方五百里謂之采服，四歲壹見，其貢服物。又其外方五百里謂之衞服，五歲壹見，其貢材物。又**【百十九】**其外方五百里謂之要服，六歲壹見，貢貨物。**要服，蠻服也。此六服去王城三千五百里，相距方七千里，公侯伯子男封焉。其朝貢之歲，四方各四分趨四時而來，或朝春，或宗夏，或覲秋，或遇冬。祀貢者，犧牲之屬。故書「嬪」作「頻」。鄭司農云：「嬪物，婦人所爲之物也。《爾雅》曰『嬪，婦也』。」玄謂：嬪物，絲枲也。器物，尊彝之屬。服物，玄纁絺纊也。材物，八材也。貨物，龜貝之屬。**九州之外謂之蕃國，世壹見，各以其所貴寶爲摯。**九州之外，夷服、鎮服、蕃服也。《曲禮》曰【百廿】：「其在東夷、北狄、南蠻、西戎，雖大曰子。」《春秋傳》曰：「杞，伯，以夷禮，故曰子。」然則九州之外，其君皆如子男也。無朝貢之歲，以父死子立，及嗣王即位，乃一來耳。各以其所貴寶爲摯，則蕃國之君無執玉瑞者也，是以謂其君爲小賓，臣爲小客。所貴寶見經傳者，若犬戎獻白狼、白鹿是也。其餘則《周禮・王會》備矣。**王之所以撫邦國諸侯者，歲徧存；三歲徧覜；五歲徧省；七歲屬象胥，諭言語，協辭命；九歲屬瞽史，諭書名，聽聲音**【百廿一】**；十有一歲達瑞節，同度量，成牢禮，同**【727–728】〔一〕**數器，脩灋則；十有二歲王巡守殷國。**撫，安也。存也、

〔一〕據653行與654行、727行與728行之間拼接痕跡推測，654行至727行共74行，或兩石之內容。654行至690行爲一石，691行至727行爲一石，690行與691行之間正處於拓本一開中央。

覜、省者，王使臣於諸侯之禮，所謂閒問。歲者，王巡守之明歲以爲始也。屬，猶聚也。自五歲之後，遂閒歲徧省。七歲省而名其象胥，九歲省而名其瞽史，皆聚於天子之宫，教習之也。故書「協辭命」作「叶詞命」。鄭司農云：「象胥，譯語官也。『叶』當爲『汁』，『詞』當爲『辭』，書亦或爲『叶辭命』。」玄謂：胥讀爲諝。《王制》曰「五方之民，言語不通，嗜欲不同，達其志，通其欲。東方曰寄，南方曰象，西方狄鞮，北方曰譯」。此【百廿二】官正爲象者，周始有南越重譯而來獻，是因名通言語之官爲象。玄謂胥象之有才智者。辭命，六辭之令也。瞽，樂師也。史，太史、小史也。書名，畫字也，古曰名，《聘禮》曰「百名以上」。至十一歲又徧省焉。度，丈尺也。量，豆區釜也。數器，銓衡也。法，八法也。則，八則也。達、同、成、修，皆有齎其法式，行行至則齊等之也。成，平也，平其僭踰者。王巡守，諸侯會者各以其時之方，《書》曰「肆覲東后」是也。其殷國，則四方四時分來如平時。**凡諸侯之王事，辨其位，正其等，協其禮，賓而見之**。王事，以王之事來也。《詩》云：「莫敢不來王。」《孟子》曰：「諸侯有王【百廿三】。」**若有大喪，則詔相諸侯之禮**。詔相，左右告教之。**若有四方之大事，則受其幣，聽其辭**。四方之大事，謂國有兵寇，諸侯來告急者。禮動不虚，皆有贄幣，以崇敬也。受之，以其事入告王也。《聘禮》曰：「若有言，則以束帛，如享之禮。」**凡諸侯之邦交，歲相問也，殷相聘也，世相朝也**。小聘曰問。殷，中也。久無事，又於殷朝者反而相聘也。父死子立曰世。凡君即位，大國朝焉，小國聘焉。皆所以習禮考義、正刑一德以尊天子【百廿四】也，必擇有道之國而就脩之。鄭司農云：「殷聘以《春秋傳》曰『孟僖子如齊殷聘，禮』是也。」

小行人掌邦國賓客之禮籍，以待四方之使者。禮籍，名位尊卑之書。使者，諸侯之臣使來者。**令諸侯春入貢，秋獻功，王親受之，各以其國之籍禮之**。貢，六服所貢也。功，考績之功。春秋貢獻之，若今計文書斷於九月，其舊法也。**凡諸侯入王，則逆勞于畿**。鄭司農云：「入王，朝于【百廿五】王也。故《春秋傳》曰『宋公不王』，又曰『諸侯有王，王有巡守』。」**及郊勞、眂館、將幣，爲承而擯**。視館，致館也。承，猶承相也。王使勞賓於郊，致館於賓，至將幣，使宗伯爲上擯，皆爲之承而擯之。**凡四方之使者，大客則擯，小客則受其幣而聽其辭**。擯者，擯而見之王，使得親其言也。受其幣者，受之以入告其所爲來之事也。**使適四方，協九儀。賓客之禮，朝、覲、宗、遇、會、同，君之禮也；存【百廿六】、覜、省、聘、問，臣之禮也**。適，之也。協，合也。**達天下之六節：山國用虎節，土國用人節，澤國用龍節，皆以金爲之；道路用旌節，門關用符節，都鄙用管節，皆以竹爲之**。此謂邦國之節。達之者，使之四方，亦皆齎法式以齊等之也。諸侯使臣行覜聘，則以金節授之，以爲行道之信也。虎、人、龍者，自其國家也。道路，謂鄉遂大夫。都鄙者，王公之子弟及卿大夫菜之吏也。凡【百廿七】□國之民遠出至他邦〔一〕，他邦之民若來入，由國門者，門人爲之節；由關門者，關人爲之節。其以徵令及家徒，鄉遂大夫及菜地吏爲之節。皆使人執節將之，以達之也，亦有期以反節。管節，如今竹節使【764–765】〔二〕符也。其有商者，通之以爲符節，如門關者也。門關者與市聯事，節可同，亦所以異於畿内也。凡節，有天子法式，存于國也。**成六瑞：王用瑱圭，公用桓圭，侯用信圭，伯用躬圭，子用穀辟，男用蒲辟**。成，平也。瑞，信也。皆朝見所執以爲信。**合六幣：圭以馬，璋【百廿八】以皮，辟以帛，琮以錦，琥以繡，璜以黼**【769–770】〔三〕。**此六物者，以和諸侯之好故**。合，同也。六幣，所以享也。五等之諸侯享天子用辟，后用琮也，其大小各如其瑞，皆有庭實，以馬若皮。

〔一〕蜀本、嫈本、明本、金本、八行本、費識本、北大本、翻岳本、十行本「□」作「邦」。
〔二〕據 727 行與 728 行、764 行與 765 行之間拼接痕跡推測，728 行至 764 行所在原石有 37 行。
〔三〕原拓 769 行與 770 行之間上部存在割裂痕跡，然據行間筆畫狀態及磨泐之痕判斷，兩行當在一石之上。

皮，虎豹皮也。用圭璋者，二王後也。二王後尊，故享用圭璋而特之。《禮器》曰「圭璋特」，義亦通於此。其於諸侯，亦用辟琮耳。子男於諸侯，則享琥璜，下其瑞也。凡二王後用諸侯相享之玉，大小各降其瑞一寸。及使卿大夫覜聘，亦如之。**若國札喪，則令賻補之；若國【百廿九】凶荒，則令賙委之；若國師役，則令槁禬之；若國有福事，則令慶賀之；若國有禍烖，則令哀弔之。凡此五物者，治其事故。**故書「賻」作「傅」，「犒」作「槀」。鄭司農云：「賻補之，謂傳喪家，補助其不足也。若今時一室二尸，則官與之棺也。『槀』當爲『犒』，謂犒師也。」玄謂：師役者，國有兵寇以遺病者也。使隣國合會財貨以與之。《春秋傳》曰定五年「夏，歸粟於蔡」是也。《宗伯職》曰「以禬禮哀國敗」。禍災，水火之故。**及其萬【百卅】民之利害爲一書，其禮俗政事教治刑禁之逆順爲一書，其悖逆暴亂作慝猶犯令者爲一書，其札喪凶荒厄貧爲一書，其康樂和親安平爲一書。凡此五物者，每國辨異之，以反命于王，以周知天下之故。**慝，惡也。猶，圖也【百卅一】〔一〕。

司儀掌九儀之賓客擯相之禮，以詔儀容、辭令、揖讓之節。出接賓曰擯，入贊禮曰相。以詔者，禮告王也。**將合諸侯，則令爲壇三成，宮，旁一門。**合諸侯，謂有事而會也。爲壇於國外，以命事。宮謂壝以爲牆處，所謂壇壝宮也。天子春帥諸侯拜日於東郊，則爲壇於國東。夏禮日於南郊，則爲壇於國南。秋禮山川丘陵於西郊，則爲壇於國西。冬禮月與四瀆於北郊，則爲壇於國北。既拜禮而還，加方明於壇上而祀焉，所以教尊尊也。《覲禮》曰「諸侯朝天子，爲宮方三【百卅二】〔二〕百步，四門，壇十有二尋，深四尺」是也。王巡守殷國而同，則其爲宮亦如此與？鄭司農云：「三成，三重也。《爾雅》曰『丘一成爲頓丘，再成爲陶丘，三成爲崑崙丘』，謂三重也。」**詔王儀，南鄉見諸侯，土揖庶姓，時揖異姓，天揖同姓。**謂王既祀方明，諸侯之上介皆奉其君之旂置于宮，乃詔王升壇，諸侯皆就其旂位而立。諸公中階之前，北面東上。諸侯東階之東，西面北上。諸伯西階之西，東面北上。諸子門東，北面東上。諸男門西，北面東上。王揖之者，定其位也。庶姓，無親者也。土揖，推手小下也。異姓，昏姻也。時揖，平推手也。《衛將軍文子》曰：「獨君思仁，公言言【百卅三】〔三〕義，其聞《詩》也，一日三復『白圭之玷』，是南宮縚之行。夫子信其言仁，以爲異姓。」請妻之也。天揖，揖手小舉之。**及其擯之，各以其禮，公於上等，侯伯於中等，子男於下等。**謂執玉而見前於王也，擯之各以其禮者【801—802】〔四〕，謂擯公者五人，侯伯四人，子男三人。上等、中等、下等者，謂所奠玉處。壇三成，深四尺，則一等一尺也。壇十有二尋，方九十六尺，則堂上二丈四尺，每等丈二尺與？諸侯各於其等奠玉，降拜，升成拜，明臣禮也。既，乃升堂，授王玉。**其將幣亦如之，其禮亦如之。**將幣，享也。禮謂以鬱【百卅四】〔五〕鬯祼之也。皆於其等之上也。**王燕，則諸侯毛。**謂以鬚髮坐也。朝事尊尊上爵，燕則親親上齒。鄭司農云：「謂老者在上。老者二毛，故曰毛。」**凡諸公相爲賓，**謂相親也。**主國五積，三問，皆三辭，拜受，皆旅擯。再勞，三辭，三揖，登，拜受，拜送。**賓所停止則積，間闊則問，行道則勞。其禮皆使卿大夫致之，從來至去，數如此也。三辭，辭其以禮來於外也。積問不言登，受之於庭也。鄭司農云：「旅讀爲旅太山之旅，謂九人傳辭，相授上下竟，問賓從末上行，介還受，上傳之。」玄謂：旅謂如鴻【百卅五】〔六〕臚之臚，臚陳也。賓之介九人，使者七人，皆陳擯位，不傳辭也。賓之上介出請，使者則前對，位皆

〔一〕原拓朱筆葉號誤作「百卅」，此後每葉皆誤。
〔二〕原拓朱筆葉號誤作「百卅一」。
〔三〕原拓朱筆葉號誤作「百卅二」。
〔四〕據764行與765行、801行與802行之間拼接痕跡推測，765行至801行所在原石有37行。
〔五〕原拓朱筆葉號誤作「百卅三」。
〔六〕原拓朱筆葉號誤作「百卅四」。

當其末擯焉。三揖，庭中時也。拜送，送使者。**主君郊勞，交擯，三辭，車逆，拜辱，三揖三辭，拜受，車送，三還，再拜**。主君郊勞，備三勞而親之。鄭司農云：「交擯三辭，謂賓主之擯者俱三辭也。車逆，主人以車迎賓擯於館也。拜辱，賓謝辱也。」玄謂：交擯者，各陳九介，使傳辭也。車逆拜辱者，賓以主君親來，乘車出舍門而迎之，若欲遠就之然。後見之則下拜，迎謝其自屈辱來也。至去又出車送，若欲遠送之然。主君三還辭之，乃再拜送之也。車【百卌六】〔一〕迎送之節，各以其等，則諸公九十步，立當車軹。三辭重者〔二〕，先辭其以禮來於外，後辭升堂矣。**致飧□亦如之**〔三〕。館，舍也。使大夫授之，君又以禮親致焉。**致飧如致積□禮**〔四〕。俱使大夫，禮同也。飧，夕食也。小禮曰飧，大禮曰饔餼。**及將幣，交擯，□辭**〔五〕**，車逆，拜辱，賓車進，荅拜，三揖三□**〔六〕**，每門止一相，及廟，唯上相入。賓三揖三讓，登，再拜，授幣，賓拜送幣。每事**【百卌七】〔七〕**如初，賓亦如之。及出，車送，三請三進，再拜，賓三還三辭，告辟**。鄭司農云：「交擯，擯者交也。賓車進荅拜，賓上車進道，主人乃荅其拜。及出車送三請，主人三請留賓也。三進，三進隨賓。賓三揖三辭告辟，賓三還辭謝，言已辟去也。」玄謂：既三辭，主君則乘車出大門而迎賓，見之而下拜其辱，賓車乃前下荅之拜也。三揖者，相去九十步，乃揖之使前也。至而三讓，讓三入門也。相謂主君擯者及賓之介也。謂之相者，亦於外傳辭耳，入門當以禮詔侑也。介紹而傳命者，君子於其所尊，不敢質，敬之也。每門止一相，彌相親【百卌八】〔八〕也。君入門，介拂闑，大夫中棖與闑之閒，士介拂棖，此爲介鴈行相隨也。止之者，絶行在後也。賓三揖三讓，讓升也。登再拜授幣，授當爲受，主人拜至且受玉也。每事如初，謂享及有言也。賓爲擯，謂以鬱鬯禮賓也。上於下曰禮，敵者曰擯。《禮器》曰「諸侯相朝，祼用鬱鬯，無籩豆之薦」，謂此朝禮畢擯賓也。三請三進，請賓就車也。主君每一請，車一進，欲遠送之。三還三辭，主君一請者，賓亦一還辭也。**致饔餼、還圭、饗食、致贈、郊送，皆如將幣之儀**。此六禮者，唯饗食速賓耳。其餘主君親往。親往者，賓爲主人，主人爲賓。君如有故，不親饗食【百卌九】〔九〕，則使大夫以酬幣侑幣致之。鄭司農云：「還圭，還歸其玉也。故公子重耳受飧反璧。」玄謂：聘以圭璋，禮也；享以璧琮，財也。已聘而還圭璋，輕財重禮也。贈，送以財也，既贈又送之至於郊。**賓之拜禮：拜饔餼，拜饗食**。鄭司農云：「賓之禮者，因言賓之所當拜之禮也。□當拜者〔一〇〕，拜饔餼、拜饗食。」玄謂：賓將去，就朝拜□□三禮〔一一〕，禮之重者。賓就拜，主君乃至館贈之，去【838-839】⊠〔一二〕。**賓繼主君，皆如主國之禮**。鄭司農云：「賓繼□□〔一三〕，復主人之禮費也，故曰皆如主國之禮也。」玄謂：□□君者〔一四〕，擯主君也。擯之者，主君郊勞、致館、饔餼、還【百四十】□〔一五〕、致贈、郊送之時也。如其禮者，謂玉帛皮帛馬也。□饌陳之積者〔一六〕，不如也。若饗食主君及燕，亦速焉。**諸侯、諸伯、諸子、諸男之相爲賓也各以其禮，相待也如諸公之儀**。賓主相待之儀與諸

〔一〕原拓朱筆葉號誤作「百卌五」。
〔二〕原拓「三」後之字尚存右半「辛」及左上部「爫」形，當爲「辭」。
〔三〕唐石經、蜀本、婺本、明本、金本、八行本、費識本、北大本、翻岳本、十行本「□」作「館」。
〔四〕唐石經、蜀本、婺本、明本、金本、八行本、費識本、北大本、翻岳本、十行本「□」作「之」。
〔五〕唐石經、蜀本、婺本、明本、金本、八行本、費識本、北大本、翻岳本、十行本「□」作「三」。
〔六〕唐石經、蜀本、婺本、明本、金本、八行本、費識本、北大本、翻岳本、十行本「□」作「讓」。
〔七〕原拓朱筆葉號誤作「百卌六」。
〔八〕原拓朱筆葉號誤作「百卌七」。
〔九〕原拓朱筆葉號誤作「百卌八」。
〔一〇〕蜀本、婺本、明本、金本、八行本、費識本、北大本、翻岳本、十行本「□」作「所」。
〔一一〕蜀本、婺本、明本、金本、八行本、費識本、北大本、翻岳本、十行本「□□」作「謝此」。
〔一二〕據 801 行與 802 行、838 行與 839 行之間拼接痕跡推測，802 行至 838 行所在原石有 37 行。蜀本、婺本、明本、金本、八行本、費識本、北大本、翻岳本、十行本「⊠」作「又送之于郊」。
〔一三〕蜀本、婺本、明本、金本、八行本、費識本、北大本、翻岳本、十行本「□□」作「主君」。
〔一四〕蜀本、婺本、明本、金本、八行本、費識本、北大本、翻岳本、十行本「□□」作「繼主」。
〔一五〕原拓朱筆葉號誤作「百卌九」。蜀本、婺本、明本、金本、八行本、費識本、北大本、翻岳本、十行本「□」作「圭」。
〔一六〕蜀本、婺本、明本、金本、八行本、費識本、北大本、翻岳本、十行本「□」作「有」。

公同也，饗餼饗食之禮則有降殺焉。**諸公之臣相爲國客，**謂相聘。**則三積，皆三辭拜受。**受者，受之於庭。侯伯之臣不致積。**及大夫郊勞，旅擯，三辭，拜辱，三讓，登，聽命【百四一】**〔一〕**，下拜，登受。賓使者如初之儀。及退，拜送。**登聽命，賓登堂。賓當爲擯。勞用束帛，擯用束錦。侯伯之臣，授勞於庭。**致館如初之儀。**如郊勞也，不擯。其侯伯之臣致館於庭。不言致飧者，君於聘大夫不致飧也。《聘禮》曰：「飧不致，賓不拜。」**及將幣，旅擯，三辭，拜逆，客辟，三揖，每門止一相，及廟，唯君相入，三讓，客登，拜，客三辟，授幣，下，出，每事如初【百四二】**〔二〕**之儀。**客辟，逡巡不敢荅拜也。唯君相入，客，臣，相不入矣。拜，主君拜客至也。客三辟，三退負序也。每事如初，享及有言也。**及禮、私面、私獻，皆再拜稽首，君荅拜。**禮，以醴禮賓也。私面，私覿也，既覿則或有私獻者。鄭司農云：「說私面，以《春秋傳》曰『楚公子棄疾見鄭伯，以其良馬私面矣』。」**出，及中門之外，問君，客再拜對，君拜，客辟而對；君問大夫，客對；君勞客，客再拜稽首，君荅拜，客【百四三】**〔三〕**趨辟。**中門之外，即大門之内。問君曰：「君不恙乎？」對曰：「使臣之來，寡君命使臣于庭。」問大夫曰：「二三子不恙乎？」對曰：「寡君命使臣于庭，二三子皆在。」勞客曰：「道路悠遠，客甚勞。」勞介則曰：「二三子甚勞。」問君，客再對者，爲敬愼矣。**致饔餼如勞之禮，饗食還圭如將幣之儀。**饗食，亦謂君不親，而使大夫以幣致之。**君館客，客辟，介受命，遂送，客從，拜辱于朝。**君館客者，客將就省之，盡殷勤也。遂送，拜以送客也。**明日，客拜禮賜，遂【百四四】**〔四〕**行，如入之積。**禮賜，謂乘禽，君之加惠也。如入之積，則三積從來至去矣。**凡侯伯子男之臣，以其國之爵相爲客而相禮，其儀亦如之。**爵，謂卿也，大夫也，士也。**凡四方之賓客禮儀、辭命、餼牢、賜獻，以二等從其爵而上下之。**上下，猶豐殺也。**凡賓客，送逆同禮。**謂郊勞、郊送之屬。**凡諸侯之交，各稱其邦而【百四五】**〔五〕**爲之幣，以其幣爲之禮。**幣，享幣也。於大國則豐，小國則殺。主國禮之，如其豐殺，謂賄束紡，禮用玉帛、乘皮及贈之屬。**凡行人之儀**〔六〕**，不朝不夕，不正其主面，亦不背客。**謂擯相傳辭時也。不正東鄉，不正西鄉，常視賓主之前却，得兩鄉之而已。

行夫掌邦國傳遽之小事、媺惡而無禮者。凡其使也【875-876】〔七〕**，必以旌節。雖道有難而不時，必達。**傳遽【百四六】〔八〕，若今時乘傳騎驛而使者。美，福慶也。惡，喪荒也。此事之小者無禮，行夫主使之。道有難，謂遭疾病他故，不以時至。必達，王命不可廢也。其大者有禮，大小行人使之。有故則使介傳命，不嫌不達也。**居於其國，則掌行人之勞辱事焉，使則介之。**使謂大小行人，故書曰「夷使」。鄭司農云：「夷使，使於四夷，則行夫主爲之介。」玄謂：夷，發聲也。

環人掌送逆邦國之通賓客，以路節達諸四方。通賓客以掌事往來者也。路節，旌節也。四方，圻土也。**舍則授【百四七】**〔九〕**館，令聚㯓，有任器，則令環之。**令，令野廬氏。鄭司農云：「四方之人有任器者，則環人主令徇環守之。」**凡門關無幾，送逆及疆。**鄭司農云：「門關不得苛留環人。」玄謂：環人送逆之，則賓客出入不見幾。

〔一〕原拓朱筆葉號誤作「百四十」。
〔二〕原拓朱筆葉號誤作「百四一」。
〔三〕原拓朱筆葉號誤作「百四二」。
〔四〕原拓朱筆葉號誤作「百四三」。
〔五〕原拓朱筆葉號誤作「百四四」。
〔六〕原拓「人」「儀」間有補刻小字「之」，唐石經、蜀本、婺本、明本、金本、八行本、費識本、北大本、翻岳本、十行本有「之」字。
〔七〕據 838 行與 839 行、875 行與 876 行之間拼接痕跡推測，839 行至 875 行所在原石有 37 行。
〔八〕原拓朱筆葉號誤作「百四五」。
〔九〕原拓朱筆葉號誤作「百四六」。

象胥掌蠻、夷、閩、貉、戎、狄之國使，掌傳王之言而諭説焉，以和親之。謂蕃國之臣來覜聘者。若以時入賓，則協其禮，與其辭，言傳之。以時入賓，謂其君以世一【百四八】〔一〕見來朝爲賓客也。凡其出入送逆之禮節幣帛辭令，而賓相之。從來至去皆爲擯，而詔侑其禮儀也。凡國之大喪，詔相國客之禮儀而正其位。客，謂諸侯使其臣來弔者。凡軍旅會同，受國客幣而賓禮之。謂諸侯以王有軍旅之事，使臣奉幣來問之者。凡作事，王之大事諸侯，次事卿，次事大夫，次事上士【百四九】〔二〕，下事庶子。作，使也。鄭司農云：「王之大事，諸侯執其大事。次事，卿執其次事。次事，使大夫。次事，使上士。下事，使庶子也。」

掌客掌四方賓客之牢禮、餼獻、飲食之等數與其政治。政治，邦新殺禮之屬。王合諸侯而饗禮，則具十有二牢，庶具百物備，諸侯長十有再獻。饗諸侯而用王禮之數者，以公侯伯子男盡在，兼饗之，莫敵用也。諸侯長子，九命作伯者也。獻，公侯以下，如【百五十】〔三〕其命數也。王巡守、殷國，則國君膳以牲犢，令百官百牲皆具。從者，三公眡上公之禮，卿眡侯伯之禮，大夫眡子男之禮，士眡諸侯之卿禮，庶子壹眡其大夫之禮。國君者，王所過之君也。犢，繭栗之犢也。以膳天子，貴誠也。牲孕，天子不食，祭帝不用。凡賓客則皆角尺。令者，掌客令主國也。百牲皆具，言無有不備矣。凡諸侯之禮：上【百五一】〔四〕公五積，皆眡飧牽，三問皆脩，羣介、行人、宰、史皆有牢。飧五牢，食四十，簠十，豆四十，鉶四十有二，壺四十，鼎簋十有二，牲三十有六，皆陳。饔餼九牢，其死牢如飧之陳，牽四牢，米百有二十筥，醯醢百有二十甕，車皆陳。車米眡【百五二】【912–913】〔五〕生牢，牢十車，車秉有五籔，車禾眡死牢，牢十車，車三秅，芻薪倍禾，皆陳。乘禽日九十雙，殷膳大牢，以及歸，三饗、三食、三燕，若弗酌則以幣致之。凡介、行人、宰、史皆有飧饔餼，以其爵等爲之牢禮之陳數，唯上介有禽獻。夫人【百五三】〔六〕致禮，八壺、八豆、八籩，膳大牢，致饗大牢，食大牢。卿皆見，以羔，膳大牢。侯伯四積，皆眡飧牽，再問皆脩。飧四牢，食三十有二，簠八，豆三十有二，鉶二十有八，壺三十有二，鼎簋十有二，腥二十有七，皆陳。饔餼七牢，其死牢如飧【百五四】〔七〕之陳，牽三牢，米百筥，醯醢百甕，皆陳。米三十車，禾四十車，芻薪倍禾，皆陳。乘禽日七十雙，殷膳大牢，三饗、再食、再燕。凡介、行人、宰、史皆有飧饔餼，以其爵等爲之禮，唯上介有禽獻。夫人致禮，八壺、八豆、八籩，膳大牢，致饗大【百五五】〔八〕牢。卿皆見，以羔，膳特牛。子男三積，皆眡飧牽，壹問以脩。飧三牢，食二十有四，簠六，豆二十有四，鉶十有八，壺四十有四，鼎簋十有二，牲十有八，皆陳。饔餼五牢，其死牢如飧之陳，牽二牢，米八十筥，醯醢八十甕，皆陳。米二十車【百五六】〔九〕，禾三十車，芻薪倍禾，皆陳。乘禽日五十雙，壹饗、壹食、壹燕。凡介、行人、宰、史皆有飧饔餼，以其爵等爲之禮，唯上介有禽獻。夫人致禮，六壺、六豆、六籩，膳眡致饗。親見卿皆膳特牛。積皆視飧牽，謂所共如飧，而牽牲以往，不殺也。不殺則無鉶鼎。簠簋之實，其米實實于筐，豆實實于

〔一〕原拓朱筆葉號誤作「百四七」。
〔二〕原拓朱筆葉號誤作「百四八」。
〔三〕原拓朱筆葉號誤作「百四九」。
〔四〕原拓朱筆葉號誤作「百五十」。
〔五〕原拓朱筆葉號誤作「百五一」。
〔六〕原拓朱筆葉號誤作「百五二」。
〔七〕原拓朱筆葉號誤作「百五三」。
〔八〕原拓朱筆葉號誤作「百五四」。
〔九〕原拓朱筆葉號誤作「百五五」。

饔。其設，筐陳于楹内【百五七】〔一〕，饔陳于楹外，牽陳于門西。東面米禾芻薪，陳于門外。壺之有無未聞也。三問皆脩，脩，脯也。上公三問皆脩，下句云「羣介行人宰史皆有牢」，君用脩而臣有牢，非禮也。蓋著脱字失處且誤耳。飧，客始至，致小禮也。公侯伯子男有飧皆餼一牢，其餘牢則腥。食者，其庶羞美可食者。其設，蓋陳于楹外東西，不過四列。簠，稻粱器也。公十，子男六簠，堂上二也，西夾東夾各二也。豆，葅醢器也。公四十豆，堂上十六，西夾東夾各十二也。侯伯三十二豆，堂上十二，西夾東夾各十也。子男二十四豆，堂上十二，西夾東夾各六也。《禮器》曰：「天子之豆二十有六，諸公十有六，諸侯十有二，上大夫八，下大夫六。」以《聘禮》差之，則堂上之數與此同。鉶，羹【百五八】〔三〕器也。公鉶四十二，侯伯二十八，子男十八，非衰差也。二十八，書或爲「二十四」，亦非也。其於衰，公又當三十，於言又【949–950】〔三〕無所施。禮之大數，鉶少於豆，推其衰差，□□□□二〔四〕，宜爲三十八，蓋近之矣。則公鉶堂上十八，西夾東夾各十。侯伯堂上十二，西夾東夾各八。子男堂上十，西夾東夾各四也。壺，酒器也，其設于堂夾，如豆之數。鼎，牲器也。簋，黍稷器也。鼎十有二者，餼一牢，正鼎九與倍鼎三，皆設于西階前。簋十二者，堂上八，西夾東夾各二。合言鼎簋者，牲與黍稷俱食之主。牲當爲腥，聲之誤也。腥爲腥鼎也。於侯伯云「二十有七」，其故字也。諸侯禮盛，腥鼎有魚鮮、腊，每牢皆九爲列，設於阼□□〔五〕。公腥鼎三十六，腥四牢也。侯伯腥鼎二十七，腥【百五九】〔六〕三牢也。子男腥鼎十八，腥二牢也。皆陳，陳列也。飧門内之實，備于是矣。而亦有車米禾芻薪。公飧五牢，米二十車，禾三十車。侯伯飧四牢，米禾皆二十車。子男飧三牢，米十車，禾二十車。芻薪皆倍其禾。饔餼，既相見致大禮也。大者，既兼飧積，有生，有腥，有孰，餘又多也。死牢如飧之陳，亦餼一牢在西，餘腥在東。牽，生牢，可牽也。陳於西門，如積也。米橫陳于中庭，十爲列，每筥半斛。公侯伯子男黍稻粱皆二行，公稷六行，侯伯稷四行，子男稷二行。醯醢夾碑從陳，亦十爲列，醯在碑東，醢在碑西。皆陳陳于門内者也〔七〕，於公門内之陳。言車者，衍字耳。車米，載米之車也。□□□□□□□□□□曰籔〔八〕，十籔曰秉。車秉□【百六十】〔九〕

（後缺）

〔一〕原拓朱筆葉號誤作「百五六」。

〔二〕原拓朱筆葉號誤作「百五七」。

〔三〕據875行與876行，949行與950行之間拼接痕跡推測，876行至949行共74行，或兩石之内容。876行至912行爲一石，913行至949行爲一石，912行與913行之間正處於拓本葉間。

〔四〕蜀本、婺本、明本、金本、八行本、費識本、北大本、翻岳本、十行本「□□□□」作「公鉶四十」。

〔五〕蜀本、婺本、明本、金本、八行本、費識本、北大本、翻岳本、十行本「□□」作「階前」。

〔六〕原拓朱筆葉號誤作「百五八」。

〔七〕原拓「者」後之字尚存殘形，當爲「也」。

〔八〕蜀本、婺本、明本、金本、八行本、費識本、北大本、翻岳本、十行本「□□□□□□□□□」作「《聘禮》曰：十斗曰斛，十六斗」。

〔九〕原拓「秉」後之字尚存，然被鈐印覆蓋較難辨識，10倍放大鏡下觀察原拓當爲「有」字。蜀本、婺本、明本、金本、八行本、費識本、北大本、翻岳本、十行本作「有」。又，此葉朱筆葉號誤作「百五九」。

二、《周禮・考工記》

説　明

（一）國家圖書館藏蜀石經《周禮・考工記》殘拓起自卷十二《玉人》鄭注「辟男」，終於《匠人》經文「牆厚」，存二十二開。半開經文大字六行行十三至十五字不等，注文小字雙行行十八至二十二字不等。

（二）拓中字迹殘損處，尚可辨識者徑録其文；存有殘形但較難辨識者與完全殘去者皆以「□」標識；不明具體殘損字數者以「▨」標識。

（三）殘拓每半開皆有朱筆數字即拓本葉號，今依照朱筆用漢字表示，標記於葉尾。又朱筆記「百」作「𠂉」形，或近於點形，今徑録爲「百」。

（四）帖芯内部非左右、中間邊緣之剪裱拼接痕跡，則推算行數加以標記，行數用阿拉伯數字表示。此類拼接痕跡可爲推斷原石形制提供依據。

（五）蜀石經與傳本不同處，多據其自身文意句讀。

（六）注釋中「唐石經」指唐開成石經《周禮》，據日本京都大學人文科學研究所藏整拓本全文影像；「婺本」指宋婺州市門巷唐宅刻本《周禮》，據《中華再造善本》影印國家圖書館藏本；「明本」指明嘉靖吴郡徐氏翻宋本《周禮》，據《中華再造善本》影印國家圖書館藏本；「金本」指金刻本《周禮》，據《中華再造善本》影印國家圖書館藏本；「八行本」指宋兩浙東路茶鹽司刻宋元明遞修本《周禮疏》，據《中華再造善本》影印國家圖書館藏本；「費識本」指附清人費念慈題記之宋刻本《周禮》，據國家圖書館藏本；「北大本」指北京大學圖書館藏宋刻本《周禮》，據《中華再造善本》影印本；「翻岳本」指明翻元岳氏本《周禮》，據「中華古籍資源庫」公布之國家圖書館藏 10983 號本全文影像；「十行本」指元刻明修十行本《附釋音周禮注疏》，據《中華再造善本》影印北京市文物局藏本。

録　文

（前缺半開）

辟，男。不言之者，□□〔一〕。故□或云「命圭五寸，謂之躬圭」〔二〕。杜子春云：「當爲七寸。」玄謂：五寸者，辟文之闕亂存也。**天子執冒四寸，以朝諸侯。**名玉曰冒，言德能覆蓋天下也。四寸者，方以奇尊接毕，以小爲貴。**天子用全，上公用龍，侯用瓚，伯用將。**鄭司農云：「全，純色也。龍當爲尨，謂雜色也。」玄謂：全，純玉也。瓚，讀如餍㱦之㱦。龍、㱦、將，皆雜名也。毕者下尊者，以輕重爲差。玉多則重，石多則輕，公侯四玉一石，□□□三▨〔三〕。**□子男執皮帛**〔四〕。謂公之孤也。見禮□子男〔五〕，摯用束帛【七四】，而以豹皮□之爲飾〔六〕。天子之孤，表帛以虎皮。此□玉及皮帛者〔七〕，遂言見天子之摯也。**天子圭中必。**必，讀如鹿車縪之縪，以組約其中央，爲執之以備失墜。**四圭尺有二寸，以祀天。**郊天，所以祀其神也。《典瑞職》曰：「四圭有邸，以祀天旅上帝也。」**大圭長三尺，杼上，終葵首，天子服之。**王所搢大圭也，或謂之珽。終葵，推也。爲推於其杼上，明無所屈也。杼，殺也。《相玉書》曰：「珽玉六寸，明自照也。」**土圭尺有五寸，以致日，以土地。**致日，度日景至不也。夏日【七五】**（蓋缺一開）**

〔一〕婺本、明本、金本、八行本、費識本、北大本、翻岳本、十行本「□□」作「闕耳」。
〔二〕婺本、明本、金本、八行本、費識本、北大本、翻岳本、十行本「□」作「書」。
〔三〕婺本、明本、金本、八行本、費識本、北大本、翻岳本、十行本「□□□」作「伯子男」，「▨」作「玉二石」。
〔四〕唐石經、婺本、明本、金本、八行本、費識本、北大本、翻岳本、十行本「□」作「繼」。
〔五〕婺本、明本、金本、八行本、費識本、北大本、翻岳本、十行本「□」作「次」。
〔六〕婺本、明本、金本、八行本、費識本、北大本、翻岳本、十行本「□」作「表」。
〔七〕婺本、明本、金本、八行本、費識本、北大本、翻岳本、十行本「□」作「説」。

朱中，鼻寸，衡四寸，有繅，天子以巡守，宗祝以前馬。射，琰之出者也。勺，故書或作「約」。杜子春云：「當爲勺，謂酒尊中勺也。」鄭司農云：「鼻，謂勺龍頭鼻也。衡，謂勺柄龍頭也。」玄謂：勺鼻流也。凡流皆爲龍口也。衡，古文作横，假借字也。横，謂勺徑也。三璋之勺，形如王瓚。天子巡守，有事山川，則用灌焉。於大山川，則用大璋，加文飾也。於中山川，用中璋，殺文飾也。於小山川，用邊璋，半其文飾也。其祈沈以馬，宗祝亦執勺以先之也。禮，王過大山川，則大祝用□焉〔一〕。將有事于四□山□〔二〕，則□人飾黄駒〔三〕。大璋亦如之，諸侯以【七八】聘□〔四〕。□納徵加於束帛也〔五〕。以大璋者，以大□□文飾之〔六〕。亦如之者，邊璋七寸，射四寸□〔七〕。瑑圭璋八寸，璧琮八寸，以覜聘。瑑，文飾也。覜，視也。聘，問也。衆來曰覜，特來曰聘。《聘禮》曰：「凡四器者，唯其所寶，以聘可也。」牙璋、中璋七寸，射二寸，厚寸，以起軍旅，以治兵守。二璋皆有鉏牙之飾於琰側。先言牙璋，有文飾。駔琮五寸，宗后以爲權。駔讀爲組，以組繫之，因名焉。鄭司農云：「以□□錘〔八〕，以起度量也。」大琮十【七九】有二寸，射四寸，厚寸，是謂内鎮，宗后守之。如王之鎮圭也。射，其外鉏牙也。駔琮七寸，鼻寸有半寸，天子以爲權。鄭司農云：「以爲權，故有鼻也。」兩圭五寸，有邸，以祀地，以旅四望。邸，謂之柢。有柢，僢共本也。瑑琮八寸，諸侯以享夫人。獻於所朝聘君之夫人。案十有二寸，棗㮚十有二列，諸侯純九【八十】，大夫純五，夫人以勞諸侯。純，猶皆也。鄭司農云：「案，玉案也。夫人，天子夫人也。」玄謂：案，玉飾案也。夫人，王后也。記時諸侯稱王，而夫人之號不別，是以同王后於夫人也。玉案十二以爲列，王后勞朝諸侯皆九列，聘大夫皆五列，則十二列者，勞王者之後也。棗栗實于器，乃加于案。《聘禮》曰：「夫人使下大夫勞以二竹簋方，玄被纁裏，有蓋，其實棗蒸栗擇，兼執以進。」璋邸射，素功，以祀山川，以致稍餼。邸射，邸琰而出也。致□餼〔九〕，造賓客納餼食。鄭司農云：「素功，無瑑飾。」餼，或作「氣」。□子春云〔一〇〕：「當爲餼也。」【八一】

楖人。闕。

雕人〔一一〕。闕。

磬人爲磬，倨【487-488】句一矩有半。必先度一矩爲句，一矩爲股，而求其是弦。既而以一矩有半觸其弦，觸其弦則磬之倨句也。磬之制有大小，此假矩以定倨句，非用其度也。其博爲一，博，謂股傳也。博，廣也。股爲二，鼓爲三。參分其股博，去一以爲鼓博；參分其鼓博，以其一爲之厚。鄭司農云：「股，磬太上則摩鑢大者。鼓，其下小者，所當擊者。」玄謂：股外面，鼓内【八二】面也。假令磬廣四寸半者，股長九寸也，鼓廣三寸，長一尺三寸半，厚一寸。已上則摩其旁，鄭司農云：「鼓聲太上，則摩鑢其旁。」玄謂：太上，聲清也。薄而廣則聲濁。已下則摩其耑。太下，聲濁也。短而厚則清。

矢人爲矢，鍭矢參分，茀矢參分，一在前，二在後。參訂之而平者，前有鐵重也。《司弓矢職》曰：茀當爲殺。鄭司農云：「一在前，謂箭槀中鐵莖居參

〔一〕婺本、明本、金本、八行本、費識本、北大本、翻岳本、十行本「□」作「事」。
〔二〕婺本、明本、金本、八行本、費識本、北大本、翻岳本、十行本前「□」作「海」，後「□」作「川」。
〔三〕婺本、明本、金本、八行本、費識本、北大本、翻岳本、十行本「□」作「校」。
〔四〕唐石經、婺本、明本、金本、八行本、費識本、北大本、翻岳本、十行本「□」作「女」。
〔五〕婺本、明本、金本、八行本、費識本、北大本、翻岳本、十行本「□」作「亦」。
〔六〕原拓「大」後之字尚存殘形，蓋「璋」字。婺本、明本、金本、八行本、費識本、北大本、翻岳本、十行本「□□」作「璋之」。
〔七〕原拓「□」尚存殘形，蓋「也」字。
〔八〕婺本、明本、金本、八行本、費識本、北大本、翻岳本、十行本「□□」作「爲稱」。
〔九〕原拓「□」尚存殘形，蓋「稍」字。
〔一〇〕婺本、明本、金本、八行本、費識本、北大本、翻岳本、十行本「□」作「杜」。
〔一一〕原拓「雕」前有空格，唐石經、明本、八行本、翻岳本、十行本另起一行。爲方便閲讀，今版式從唐石經諸本，下仿此。

分殺二以前。」**兵矢、田矢五分，二在前，三在後。**鐵差【八三】短小也。兵矢，謂枉矢、絜矢。□矢〔一〕，謂矰矢。此二者亦可以田也。**殺矢七分，三在前，四在後。**鐵又以差短小也。《司弓矢職》曰：殺當爲茀。**參分其長而殺其一，**矢稾長三尺，殺其前一尺，令趨鏃也。**五分其長而羽其一，**羽其六寸。**以其笴厚爲之羽深，**笴讀爲稾，謂矢幹也，古文假借字。厚之數未聞。**水之以辨其陰陽，**辨，猶正也。陰沈而陽浮。**夾其陰陽以設其比，夾其比以設其【八四】羽，**夾其陰陽者，弓矢比在稾兩旁，弩矢比在上下也〔二〕。設羽於四角。鄭司農云：「比，謂括也。」**參分其羽以設其刃，**刃二寸。**則雖有疾風，亦弗之能憚矣。**故書「憚」或作「但」。鄭司農云：「讀當爲憚之以威之憚，謂風不能驚憚箭。」**刃長寸，圍寸，鋌十之，重三垸。**刃長寸，脫「二」字也。鋌，一尺。**前弱則俛，後弱則翔〔三〕，中弱則紆，中強則揚，羽豐則遲，羽殺則趮。**言幹羽之病，使矢行【八五】不正也。免作俛，低也。翔，迴顧也。紆，曲也。揚，飛也。豐，大也。趮，旁掉也。**是故夾而搖之，以眡其豐殺之節也；**今人以指夾矢儛備是也。**橈之，以眡其鴻殺之稱也。**橈搦其幹。**凡相笴，欲生而摶，同摶欲重，同重節欲疏，同疏欲稾。**相，猶擇也。生，謂無瑕蠹也。摶，讀如摶黍之摶，謂圜也。鄭司農云：「欲栗，欲其色如栗也。」

陶人爲甗，實二鬴，厚半寸，脣寸。盆，實【八六】二鬴，厚半寸，脣寸。甑，實二鬴，厚半寸，脣寸，七穿。量六斗四升曰鬴。鄭司農云：「甗，無底甑也。」**鬲，實五觳，厚半寸，脣寸。庾，實二觳，厚半寸，脣寸。**鄭司農云：「觳讀爲斛，觳受三斗，《聘禮記》有斛。」玄謂：豆實三而成觳，則觳斗二升。庾，讀如請益與之庾之庾。

旊人爲簋，實一觳，崇尺，厚半寸，脣寸，豆實三而成觳，崇尺。崇，高也。豆實四升。**凡陶旊【八七】之事，髻墾薜暴不入市。**爲其不任用也。鄭司農云：「髻讀爲刮。薜，讀爲藥黃蘗之蘗。暴讀爲剝。」玄謂：髻，讀爲跀。墾，頓傷也。薜，破裂也。暴，憤起不堅緻也。**器【524-525】〔四〕中膊，豆中縣。**膊，讀如車輇之輇。既拊泥而轉其均，樹膊於其側，以擬度端其器也。縣，縣繩以正豆之柄。**膊崇四尺，方四寸。**瓦器高於此，則垺不能相勝。厚於此，則火氣不□〔五〕，因取式焉。

梓人爲筍虡。樂器所縣，橫曰筍，□□虡〔六〕。鄭司農云：「筍，讀爲竹筍之筍。」**天下之大獸五：脂者，膏【八八】者，贏者，羽者，鱗者。**脂，牛羊屬也。膏，豕屬也。贏者，謂虎豹貔螭爲獸淺毛者屬也。羽，鳥屬也。鱗，龍蛇屬也。**宗廟之事，脂者、膏者以爲牲；**致美味。**贏者、羽者、鱗者以爲筍虡；**貴野聲。**外骨、內骨，卻行、仄行、連行、紆行，以脰鳴者，以注鳴者，以旁鳴者，以翼鳴者，以股鳴者，以胷鳴者，謂之小蟲之屬【八九】，以爲雕琢。**雕琢，刻畫祭器，博庶物也。外骨，龜屬也。內骨，鼈屬也。卻行，螾衍屬也。仄行，蟹屬也。連行，魚屬也。紆行，蛇屬也。脰鳴，鼃黽屬也。注鳴，精蛪屬也。旁鳴，蜩蜺屬也。翼鳴，發皇屬也。股鳴，蚣蝑動股屬也。胷鳴，榮螈屬也。**厚脣弇口，出目短耳，大胷燿後，大體短脰，若是者謂之贏屬，恒有力而不能走，其聲大而宏。有力而不能走，則於任重宜；大聲而宏，則於【九十】鍾宜。若是者以爲鍾虡，是故擊其所縣，而由其虡鳴。**燿，讀爲哨。哨，頃小也。鄭司農云：「宏，讀爲紘延之紘。紘，大也。由，若也。」**銳喙**

〔一〕婺本、明本、金本、費識本、北大本、翻岳本、十行本「□」作「田」。
〔二〕原拓「矢」後之字雖遭蟲蛀，然尚可辨識。
〔三〕原拓「翔」字闕筆，以下相同處不再出注。
〔四〕據487行與488行、524行與525行之間拼接痕跡推測，488行至524行所在原石有37行。
〔五〕婺本、明本、金本、八行本、費識本、北大本、翻岳本、十行本「□」作「交」。
〔六〕婺本、明本、金本、八行本、費識本、北大本、翻岳本、十行本「□□」作「植曰」。

決吻，數目顧脰，小體騫腹，若是者謂之羽屬，恒無力而輕，其聲清陽而遠聞。無力而輕，則於任輕宜；其聲清陽而遠聞，則於磬宜。若是者以【九一】爲磬虡，故擊其所縣，而由其虡鳴。吻，口腃也。顧，長脰貌也。故書「顧」或作「牼」。鄭司農云：「牼，讀爲鵛頭無髮之鵛。」小首而長，摶身而鴻，若是者謂之鱗屬，以爲筍。摶，圜也。鴻，傭也。凡攫閷援簭之類，必深其爪，出其目，作其鱗之而。謂筍虡之獸也。深，猶藏也。作，起也。之而，頰頌也。深其爪，出其目，作其鱗之而，則於眡必【九二】撥爾而怒。苟撥爾而怒，則於任重宜。且其匪色，必似鳴矣。匪，來貌也。故書「撥」作「廢」，「匪」或作「飛」。鄭司農云：「廢，爲匪。以似爲廢。」爪不深，目不出，鱗之而不作，則必穨爾如委矣〔一〕。苟穨爾如委〔二〕，則加任焉，則必如將廢措，其匪色必似不鳴矣。措，猶頓也。故書「措」作「厝」，杜子春云：「當爲措。」

梓人爲飲器【九三】，勺一升，爵一升，觚三升。獻以爵而酬【559–560】〔三〕以觚，一獻而三酬，則一豆矣。勺，尊升也。觚、豆，字聲之誤也，觚當爲觶，豆當爲斗。食一豆肉，飲一豆酒，中人【561–562】〔四〕之食也。一豆酒，又聲之誤，當爲斗。凡試梓，飲器鄉衡而實不盡，梓師罪之。鄭司農云：「梓師罪也。衡，謂麋衡也。《曲禮》曰『執君之器則平衡』。」玄謂：衡，平也。爵鄉口酒不盡，則梓人之長罪梓人也。

梓人爲侯【九四】，廣與崇方，參分其廣而鵠居一焉。崇，猶高也。方，猶等也。高廣等者，謂侯中也。天子射禮，以九爲節，侯道九十弓，弓二寸以爲侯中，高廣等，則天子侯中丈八尺也。諸侯於其國亦然。鵠，所射也。以皮爲之，各如其侯。居中參分之一，則此鵠方六尺。唯大射以皮飾侯。大射者，將祭之射也。其餘有賔射、燕射。上兩个，與其身三，下兩个半之。鄭司農云：「兩个，謂布可以維持侯者也。上方兩枚，與身三，設身廣一丈，兩个各一丈，凡爲三丈。下兩个半之，傅地，故短也。」玄謂：个，讀若齊人搚公幹之幹。上□〔五〕【九五】、下个，皆爲舌也。身，躬也。《鄉射記》曰：「倍中以爲躬，□躬以爲左右舌〔六〕，下舌半上舌。」然則九節之侯，身三丈六尺，上个七丈二尺，下个五丈四寸也。其制，身矣夾中，个矣身，在上下各一幅。此侯凡用布三十六丈。言上个與其身三者，明身居一分，上个倍之耳，亦爲下个半上个出也。个或謂之舌者，取其出左右也。侯制上廣下狹，蓋取象於人也。張臂八尺，張足六尺，是取象率焉。上綱與下綱出舌尋，縜寸焉。綱所以繫侯於植者也。上下皆出舌一尋者，亦人張手之節也。鄭司農云：「綱，連侯繩也。縜，籠綱者，讀爲竹中皮之縜也。舌，維持侯者。」張皮侯而棲【九六】鵠，則春以功；皮侯，以皮所飾之侯也。《司裘職》曰「王大射，則共虎侯、熊侯、豹侯，設其鵠」，謂此侯也。春讀爲蠢。蠢，作也，出也。天子將祭，必與諸侯羣臣射，以作其容體，出其合於禮樂者，與之事鬼神也。張五采之侯，則遠國屬；五采之侯，謂以五采畫正之侯也。《射人職》曰：「以射法治射儀，王以六耦射三侯，三獲三容，樂以《騶虞》，九節五正。」下曰：「若王大射，則以貍步張三侯。」明此五正之侯，非大射之侯明矣。其職又曰：「諸侯在朝，則皆北面。」遠國屬者，諸侯朝會，王張此侯與之射，所謂賔射也。正之方外如鵠，內二尺。五采者，內朱，白次之，蒼次之，黃次之，黑次之。其侯□〔七〕【九七】飾，又以五

〔一〕原拓「穨」字似有磨改痕跡，唐石經該字有改刻。
〔二〕原拓「穨」字似有磨改痕跡，唐石經該字有改刻。
〔三〕原拓 559 行與 560 行之間存在割裂痕跡，然據行間筆畫狀態及磨泐之痕判斷，兩行當在一石之上。
〔四〕據 524 行與 525 行、561 行與 562 行之間拼接痕跡推測，525 行至 561 行所在原石有 37 行。
〔五〕婺本、明本、金本、八行本、費識本、北大本、翻岳本、十行本「□」作「个」。
〔六〕婺本、明本、金本、八行本、費識本、北大本、翻岳本、十行本「□」作「倍」。
〔七〕婺本、明本、金本、八行本、費識本、北大本、翻岳本、十行本「□」作「之」。

采畫雲氣。**張獸侯，則王以息燕。**獸侯，畫獸之侯。《鄉射記》曰：「凡侯，天子熊侯，白質；諸侯麋侯，赤質；大夫布侯，畫以虎豹；士布侯，畫以鹿豕。凡畫者丹質。」是獸侯之差。息者，休農夫息老物也。燕諸侯，謂勞使臣，若與羣臣飲酒而射也。**祭侯之禮，以酒脯醢。**謂司馬實爵獻獲者于侯。薦脯醢折俎者，執以祭侯也。**其辭曰：「惟若寧侯，**若，猶女也。寧，安也。謂先祖有功德，其鬼有神者也。**毋或若女不寧侯，不屬于王所，故抗而射女【九八】。**或，猶有也。若，如也。屬，猶朝會也。抗，舉也，張也。**強飲強食，詒女曾孫諸侯百福。」**詒，遺也。曾孫諸侯子孫，謂女後世爲諸侯者。

廬人爲廬器，戈柲六尺有六寸，殳長尋有四尺，車戟常，酋矛常有四尺，夷矛三尋。柲，猶柄也。八尺曰尋，倍尋曰常。酋、夷，長短名也。酋之言遒也。遒，近也。夷，長也。**凡兵無過三其身，過三其身，弗【九九】能用也而無已，又以害人。**人長八尺，與尋齊，進退之度三尋，用兵力之極也。無已，不徒止爾爾也。**故攻國之兵欲短，守國之兵欲長。攻國之人衆，行地遠，食飲飢，且涉山林之阻，是故兵欲短；守國【598–599】〔一〕□人寡〔二〕，食飲飽，行地不遠，且不涉山林之阻，是故兵欲長。**言罷羸宜短兵，壯健宜長兵。**凡兵【百】，句兵欲無彈，刺兵欲無蜎，是故句兵椑，刺兵摶。**句兵，戈戟屬也。刺兵，矛屬也。故書「彈」或作「但」，「蜎」或作「絹」。鄭司農云：「但，讀爲彈丸之彈。彈，謂掉也。絹，讀爲悁若井悁，悁謂撓也。椑，讀爲鼓鼙之鼙。」玄謂：悁，亦掉也，讀若井中蟲蜎之蜎。齊人謂柯斧柄爲椑，則椑隋圜也，摶圜之也。**毄兵同強，舉圍欲細，細則校；刺兵同強，舉圍欲重，重欲傅人，傅人則密，是故侵之。**改句言擊，容殳也，殳無刃【百一】。同強，強弱上下同也。舉，謂手所操也。鄭司農云：「校，謂讀爲絞而婉之之絞。重欲傅人，謂矛柄之大者在人手中也。侵之，能侵敵也。」玄謂：校，疾也。傅，近也。密，審也，正也。凡人手操細以擊則疾，操重以刺則正。然則爲矜，句兵堅者在後，刺兵堅者在前。**凡爲殳，五分其長，以其一爲之被而圍之。參分其圍，去一以爲晉圍；五分其晉圍，去一以爲首圍。凡爲酋矛，參分其長，二在前，一在後【百二】而圍之。五分其圍，去一以爲晉圍；參分其晉圍，去一以爲刺圍。**被，把中也。圍之，圜之也。大小未聞。凡矜八觚。鄭司農云：「晉謂矛戟下銅鐏也。刺謂矛刃胷也。」玄謂：晉，讀如王搢大圭之搢，搢矜所捷也。酋，殳上鐏也。爲戈戟之矜，所圍如殳，矛夷如酋矛也。**凡試廬事，置而搖之，以眡其蜎也；灸諸牆，以眡其橈之均也；橫而搖之，以眡其勁也。**置，猶樹也。亦，猶【百三】□也〔三〕。以柱兩牆之閒，輓而内之，本末勝負可知也。正於牆，牆蹈也。**六建既備，車不反覆，謂之國工。**六建，五兵與人也。反覆，猶軒輖也。

匠人建國，立王國若邦國。**水地以縣，**於四角立植，而縣以水，望其高下也。高下既定，乃爲位而平地。**置槷以縣，眡以景。**故書「槷」或作「弋」。杜子春云：「槷，當弋，弋讀曰杙。」杙謂「槷」古文「臬」，假借字也。於所平之地中央，樹八尺之臬，以縣正之，眡以其景，將以正四方也。《爾雅》曰：「在牆謂之杙，在地謂之臬。」**爲規，識日出之景【百四】與日入之景。**日出入之景，其端則東西正之也。又爲規以識之者，爲其難審也。自日出而畫其景端，而以至日入，既則爲規測景兩端之内規之，規之交者，乃其審也。度兩交之閒，中屈之指臬，則南北之正也。**晝參諸日中之景，夜考之極星，以正朝夕。**日中之景，最短者也。極星，謂北辰也。

〔一〕據 561 行與 562 行、598 行與 599 行之間拼接痕跡推測，562 行至 598 行所在原石有 37 行。
〔二〕唐石經、婺本、明本、金本、八行本、費識本、北大本、翻岳本、十行本「□」作「之」。
〔三〕婺本、明本、金本、八行本、費識本、北大本、翻岳本、十行本「□」作「杜」。

匠人營國，方九里，旁三門。營者，謂丈尺其大小也。天子十二門，通十二字。**國中九經九緯，經涂九軌。**國中，城中【百五】也。經緯，謂涂也。經□□□〔一〕，□容方九軌〔二〕。軌，謂轍廣也，乘車六尺六寸，旁加七寸，凡八尺，是爲轍廣也。九軌積七十二尺，則此涂十二步也。旁加七寸者，輻内二寸半，輻廣三寸半，綆三分寸之二，金轄之閒三分寸之一。**左祖右社，面朝後市，**謂王宫所居也。祖，宗廟也。面，鄉也。王宫當中經之涂。**市朝一夫。**方各百步。**夏后氏世室，堂脩二七，廣四脩一，**世室者，宗廟也。魯廟有世室，牲有白牡，此用先王之禮【635-636】〔三〕也。脩，南北之深也。夏度以步，令堂脩十四步，其廣益以四分脩之一，則堂廣十七步半也。**五室，三【百六】四步，四三尺，**堂上爲五室，象五行也。三四步，室方也。四三尺，以益廣也。木室於東北，火室於東南，金室於西南，水室於西北，其方皆三步，其廣益之以三尺。土室於中央，方四步，其廣益之以四尺〔四〕。此五室居堂，南北六丈，東西七丈。**九階，**南面三，三面各二也。**四旁兩夾，窻，**窻助户爲明者，每室四户八窻。**白盛，**蜃灰也。盛之言成也，以蜃灰堊牆，所以飾成宫室也。**門堂，三之二，**門堂，門側之堂也，取數於正堂。令堂如上制，則門堂南北九步二尺，東西十步四尺。《爾□》曰〔五〕：「門側之堂□□塾〔六〕。」**室，三之一。**兩室與門，□□一分〔七〕。**殷【百七】人重屋，堂脩七尋，堂崇三尺，四阿，重屋。**重室者，王宫正堂若大寢者。其脩七尋五丈六尺，放夏周，則其廣九尋七丈二尺。五室各二尋。崇，高也。四阿，若今四注也。重室，複笮也。**周人明堂，度九尺之筵，東西九筵，南北七筵，堂崇一筵，五【646-647】〔八〕室，凡室二筵。**明堂，明政教之堂也。周度以筵，亦王者相改也。周堂高九尺，殷三尺，則夏一尺矣，相參之數也。禹卑宫室，謂此一尺之堂與？此三者或舉宗廟，或舉正寢，或舉明堂，互之【百八】，以明其同制。**室中度以几，堂上度以筵，宫中度以尋，野度以步，涂度以軌。**周文王，各因物宜爲之數。

宫中，舉謂四辟之内。**廟門容大扃七个，**大扃，牛鼎之扃，長三尺。每扃爲一个，七个二丈一尺。**闈門容小扃參个，**廟中之門曰闈。小扃，膷鼎之扃，長二尺。三个，六尺。**路門不容乘車之五个，**路門者，大寢之門。乘車廣六尺六寸，長二尺三寸，个六尺六寸。五个，三丈三尺也。言□容者〔九〕，是兩門乃容之。兩門乃容之，則此門半之，長【百九】丈六尺五寸。**應門二徹參个。**正門謂之應門，謂朝門也。二徹之内八尺，三个二丈四尺。**内有九室，九嬪居之。外有九室，九卿朝焉。**内，路寢之裏也。外，路門之表也。九室，如今朝堂諸曹治事處也。九嬪掌婦學之法以教九御。六卿三孤爲九卿也。**九分其國以爲九分，九卿治之。**九分其國，分國之職。三孤佐三公論道，六卿治六官之職屬矣。**王宫門阿之制五雉，宫隅之制七雉，城隅之制九【百十】雉。**阿，棟也。宫隅、城隅，謂有浮思也。雉長三丈，高一丈。廣長以長，度高以高，度廣。**經涂九軌，環涂七軌，野涂五軌。**廣狹之差也。故書「環」或作「轘」。杜子春云：「當爲環。環涂，謂環城之道。」**門阿之制以爲都城之制。**都，四百里外距五百里，王子弟所封也。其城隅制高五丈，宫隅門阿皆三丈。**宫隅之制以爲諸侯之城制。**諸侯，侯畿以外也。其城隅制高七丈，宫隅門阿皆五丈。《禮器》曰：「天子

〔一〕婺本、明本、金本、八行本、費識本、北大本、翻岳本、十行本「□□□」作「緯之涂」。
〔二〕婺本、明本、金本、八行本、費識本、北大本、翻岳本、十行本「□」作「皆」。
〔三〕據598行與599行、635行與636行之間拼接痕跡推測，599行至635行所在原石有37行。
〔四〕原拓「廣」「之」之間補刻小字「益」，婺本、明本、金本、八行本、費識本、北大本、翻岳本、十行本有「益」。
〔五〕婺本、明本、金本、八行本、費識本、北大本、翻岳本、十行本「□」作「雅」。
〔六〕婺本、明本、金本、八行本、費識本、北大本、翻岳本、十行本「□□」作「謂之」。
〔七〕婺本、明本、金本、八行本、費識本、北大本、翻岳本、十行本「□□」作「各居」。
〔八〕原拓646行與647行之間存在割裂痕跡，然據行間拓本狀態判斷，兩行當在一石之上。
〔九〕婺本、明本、金本、八行本、費識本、北大本、翻岳本、十行本「□」作「不」。

諸侯臺門也。」**環涂以爲諸侯經涂，野涂**【百十一】**以爲都經涂**。經，亦謂城中道也。諸侯環□□□〔一〕，其野涂及都之環涂、野涂皆三軌。

匠人爲溝洫，主通利田閒之水道。**耜廣五寸，二耜爲耦。一耦之伐，廣尺，深尺，謂之甽。田首倍之，廣二尺，深二尺，謂之遂**。古者耜一金，人，兩人併發之。其壟中曰甽，甽上曰伐。伐之言發也。甽，畎也。今之耜，歧頭兩金，象古之耦也。田，有一夫之所佃也百畝，方步地。遂者，夫閒小溝也，遂上土亦亦有徑也。**九夫爲井，井閒廣四**【百十二】**尺，深四尺，謂之溝。方十里爲成，成閒廣八尺，深八尺，謂之洫。方百里爲同，同閒廣二尋，深二仞，謂之澮**。此畿内菜地之制也。九夫爲井者，方一里，九夫所治之田也。菜地制井田者，異於鄉遂及公邑也。三夫爲屋，屋，具也。一井之中，三屋九夫也，三三相具，以出賦稅。共治溝也。方十里爲成，成中容一甸，甸方八里出田稅，緣邊一里治洫。方百里爲同，中容四都、六十四成，方八十□出田稅〔二〕，緣邊十里治澮。菜地者，在三百里、□□【百十三】□〔三〕、五百里之中。《載師職》曰：「園廛二十而一，近郊□□〔四〕，遠郊二十而三，甸稍縣都皆無過什二。」謂田稅也，皆就夫稅之輕近而重遠耳。滕文公問爲國之禮於孟子，孟子曰：「夏后氏五十而貢，殷人七十而莇，周人百畝而徹，其實皆什一也。徹者，徹也。莇者，藉也也。龍子曰：『治地莫善於莇，莫不善於貢者。』貢者，校數歲之中以爲常也。」文公又問井地，孟子曰：「井諸野九一而莇，國中什一使自賦。卿已下必有圭田，圭田五十畝。□夫二十五畝〔五〕。死徙無出鄉，鄉田同井，出入相友，守望相助，疾病相扶持，則百姓親睦。方里而井，九百畝，其中爲公田。八家皆私自畝，同養公田。公事畢，然後治私事，所以別野人也。又詩曰：『雨我公田，遂【百十四】及我私。』唯莇爲有公田。由此觀之，雖周亦有莇也。」魯哀公問於有若曰：「年飢，用不足，如之何？」有若對曰：「盍□乎〔六〕？」曰：「二吾猶不足，如之何其徹也。」《春秋》宣十五年秋「初稅畝」，《傳》曰：「非禮也。穀出不過籍，以豐財也。」此數者，世人謂之錯而疑焉。以《載師之職》及《司馬法》論之，周制之畿内用夏之貢法，稅夫無公田也。以《詩》《春秋》《論語》《孟子》之言，周制，邦國用殷之莇法，制公田，不稅夫也。貢者，自治其所受田，貢其稅穀。莇者，借民力治公田，又使收斂焉。畿内用貢法者，鄉遂及公邑之吏，旦夕從民事，爲其促之也以公，使不得恤其私也。其邦國用莇法者，爲諸侯專一國之政，爲其貪暴，稅民無蓺也。周之畿内，□【百十五】有輕重〔七〕。諸侯謂之徹者，通其□以什一爲正也〔八〕。《孟子》曰：「野九夫之田而稅一，國中什一。」爲是也邦國亦異外内之之法耳。圭之言佳也。周謂之土田。鄭司農說以《春秋傳》曰「有田一成」，又曰「列國一同」是也。**專達於川，各載其名**。達，猶至也。謂澮直至於川，復無所注入也。載其名者，識水從出矣。**凡天下之地埶，兩山之閒必有川焉，大川之上必有涂焉。凡溝逆地防，謂之不行。水屬不理孫，謂之**【百十六】**不行**。溝，謂造溝。防，猶脉理也。屬，讀爲注。遜，順也。不行，謂決溢也。禹鑿龍門，播九河，爲此逆防與不理遜。□**溝三十里而廣倍**〔九〕。謂不墾地之溝也。鄭司農：「梢，讀爲□螵蛸之蛸〔一〇〕，謂水漱齧溝也，故三十里而廣倍。」**凡行奠水，磬折以參伍**。《坎》爲弓輪，水行欲紆曲也。鄭司農云：「奠讀爲渟，謂行渟水，溝形當如磬，直行者三，折行者五，以引

〔一〕婺本、明本、金本、八行本、費識本、北大本、翻岳本、十行本「□□□」作「涂五軌」。
〔二〕婺本、明本、金本、八行本、費識本、北大本、翻岳本、十行本「□」作「里」。
〔三〕婺本、明本、金本、八行本、費識本、北大本、翻岳本、十行本「□□□」作「四百里」。
〔四〕婺本、明本、金本、八行本、費識本、北大本、翻岳本、十行本「□□」作「什一」。
〔五〕婺本、明本、金本、八行本、費識本、北大本、翻岳本、十行本「□」作「餘」。
〔六〕婺本、明本、金本、八行本、費識本、北大本、翻岳本、十行本「□」作「徹」。
〔七〕婺本、明本、金本、八行本、費識本、北大本、翻岳本、十行本「□」作「稅」。
〔八〕婺本、明本、金本、八行本、費識本、北大本、翻岳本、十行本「□」作「率」。
〔九〕唐石經、婺本、明本、金本、八行本、費識本、北大本、翻岳本、十行本「□」作「梢」。
〔一〇〕婺本、明本、金本、八行本、費識本、北大本、翻岳本、十行本「□」作「桑」。

水者疾也。」**欲爲淵，則句於矩**。大曲則流轉，流轉則其下成□〔一〕。**凡溝必因水埶，防必因地埶**。**善溝【百十七】者水漱之，善防者水淫之**。漱，猶齧也。鄭司農云：「淫讀爲廞，謂水漱淤泥土，畱著助之爲厚也。」玄謂：淫，讀爲淫液之淫。**凡爲防，廣與崇方，其閷參分去一**。崇，高也。方，猶等也。殺者，薄其上也。**大防外閷**。又薄其上，厚其下也。**凡溝防，必一日先深之以爲式**。程人功也。溝防，爲溝爲防。**里爲式，然後可以傅衆力**。里，讀當爲已，聲之誤也。**凡任索約，大汲其版【百十八】，謂之無任**。故書「汲」作「没」。杜子春云：「當爲汲。」玄謂：約，縮也。汲，引也。築防若牆者，以繩縮【709—710】〔二〕其版。□引之〔三〕，言版橈也。汲橈，築之則鼓，土不堅矣。《詩》云：「其繩□直〔四〕，縮版以載。」又曰：「約之格格，椓之橐橐。」**葺屋參分，瓦屋四分**。各分其脩，以其一爲之峻也。**囷、窌、倉、城，逆牆六分**。逆，猶却也。築此四者，六分其高，却一分以爲殺也。囷，圜倉也。穿地曰窌。**堂涂十有二分**。謂階前，若今令辟裓也。分其督旁之脩，以一分爲峻也。《爾雅》□〔五〕：「堂□謂之陳〔六〕。」**竇其崇三尺**。宮中水道。**牆厚【百十九】**

（後缺）

〔一〕 婺本、明本、金本、八行本、費識本、北大本、翻岳本、十行本「□」作「淵」。
〔二〕 據635行與636行、709行與710行之間拼接痕跡推測，636行至709行共74行，或兩石之内容。636行至672行爲一石，673行至709行爲一石，672行與673行之間正處於拓本一開中央。
〔三〕 婺本、明本、金本、八行本、費識本、北大本、翻岳本、十行本「□」作「大」。
〔四〕 婺本、明本、金本、八行本、費識本、北大本、翻岳本、十行本「□」作「則」。
〔五〕 婺本、明本、金本、八行本、費識本、北大本、翻岳本、十行本「□」作「曰」。
〔六〕 婺本、明本、金本、八行本、費識本、翻岳本、十行本「□」作「涂」，北大本作「除」。